JN077775

シリーズ
臨床哲学

哲学対話と教育

中岡成文 監修　　寺田俊郎 編

大阪大学出版会

監修者のことば

　巻頭言の立ち位置については、いまだに迷う。一つには、巻の主題に精通しすぎないほうが、かえっていいのかもしれない。私は哲学対話にはあれこれ関わってきたが、教育の分野や子どもの哲学について、自分の体重をかけて言えることは多くない。本書に盛り込まれた先駆的な実践や多彩な考察から、豊かな示唆をもらえてうれしい。

　「まるで祈るように、話しつづける」と、ちょっと変わった題名を付した章が本書にある（第3章）。中川雅道さんのこのタイトルに惹かれたのは、私がここ数年、がんや難病の患者さんや家族の方を主な対象とする哲学対話（おんころカフェ）に力を注いでいるためだ。死を意識する対話の場合、「祈る」志向は、はっきりした宗教性を帯びなくても、どこか見え隠れする。けれど、中学1年生が学校で「いくつもの耳に向かって祈る」とは？　とまどっていると、中川さんはまた、「そこで、本当には何が起こっていたのかはわからないと思うこともある」と、ぶっきらぼうに書きつぐ。

　哲学対話の「偶発性」は対話に付き物で、その本質とさえ言える。ただ、それにどう応接するかで、対話の成否といわないまでも、後味が大きく左右される。「教育」をテーマとする論考で「何が起こっていたかわからない」でいいのか。学校という場の特殊性からそれは来るのか——高校公民科「倫理」と哲学対話の「邂逅」について書いている古賀裕也さん（第3部コラム）によると、「学校は複雑なパズル」らしい。自分でも考えこみ、読み広げていると、本書の編者・寺田俊郎さんと中川さんの間に論争が持ち上

がった。いや、違う。寺田さんの要請に始まる、二人の「往復書簡」（終章）だ。

　本書には多くのハイライトがあり、哲学対話の初心者を含めた読者をそれぞれに魅了するだろうが、とくに子どもの哲学を我が事と考える読者は、この往復書簡を含む第3部「哲学対話と教育」—— 本書の題名そのもの —— を見逃してほしくない。一緒に頭を悩ませてみてほしい。直接には、哲学対話に「目的」があるのか否かについて、その直前の第11章で寺田さんがイエス、第12章で中川さんがノーと、正反対の見解を述べているように見える、そこを調整したいというのが寺田さんの意図だ。たしかに、この二人の着想・文体はかなり違うが、まさにそこが生産的だと私は感じた。哲学対話それ自体の「目的」、内在的な意味や価値を、教育や社会のさまざまな場面で対話が使われることの「効用」、外的な目的から区別しよう、というのが寺田さんの提案だ。中等教育の現場で実践している中川さんがどう応答したかは、自分で読んで判断してもらいたいが、ここには日本社会の哲学対話の行く末がかかっていると言っても大げさではない。

　第2部「哲学対話の広がり」では、企業研修での、地域包括支援センターでの、「原発禍の町」での、マイノリティとの対話がそれぞれ報告されていて、日本で哲学対話が活躍している多彩な場と形がわかる。出来上がりだけよそ目に見るのでなく、それらの場を開拓し、受け継ぎ、維持している面々の心配りと工夫の来歴に思いを通わせてほしい。それは単なる裏話ではない。対話の進行役は、数々の対話と人生経験を経ながら成長し、言葉を磨き、そのつどの対話に感応する「器」だと私は思っているが、「場」だって成長変遷するにちがいない。

　第1部「学校での哲学対話」も、開拓者である著者たちの貴重

な苦闘と模索の記録に満ちている。なかで、私を懐かしさに誘う声は、須磨友が丘高校その他で「臨床哲学」の場を切り開き、若い世代に引き継いでくれている藤本啓子さん――医療における哲学対話でも早くから幅広い貢献を続けている――、そして今は故人となった渡邊美千代さんの看護教育に捧げた実践のそれである。臨床哲学を進め、支えてくれたみなさんへの感謝と協働の記憶と合わせて記しておく。

　人が学校で、社会で、またその他の場で、成長するとはどういうことなのか、また哲学対話がそこにどのような形で役立つのか、本書と共に考え、連携して実践していきたいと思う。

中岡　成文

はじめに

　2020年から実施される「学習指導要領」のキーワードは「主体的・対話的で深い学び」である。変化に富み予測困難なこれからの時代を「生きる力」を養うためには、学んだことを生かす「学びに向かう力、人間性」、現実の社会や生活で生きる「知識及び技能」、未知の状況にも対応できる「思考力、判断力、表現力」の三つが必要だが、そのような学びを実現するのが「主体的・対話的で深い学び」だというのである[1]。では「主体的・対話的で深い学び」とはどのような学びであり、どのようにして実現されるのだろうか。これらの問いに対する最も有望な答えは「哲学対話」である——そのように本書の趣旨を表現することもできる。

　哲学対話とは、ごく簡単に言えば、ふだん立ち止まって考えることのない問いを、対話を通じて、ゆっくり、じっくり考えることである。その問いの多くは、私たちが生きていくうえでとても大切だったり身近だったりするものであるにもかかわらず、誰も本当の答えを知らない。「幸福とは？」「愛とは？」「友情とは？」「善悪とは？」「なぜ人は争うのか？」「自由っていいこと？」…そういった問いをめぐって、自由に発言し、よく聴きあいながら、ともに考えていく哲学対話の経験こそ、主体的・対話的な「構え」をつくる。その主体的・対話的な「構え」ができていなければ、いわゆるアクティブ・ラーニングの手法をいくら積み重ねたところで、主体的・対話的な学びは生まれそうもない。

　このように、本書はまず学校教育の現場で生きる哲学対話を第

---

1)　文部科学省『平成29年・30年改訂学習指導要領』。

一の主題とする。『哲学対話と教育』と題されるゆえんである。だが、哲学対話は学校教育だけのものではない。もっと広い意味での教育、たとえば専門職教育や、社会教育、企業研修、地域づくりなどにも哲学対話を生かすことができる。およそ「学び」に関わる場であるかぎり、どこでも哲学対話は力を発揮することができる。主体的・対話的な「構え」に裏づけられた学びは、学校教育以外の場でも、深い学びを生み出すからである。そのような広い意味での教育においても哲学対話が有望な方法であること、それが本書の第二の主題である。

さまざまな形の哲学対話が日本各地で活発に開催されるようになったのは、今から10年前、2010年ごろからである。学校で実施される「こどもの哲学」、街の喫茶店、図書館や美術館で開かれる「哲学カフェ」、企業で実施される対話型の研修、地域の問題を考える対話集会など、哲学対話を中心とする活動は著しい展開を見せている。だが、哲学対話の活動はそれ以前から細々とではあれ続けられていた。いくつかの源流があるが、一つは大阪大学大学院の臨床哲学研究室である。本書の第1章では、2000年ごろ臨床哲学研究室で哲学対話が始まり、成長していった経緯を紹介する。日本の哲学対話の歴史（！）を知るための一つの資料になるだろう[2]。

そうして臨床哲学研究室から始まった哲学対話がその後見せた多様な展開を、第1部、第2部で、主に2010年代（一部2000年

---

[2] 臨床哲学研究室における哲学対話の発祥については、すでに『シリーズ臨床哲学』の複数の巻で取り上げられているが、それらとの重複はありつつも、本書独自の視点から書き留めたい。鷲田清一（監修）、本間直樹、中岡成文（編）『ドキュメント臨床哲学』2010年、カフェフィロ（編）『哲学カフェのつくりかた』2014年、中岡成文（監修）、堀江剛『ソクラティク・ダイアローグ』2017年、鷲田清一（監修）、高橋綾、本間直樹・ほんまなほ『こどものてつがく――ケアと幸せのための対話』2018年、いずれも大阪大学出版会。

代）に焦点を当てて生き生きと描き、哲学対話の多様なあり方を読者に伝え、その意義と課題をともに考えたい。第1部では教育機関（初等・中等教育、高等教育、専門職教育）における哲学対話、第2部では教育機関以外の場における哲学対話に焦点を当てる。書き手は臨床哲学研究室の出身者、関係者、および出身者とともに哲学対話の活動を続けている同僚たち[3]である。この多様な哲学対話の紹介と考察が本書の幹を成す。

さて、2020年は、臨床哲学研究室で哲学対話が始まって20年、日本各地で哲学対話が盛んになり始めて10年の節目の年である。これまで哲学対話の推進者たちは、試行錯誤を重ねつつとにかく実践することを第一に考えて活動してきたが、その活動を振り返り、哲学対話の意味と方法を考え直し、哲学対話のこれからを構想する節目の時である。そこで、第3部では、これまで長く哲学対話に携わってきた2人の臨床哲学研究室出身者が、哲学対話を反省的に考察する。その中で、本書が『シリーズ臨床哲学』に収められるのは、日本の哲学対話の源流の一つが臨床哲学研究室だという事実によるだけではなく、哲学対話と臨床哲学との間に本質的な関係があるからだ、ということも示されるだろう。

本書はどの章から読み始めていただいても構わない。第1部、第2部は哲学対話の実践にヒントを与える事例集として読むこともできるだろう。第1部から第3部の所々に挟まれた「コラム」は哲学対話のさらに多様なあり方を伝えるための短めの読み物である。

本書が、教育、対話、そして哲学の実践に関心をもつ多くの人々の手に取られ、哲学対話の理解を深め実践を促す一助となれば幸

3）哲学対話の活動を続けている同僚の中には、筆者の勤め先である上智大学文学部哲学科の「哲学対話研究会＝ディアロゴス」出身者も含まれる。

いである。

　なお、本書で「哲学対話」という言葉を断りなく使っているが、これは、2010年頃から、哲学カフェ、こどもの哲学、職業人のための哲学などの哲学的対話を実践する人々の間で、いつの間にか広く使われるようになった言葉である。四文字熟語風で座りがよく、どこか術語のようでもあり、何か定まった定義や共通了解があるような印象を与えるが、そのようなものはない。ここではただ「哲学的対話」の略称として用いていることを、お断りしておく。

　最後に、臨床哲学の研究・実践の道半ばでこの世を去った1人の同僚のことを記しておきたい。渡邊美千代さんである。看護実践・看護教育の立場から臨床哲学に参加され、早くから医療関係者の哲学カフェや看護教育での哲学対話に取り組んでおられた。その渡邊さんの遺稿を第6章に収めている。看護教育における哲学対話の先駆的な実践を記録に残すとともに、渡邊さんを追悼する意味も込めて、少し古い論考ではあるが収録することにした。

寺田　俊郎

目　次

序章　教育における哲学対話の発祥と展開

寺田　俊郎

1.　臨床哲学と哲学対話

哲学対話との出会い

　「出会い」というものは、ふつう、誰かと誰かが、あるいは誰かと何かが、偶然に出会うから「出会い」である。意図されたとおりに、計画されたとおりに、予想されたとおりに誰かと誰かが会ったり、誰かと何かが遭ったりしても、それが「出会い」と呼ばれることは通常ない。だから、「出会い」は、誰かと、何かと実際に出会ってみないと「出会い」だとはわからない。ずっと後になって振り返って、「あれは出会いだった」と感慨とともに気づくことの方が多いのかもしれない。

　しかし、矛盾するようだが、出会いにはある種の必然がある。というより、出会いがそもそも「出会い」になるのは、その背後にある種の必然性が感じられるからである。誰かと偶然に会ったことが、何かと偶然に遭ったことが、どこか必然だったと感じられるとき、そこに「出会い」が見出されるのではないだろうか。

　ぼくと哲学対話との「出会い」も、そのような偶然と必然が表裏になっている。30 代の半ばごろ、ぼくは哲学対話と出会った。その時は出会いだとは思いもしなかったが、今ではそれが「出会い」だったとわかる。そのときはわからなかったが、ぼくは出会

うべくして哲学対話に出会ったのだ。

　あれから20年、臨床哲学研究室周辺の哲学対話をめぐる研究と
実践とはゆっくりとではあるが大きな展開を遂げ、今では臨床哲
学の運動のなかに独自の地位を占めていると言うことができる。
その経緯はすでに『シリーズ臨床哲学』のいくつかの巻に書き留
められており、臨床哲学の同僚たちそれぞれの哲学対話との「出
会い」が語られている。それとの重複をできるだけ避けながら、
臨床哲学と哲学対話とのぼくの「出会い」を語ることから始めて、
日本の教育における哲学対話の発祥と展開を概観したい。

臨床哲学との出会い

　ぼくは30代半ばで中学・高等学校の専任教員を辞め、大学院博
士後期課程に入り直した。「入り直した」というのは、すでに他の
大学の大学院の博士課程を出ていたからだ。大学院ではイマヌエ
ル・カントの実践哲学に関心があって研究していた。それを博士
論文にまとめることなく、学修退学（単位取得退学）して中学・
高等学校の教員になった。大学の学部を卒業すると同時に高等学
校の非常勤講師として教壇に立ち、大学院修士課程、博士課程を
通じてそれで生計を立てていた。そんなぼくにとって、中学・高
等学校の専任教員になることは、至極自然な選択だった。専任教
員としての生活は忙しくストレスの多いものだったが、やりがい
もあり楽しくもあった。だが、年数が経つに連れて教員という職
業に対するさまざまな違和や疑問が募ってきて、在勤6年目のあ
る日「辞めよう」と決心した。辞めると公言してから、どうする
か考えた。その中で出会ったのが、大阪大学大学院の臨床哲学研
究室である。鷲田清一さんと中岡成文さんを教授として1998年に

発足する新しい研究室だという。よく知らないまま研究室に問い合わせると、カント哲学の研究も教育の哲学的考察も両方できるとのことだった。こうして、ぼくは臨床哲学研究室で二度目の大学院生活を送ることになったのである。

　よく知らないで入門した臨床哲学だが、「社会の問題が生じる現場で哲学する」という理念には心から共感できた。しかし、その方法が皆目わからなかった。なんだかよくわからないまま、臨床哲学の理念をめぐる議論を続けながら、さまざまなことを実際にやってみた。文字通り試行錯誤の連続だった。その試行の連続の中で、ぼくは哲学対話に出会ったのである。そして、哲学対話を実践しているうちに、ようやく臨床哲学との「出会い」を果たした、と言ってよい。順番が前後するように思われるかもしれないが、それが実際の順番である。つまり、臨床哲学の本当の意味が納得できたのは、哲学対話の活動を通じてである。哲学対話の実践を通じて、ぼくは臨床哲学との出会いを「出会い」と呼ぶことができるようになったのだ。

　臨床哲学研究室は、早くからいわゆる「哲学プラクティス（Philosophy in Practice/ Philosophical Practice 哲学実践）」に注目していた。「哲学プラクティス」とは、「哲学カウンセリング」を中心に、「哲学カフェ」「こどもの哲学」「ソクラティク・ダイアローグ」などを指す総称である。それらの活動に共通の方法が対話である。臨床哲学の同僚とともに「哲学プラクティス国際学会（International Conference on Philosophical Practice）」や「国際ソクラティク・ダイアローグ学会」などに参加し、見聞を広げることができたのはたいへんありがたいことだった。そこでぼくも「こどもの哲学」や「ソクラティク・ダイアローグ」に出会ったのだが、それらの

学会の詳細ついては他の同僚の報告[1]に委ね、ここではぼく自身の経験に絞って書くことにする。

こどもの哲学との出会い

　1999年に「哲学プラクティス国際学会」に初めて参加した時、そのプログラムは耳慣れない、怪しげな言葉でいっぱいだった。「哲学カウンセリング」「哲学コンサルティング」「P4C」「ソクラティク・ダイアローグ」……。そのなかで辛うじて親近感をもてたのは「P4C」と「ソクラティク・ダイアローグ」だった。前者はこどものための、後者はおとなのための哲学教育法らしいということで、教育の臨床哲学を志していたぼくの興味を引くところがあったのである。

　この学会ではいろいろなことを学んだ。P4Cとは「こどものための哲学（Philosophy for Children）」の愛称であること、こどものための哲学は、アメリカ合州国のマシュー・リップマン（Mathew Lipman）という哲学研究者が始めた教育運動で、すでに教科書や指導書があり、世界各地で実践されていること、しかし、リップマンの考えに共感して世界各地で「こどものための哲学」を実践している人々は、独自の理論と方法を新たに編み出し、この運動はじつに多様な展開を見せていること、イギリスにはこどものための哲学の教材開発や教員研修を手掛ける私企業があり、

---

1)　『臨床哲学のメチエ』Vol. 4、大阪大学大学院臨床哲学研究室、1999年。鷲田清一（監修）、本間直樹、中岡成文（編）『ドキュメント臨床哲学』大阪大学出版会、2010年、第1部。中岡成文（監修）、堀江剛『ソクラティク・ダイアローグ──対話の哲学に向けて』大阪大学出版会、2017年。鷲田清一（監修）、高橋綾、本間直樹・ほんまなほ『こどものてつがく──ケアと幸せのための対話』大阪大学出版会、2018年。

こどものための哲学を推進する非政府組織（SAPERE）があること……。

　驚きであった。高等学校ならばともかく、中学校や小学校でも、場合によっては幼稚園ですらも「哲学」と名のつく授業が行われているとは。しかし、それはもちろん、哲学史や哲学理論の学習ではなく、哲学対話の活動であり、ある実践家が口にした「聴くことこそ考えること（Listening IS thinking）」という印象的な語句に象徴されるように、互いに言葉を交わしながら、自分で考え、他の人々と考えるための教育である。このような考え方に強く魅かれると同時に、少なからぬ疑念をも抱きながら日本に帰り、その驚きと、魅力と、疑念とを臨床哲学の仲間たちに報告した[2]。

　さて、こどものための哲学の展開の多様性はその名称にも表れている。「こどものための」と言うときのこどものためにおとなが提供しているというニュアンスを嫌って、「こどもとともにする哲学（Philosophy with Children）」を使う人もいれば、「こども」という語のあいまいさを嫌って「青少年のための哲学（Philosophy for Youth）」「小・中・高等学校でする哲学（Philosophy in schools）」を使う人もいる。"Philosophy in Schools" は日本語で表すのが難しい概念だが、大学ではなくその他の諸学校で、という意味である。本書では、便宜上「こどもの哲学」を用いることにする。

ソクラティク・ダイアローグとの出会い

　ソクラティク・ダイアローグを初めて経験したのは、学会開催

---

2)　拙稿「こどものための哲学・こどもとともにする哲学」『臨床哲学のメチエ』Vol. 4、8-13 頁。

前の関連行事として開かれたワークショップでのことだ[3]。2泊3日のワークショップで、実際にソクラティク・ダイアローグを経験してみて、その理論と実践を学ぶという趣向である。先にも書いたように、一つの哲学教育法であり、おそらく教育手法にも関係があるだろうという予想だけはついたので、多少興味をひかれたが、しかし、それが具体的にどんなものなのか見当もつかなかった。

　英語の「ソクラティク・ダイアローグ」は、もともと「ソクラテスの対話」という意味であり、プラトンが書き残したソクラテスの哲学的対話のことである。だが、20世紀の前半にドイツのレオナルト・ネルソン（Leonard Nelson）という哲学者が、哲学の教授法として「ソクラテス的方法」を提唱し、それをもとにネルゾンの弟子たちが哲学的対話法としての「ソクラティク・ダイアローグ」を開発した。「ソクラテスの対話」と区別するために、「ネオ・ソクラティク・ダイアローグ」と呼ばれることもある。ドイツには「ソクラテス哲学協会（Gesellschaft für Sokratisches Philosophieren）」、オランダには「ソクラテス的進行役連絡会（Network for Socratic Facilitators）」という団体があり、ソクラティク・ダイアローグを推進していることもわかった[4]。

　一緒に参加した研究室の仲間たちは、たいそう感銘を受けたようだったが、ぼくにはどこがいいのか皆目わからず、疲労と困惑だけが残った。たしかに、参加者個人の具体的な経験から出発すること、参加者の自主性が最優先されること、参加者の発言が命題化され書き留められること、これらの特徴を備えていることは、教育の手法として極めて重要だとは思った。しかし、そのために

3)　そのワークショップの様子は堀江剛の前掲書で詳しく紹介されている。
4)　ソクラティク・ダイアローグの概要については堀江剛の前掲書を参照のこと。

このような厳格なルールを設定し、一つのテーマに途方もない時間をかけて実施する必要があるのだろうか。

　このように、ぼくとソクラティク・ダイアローグの出会いは、消極的なものだった。つまり、ぼくはもう少し後になるまで、ソクラティク・ダイアローグと「出会う」ことができなかったのだ。研究室の仲間たちは、さっそくこの手法を持ち帰って、看護大学でワークショップを実施するなど、実践と研究に取りかかった。せっかくの国際学会参加の成果を還元する責任があると感じてぼくも協力したが、正直言ってあまり乗り気ではなかった。

　ぼくがソクラティク・ダイアローグとの「出会い」を果たしたのは、その後まもなく、偶然にもネルゾンの哲学を研究し始めてからのことだ。ソクラティク・ダイアローグの手法を理解するためにネルゾンの哲学を研究する気になったわけではなく、たまたまそのころカール・ポパーの哲学に興味をもち、その伝記を読んでいて、その中にネルゾンに関する記述が出てきたことがきっかけだった。ポパーはネルゾンを高く評価していた。こうして、ぼくは、ソクラティク・ダイアローグの創始者としてではなく、哲学者としてのネルゾンに興味をもったのだ。そして、ネルゾンの「ソクラテス的方法」[5] という講義録を読み、認識論に関する作品を読んで、その独特の認識論と教育観を知った[6]。そうして初めて、ソクラティク・ダイアローグという厄介な対話手法が腑に落ちた

---

5) Leonard Nelson: Die sokratische Methode. Vortrag, gehalten am 11. Dezember 1922 in der Pädagogischen Gesellschaft in Göttingen. In: *Abhandlungen der Fries'schen Schule. Neue Folge.* Hrsg. v. Otto Meyerhof, Franz Oppenheimer, Minna Specht. 5. Band. H. 1. Öffentliches Leben, Göttingen 1929, S. 21–78.

6) 拙稿「対話と真理」『待兼山論争』大阪大学大学院文学研究科、第35号、2001年。拙稿「レオナルト・ネルゾンのソクラテス的方法」『臨床哲学』大阪大学大学院臨床哲学研究室、第3号、2001年。

気がした。ソクラティク・ダイアローグに対する興味は、ネルゾンという哲学者に対する興味を後追いする形で、ぼくの中で高まっていったのである。

2. 教育と哲学対話

教育の臨床哲学から哲学対話へ

　臨床哲学に入門した当初から、ぼくの課題の一つは教育の臨床哲学的考察だった。まずは、関心を共有する臨床哲学の何人かの同僚たちと、不登校という現象を切り口として、学校教育というものを考えることを試みた。金曜日6時限の「臨床哲学演習」の授業と並ぶ研究室の主要な活動の場であった「臨床哲学研究会」の場を借りて、自ら話題提供者となってパネル・ディスカッションを開いたり、不登校新聞社の山田潤さんや哲学者の中島義道さんを招いて講演会を開いたりする傍ら[7]、ぼく自身は、京都の不登校のこどもたちと親が主催する「学校に行かない子と親の会」の例会に毎月足を運んで、話しに耳を傾け続けた。

　そうしているうちに、過剰な管理と干渉とが、学校をこどもたちにとっても教員にとっても息苦しい不幸な場所にしているだけでなく、こどもたちが自律的に生きることを妨げている、という中学・高等学校の教員として感じていた居心地の悪さに、一定の説明が与えられたように思われてきた。不登校の子と親の苦難に満ちた経験は、それとして考える必要があるけれども、それはけっして「特殊な」問題ではなく、学校一般に、それゆえあらゆるこ

---

7) 『臨床哲学のメチエ』Vol. 1、1998 年、Vol. 2、1999 年。『ドキュメント臨床哲学』第 1 部。

どもたちにかかわる問題である。むしろ学校に通い続けることができることのほうが、特異なことだ。それをいくつかのエッセイに書いた[8]。残念ながらとても臨床哲学的とは言えない論考である。

　しかし、不登校のこどもと親の言葉に耳を傾けながら考えたことを、「臨床哲学的な」論考にまとめることができるとは、その時のぼくにはとても思われなかった。まず、それは、ぼくの力量をはるかに超えることのように思われた。同時に、ぼくの力量の問題はさておいても、不登校の子と親の話に基づいて学術的な論考を書くことに根本的なためらいを感じた。何か臨床哲学的なことができるとすれば、不登校のこどもたちと親が集まるその場で、あるいは、学校で対話しつつ共に考え続けることだけであるように思われたのである。「子と親の会」での対話に触発されつつも、ぼくの関心は不登校そのものよりも、それを生む学校のあり方へと向くようになっていった。

　一般に学校には問いを問いあう文化がない。いや、問いを封じあう文化がある、と言うべきか。それは過剰な管理と干渉と何らかのつながり（どのようなつながりかは検証される必要があるにしても）があると推察される。「こどもの哲学」という教育運動の全容が明らかになるにつれて膨らんだ期待は、こどもの哲学は、学校に問いを問いあう文化を育てる、つまり、自分で考え、他の人々とともに考える文化を育てる営みになるのではないか、というものだった。

　こうして、学校教育を考える臨床哲学研究室のグループは、3年目から徐々に、実際に学校で哲学対話の授業をすることに力点

---

8)　『臨床哲学のメチエ』Vol. 1、Vol. 2。『臨床哲学』第2号、2000年。『ドキュメント臨床哲学』第1部。

を移していった。それが実現したのも「出会い」によるところが大きい。大阪府立福井高等学校から、哲学の授業を実施する依頼が舞い込んだのは、ちょうどその頃である。だが、それを積極的に受ける気になったぼくの頭のなかには、以上述べたような問題関心があり、その問題関心からすればその依頼に応える気になったことは必然であった。残念なことに、ぼく自身は、授業の準備のために福井高等学校に何度か通っただけで、その後臨床哲学の後輩たちの尽力で2年間続いたこのプロジェクト[9]に実質的に参加することはできなかった。大学に教員の職を得て、関東に移り住んだためである。そのうち京都の私立洛星高等学校でも哲学対話の授業のプロジェクト[10]が始まり、2017年まで続いた。

臨床哲学研究室とこどもの哲学

　さて、以上述べたような問題関心は、2003年度から鷲田清一さんを代表者として始まった政策提言研究「臨床コミュニケーション」のプロジェクトにもつながっている。この「臨床コミュニケーション」のプロジェクトのおかげで、2003年にイングランドとアメリカ合州国のこどもの哲学を調査する機会を与えられた。調査課題は、現代社会のさまざまな場面で対話的コミュニケーションができる市民を育てるための方法である。その方法の一つとしてこどもの哲学が有効ではないか、という、少々安直に見えるが今から思えば妥当な仮説を立て、ソクラティク・ダイアローグなど他のさまざまな対話技法とともに、こどもの哲学の理論と実践をさらに詳しく、具体的に調べることにしたのである。この調査は、

9) 『臨床哲学のメチエ』Vol. 8、2001年、Vol. 11、2003年。
10) 『臨床哲学のメチエ』Vol. 14、2005年、Vol. 15、2005年、Vol. 16、2007年。

その後の哲学対話の実践と研究に少なからぬ意味をもつこととなった。

　イングランドでは、小学校教員向けのこどもの哲学の研修会に参加し、イングランドの小学校教員とともにこどもの哲学の教員研修「レベル1」の修了証をもらった。合州国ではリップマン、アン・シャープ（Ann Sharp）、ギャレス・マシューズ（Gareth Matthews）といったこどもの哲学の重鎮たちに会って聴き取り調査をし、授業見学をし、資料を集めた。

　その中でも、リップマンとマシューズという2人の哲学者との出会いは大きかった。

　リップマンはこどもの哲学の生みの親であり、モンクレア州立大学に「こどものための哲学推進研究所（Institute for Advancement of Philosophy for Children=IAPC）」を創設して、こどもの哲学をリードした人物である。『ハリー・ストトルマイヤーの発見（*Harry Stottlemeier's Discovery*）』をはじめとする教材を開発し、こどもの哲学のカリキュラムと教員養成のプログラムをつくった。『教室における哲学（*Philosophy in the Classroom*、邦訳『子どものための哲学授業──「学びの場」のつくりかた』[11])』『教育における思考（*Thinking in Education*、邦訳『探求の共同体──考える教室』[12])』などが代表作である。

　マシューズは、マサチューセッツ州立大学アマースト校の哲学教授であり、アウグスティヌスをはじめとする古代・中世哲学の研究者として高名であるが、地元だけでなく世界のさまざまな地

11)　マシュー・リップマン（河野哲也・清水将吾監修）『子どものための哲学授業──「学びの場」のつくりかた』河出書房新社、2015年。
12)　マシュー・リップマン（河野哲也・土屋陽介監修）『探求の共同体──考える教室』玉川大学出版部、2014年。

域のこどもたちと哲学対話を楽しんだことで知られている。こどもとの哲学対話の体験をもとに著された『哲学と幼いこども（*Philosophy and Young Child*、邦訳『子どもは小さな哲学者』[13]）』『こども時代の哲学（*The Philosophy of Childhood*、邦訳『哲学と子ども』[14]）』は世界中で読まれている。これらの著作は、もちろん、こどもの哲学の入門書としても読むことができるが、とても魅力的なこども論・教育論でもある。

　この2人は、こどもの哲学のいわば立役者であり、彼らなくしてこどもの哲学の歴史を語ることはできない。この2人との交流は、ぼく個人にとって大切な思い出の一つであるだけでなく、日本でこどもの哲学を実践・研究する人々のための資料になりうるとも思う。そこでこの2人の哲学者との交流をやや詳しく書き留めておきたい。以下、2人の哲学者を含め、直接会って交流した人々はすべて「さん」を付けて名指すことにする。

2人の哲学者の肖像（1）　マシュー・リップマンさん

　ニューヨーク市内から郊外電車に揺られること約30分、閑静な郊外の住宅地、ニュー・ジャージー州アッパー・モンクレアに着くと、駅前にモンクレア州立大学の広大なキャンパスが広がっている。こどもの哲学を創始しその発展のために中心的な役割を果たしてきた「こどものための哲学推進研究所（以下「こどもの哲学研究所」と略記）は、モンクレア州立大学に直属する研究所の一つである。「こどもの哲学研究所」の当時の所長、モーン・グレゴリー（Maughn Gregory）さんの事前の指示に従って、まずは

---

13)　ギャレス・マシューズ（鈴木晶訳）『子どもは小さな哲学者』新思索社、1996年。
14)　ギャレス・マシューズ（倉光修、梨木香歩訳）『哲学と子ども』新曜社、1997年。

訪問研究者の手続きをするために、ノーマル通りにある「グローバル教育センター」に立ち寄ったぼくを出迎えてくれたのは「寺田先生、お待ち申しあげておりました」という女性職員の流暢な日本語のあいさつだった。目を白黒させていると、日本文学専攻で日本の大学院に留学した経験もあるとのこと。キャンパスや宿舎のことを一通り説明してもらって、同じ通りにある「こどもの哲学研究所」に向かった。

　グレゴリー所長から、ノーマル通り（Normal Street）にある「グローバル教育センター」に寄って同じ通りの「こどもの哲学研究所」に来い、という指示をもらったときは、きっとモンクレア州立大学はヨーロッパ型の大学で、施設が市街地に分散しているのだろうと思った。しかし、見たところ、独立したキャンパスをもつアメリカ型の大学である。いぶかしく思いながら辿り着いたのは、住宅街の一角にある、およそ大学の建物らしくないふつうの民家だった。芝生の庭とドライブ・ウェイ（駐車スペース）のある典型的な合州国の一戸建てで、それと気づかずに通り過ぎ、その辺りをうろうろするはめになった。この、キャンパスから通り一つ隔てた一軒の民家が、世界のこどもの哲学をリードする「こどもの哲学研究所」の本部だったのである。

　ところで「ノーマル」という通りの名も謎めいていたが、その謎はしばらくして解けた。モンクレア州立大学の前身（の一つ）は、教員養成のための学校であり、「ノーマル」は「師範学校（Normal School）」の「ノーマル」だったのである。そして、ここでは、ジョン・デューイの進歩主義的な教育論を受け継ぐ教育・研究が行われていたことも、じきにわかった。「こどもの哲学研究所」がここにあるのはたんなる偶然ではなかったのである。ちなみに、合州国で哲学カフェの活動を展開し、その様子を『ソクラ

テス・カフェにようこそ』[15] で活写しているクリストファー・フィリップス（Christopher Phillips）も、モンクレア州立大学の出身である。

「こどもの哲学研究所」では、まず、シャープさんに挨拶した。シャープさんは、リップマンさんとともに創設期から「こどもの哲学研究所」を築いてきた盟友である。一階の一室がシャープさんの個人研究室になっていた。グレゴリーさんや研究所員のデイヴィッド・ケネディ（David Kennedy）さん、そしてリップマンさんも、この三階建の民家に個人研究室をもっていた。居間も食堂も台所もあり、アット・ホームな居心地よさはあったが、研究者にとって有難い環境には思われなかった。

「こどもの哲学研究所」のメンバーのうち、主にぼくの世話をしてくれたミーガン・ラヴァティ（Megan Laverty）さん（現コロンビア大学教授）だけが、キャンパス内にある、おそらく師範学校時代の雰囲気を伝えていると思われる、風格のある建物に個人研究室をもっていた。ラヴァティさんの研究室に出入りする学生たちの1人が、「こどもの哲学研究所」のことをおもしろおかしく「お向かいの寺院（テンプル）」と呼んでいたのが印象的だった。たしかに世界のこどもの哲学の総本山であり、開祖リップマンを慕って世界中から信者たちが巡礼に来る。しかし、総本山にしては質素で慎ましい建物である。

こうして始まった1週間を、「こどもの哲学研究所」のメンバーにインタヴューをしたり、授業を見学したり、研究所の運営会議に出席したりして過ごした。この研究所は、こどもの哲学の教材とカリキュラムの開発、こどもの哲学専攻の大学院生の教育（モ

---

15) クリストファー・フィリップス（森丘道訳）『ソクラテス・カフェにようこそ』光文社、2003年。

ンクレア州立大学には、こどもの哲学専攻のコースがある）、現職教員向けのこどもの哲学の研修、機関誌『考えること（*Thinking*）』の発行などを任務としている。

　リップマンさんに会う予定は当初はなかった。名誉教授として研究所に個人研究室をもっているが、すでに高齢であまり頻繁には来られないと聞いていたので、諦めていたのである。しかし、幸運にも二度もお会いすることができた。研究所の運営会議で一度、そしてその翌日ハリケーンの接近のため臨時休校になった午後に一度。前日の運営会議で出た軽食の残りものを昼食代わりに食べながら、大学院でこどもの哲学教育を専攻する学生も交えて、よもやま話をした。さらに、リップマンさんの研究室に場所を移して会話が続いた。まだこどもの哲学のことをろくに知らないぼくの要領をえない質問にも、大きなキャビネットに整頓されたファイルから資料を取り出しながら、丁寧に答えてくださった。思いがけないハリケーンが与えてくれた貴重なひとときだった。

　コロンビア大学で教えていたころ、学生が理性的に思考することができないことに気づき、もっと早い時期から理性的に考えることを教える必要があると強く思ったこと。その思いを実現するために、敢えてモンクレア州立大学に移ってきたこと。最初は廃車になったバスを仕事場にして、朝から晩まで身を粉にして働いたこと。『ハリー・ストトルマイヤーの発見』が注目を集め、各国語に翻訳されたのはいいが、中国で海賊版が出回るのはどうしたことか理解に苦しむこと。「探究の共同体」を標榜する自分は共同体主義者（コミュニタリアン）であること。そういう、こどもの哲学の創設と発展にかんする話から始まって、現在関心をもっている実践的判断力をめぐる問題、ソウルの梨花（イファ）女子大学におけるこどもの哲学の試み、最近研究所を訪れた日本の小学校教員の思い出などに話題は

移っていった。

「共同体主義者」という語は、もちろんここでは一般名詞だが、ぼくにはやはり「自由主義者」対「共同体主義者」の論争を思い起こさせ、むしろこどもの哲学のような進歩主義的な教育論を批判する立場を指すように思われた。そこで、同じ「共同体主義」という語を使うと誤解されるのではないかと質問したところ、質問の意図がよく伝わらなかったのか、自分が共同体主義者であることをいっそう強調されて戸惑った。また、実践的判断力については、ジョン・ロールズの「反照的均衡（reflective equilibrium）」という概念を用いると同時に、判断の要素として、判断を「下す」「述べる」「行う」ことの他に「感じる」ことを強調されたのが印象的だった。「判断を感じること」は、シャープさんの授業でも強調されたことで、目下研究所で共通の話題になっているようだった。

しかし、最後にリップマンさんが口にされた言葉は、耳を疑うほど悲観的だった。こどもの哲学の普及のために一生懸命働いたけれど、既存の教育学からの無関心と抵抗に遭い、たいへん厳しい戦いを強いられていること、自分たちのプロジェクトはある意味では失敗したこと、つまり適切な時宜をとらえて発展の糸口をつかむことができなかったこと——淡々と話す様子には苛立たしさも悲痛さも感じられなかったが、あまりに気の毒で返す言葉がなかった。たしかに、こどもの哲学は、発祥の地ニュー・ジャージー州でも合州国でも、それほど盛んだとは言えない。むしろ、オーストラリアや中南米、イギリスなど他の地域で注目すべき発展を遂げている、しかも、リップマンさんの教材からどんどん離れ、独自の教材とカリキュラムを開発しながら。その発展の種を播いたのがリップマンさんであることは、もちろん、誰もが認め

るところではあるのだが……。

　2007年の2月末に再びモンクレアを尋ねた。研究所はノーマル通りの民家から、キャンパス内の新築の建物に移っていた。所長のグレゴリーさんや若い研究員と意見交換し、学生・大学院生の案内で近隣の中学校の哲学対話の授業を見学させてもらった。リップマンさんにお会いすることはできないか尋ねてみると、健康状態がとてもよくないので無理だという。その後、2010年にリップマンさんは亡くなった。盟友のシャープさんも、まるで後を追うかのように、同年亡くなった。

2人の哲学者の肖像（2）　ギャレス・マシューズさん

　アマーストはマサチューセッツ州西部にある古い町だ。ニュー・ジャージーの空港からコネティカット州のハートフォードまで飛び、そこからコネティカット川沿いに自動車で一時間ほど遡った丘陵地帯にある。ニュー・イングランドでよく見かける、森林に囲まれた小さな静かな田舎町だが、三つの有力大学（マサチューセッツ州立大学、アマースト大学、ハンプシャー大学）を擁する大学町として異彩を放っている。その大学の一つ、アマースト大学に留学した新島襄は「アーモスト」と表記しているし、合州国民の中には「アムハースト」と発音する人もいるが、ここでは、ぼくが現地で聞いた音に最も近いと思われる表記にする。アマーストを訪ねた第一の目的は、ギャレス・マシューズさんに面会することだった。2001年にオスロで開かれた国際哲学プラクティス学会でマシューズさんの講演を聴いて以来、一度お会いしてお話しを聴きたいと思っていたのである。

　マサチューセッツ州立大学のキャンパスは広大である。マシュー

ズさんに指示されたバートレット館を探しながら歩いて行くのは
骨が折れた。よくやく辿り着いたバートレット館の哲学科のフロ
アにある個人研究室のドアを開けたまま、マシューズさんは仕事
をしていた。きっといつもそうやって学生を迎え入れているのだ
ろう。挨拶し、訪問の目的などをひとしきり話してから、教員ク
ラブ（Faculty Club）で昼食をご馳走になりながら会話を続けた。
そして誘われるままにキャンパスのツアー。長身のマシューズさ
んが、カラフルなシャツに野球帽（もちろんボストン・レッド・
ソックス！）をかぶり、ひょうひょうと歩いていく。「日本人はこ
こが大好きなんだよ」と言いながら真っ先に連れて行かれたのは、
「大志を抱け」のクラーク博士の記念碑だった。そうか、あの札幌
農学校のクラーク博士はこの大学の農学部にゆかりのある人物だっ
たのだ。

　ツアーの途中で大学図書館に寄り、1 冊の本を借り出してくだ
さった。オーストラリアのティム・スプロッド（Tim Sprod）の
著書『道徳教育における哲学的議論（*Philosophical Discussion in
Moral Education*）[16]』である。先ほど研究室で話題になった本の
一つである。宿舎に持ち帰って序論を読み、一部をコピーさせて
もらった。こうしてニュー・イングランドの田舎町で、はからず
もオーストラリアのこどもの哲学の研究・実践に出会ったことは
後に貴重な意味をもつことになるのだが、それについては後で記
すことになるだろう。

　ぼくの滞在中、マシューズさんは毎日時間をつくって会ってく
ださったが、残念ながらマシューズさんがこどもたちと哲学対話
をするところを見る機会はなかった。その代わり、マウント・ホ

16）　Tim Sprod, *Philosophical Discussion in Moral Education*, Routledge, 2003.

リヨーク大学のトーマス・ワーテンバーグ（Thomas Wartenberg）
さんの、こどもの哲学にかんする授業の見学に連れて行ってくだ
さった。ワーテンバーグさんは、カントをはじめとするドイツ哲
学の研究者だが、映画の哲学の研究でも知られている。

　アマーストにある三つの大学と、その近隣の町にある二つの女
子大学、マウント・ホリヨーク大学とスミス大学は「五大学コン
ソーシアム」をつくっていて、授業や図書館の相互利用ができる。
五つのキャンパスを循環するバスがあって、学生はどのキャンパ
スにも自由に出入りしている。マウント・ホリヨーク大学はスミ
ス大学と並ぶ伝統ある女子大学だが、男子学生もふつうに出入り
していて、ワーテンバーグさんの授業にも、マシューズさんが指
導している州立大学の男子学生が参加していた。13 時から 16 時
までの 3 時間の演習授業で、受講生たちが地域の小・中学校に出
向いてこどもの哲学の授業をする準備が組み込まれている。その
学期の受講生は 13 人、教員志望の学生が多い。受講生 13 人
といえば人気のない授業に見えるかもしれないが、合州国の
教養教育大学^{リベラル・アーツ・カレッジ}ではふつうの規模である。

　前半はワーテンバーグさんの講義と討論、後半はアーノルド・
ローベルの絵本『かえるくんとがまくん（*Frog and Toad Together*）』
のなかから「がまくんのゆめ」を使って模擬哲学対話と討論とい
う構成。ローベルの絵本は、マシューズさんもこどもの哲学の教
材として薦めているものである。学生たちはこの種の授業に慣れ
ていると見えて、活発に質問し意見を述べる。マシューズさんも
討論に参加する。次回はリップマンのテキストとそれを使った授
業のビデオ録画を見ることを確認して、その日の授業は終わった。

　ローベルの作品は絵本の世界ではよく知られており、日本語に
も翻訳されているが、ぼくはそのとき初めて接したうえ、「がまく

んのゆめ」はとても不思議なストーリーで要点がつかめず、残念ながら学生の活発な討論をうまく追うことができなかった。しかし、このようなこどもの哲学にかんする授業が正規の授業として開講されていること、それを教職課程の学生が好んで履修していること、その一環として地域の学校での哲学対話が実施されていること、こうしたことはこどもの哲学を知って間もないぼくにとっては、驚くべきことであった。マウント・ホリヨーク大学のウェブ・ページで確認する限り、この授業は現在も開講されている。

　その翌年2004年の6月に、マシューズさんを大阪に招くことができたのは、たいへん嬉しいことだった。同じ時期にオーストラリアからスプロッドさんも招いて、臨床哲学研究室の授業（臨床哲学演習）や研究会（臨床哲学研究会）を開いたり、大阪教育大学の桝形公也さんや田中博之さんの協力も得て、大阪市立開平小学校で授業をしていただいたりした。

　開平小学校での授業には5年生のクラス18人が参加した。小学校のホールに入ってきたこどもたちが、一人一人マシューズさんと握手し、英語であいさつしてから円形に並べられた椅子に腰かける。教材はマシューズさんがプラトンの『ゴルギアス』の一節をこども用に書き直した「完全な幸せ」というお話。かゆいところを思いっきりかくことができれば幸せと言えるか、という問いをめぐるソクラテスとカリクレスのやりとりの一節である。臨床哲学研究会でのマシューズさんの報告（「学齢期のこどものためのプラトン」）[17]にもあったことだが、マシューズさんはプラトンの対話篇をそのまま、あるいはこども向けに書き直して使うのを好まれる。

---

17)　ギャレス・マシューズ（寺田俊郎訳）「学齢期のこどものためのプラトン」『臨床哲学』第6号、2005年。

　対話は「こどもの哲学研究所」の流儀に従って、こどもたちがお話を読んで考えた問いを黒板に書き出すところから始まった。通訳付きではあったが、対話は思ったよりずっと円滑に進んでいき、思いがけない山場を迎えた。ある男子が「幸せは時間に関係がある、長続きしなければ幸せじゃない」と発言したのを受けて、ある女子が「幸せが時間と関係があるとすれば、完全な幸せなんてない、なぜなら、私たちはいつか死ぬから」――そのあとの対話はこのテーゼをめぐって進んでいった。この展開にはみんな目を丸くしたが、マシューズさんが一番驚いていたかもしれない。同じテーマでいろいろなこどもたちと対話をしたが、このような展開は初めてだ、という。あまりにも興味深い展開だったので、担任の先生のご配慮で、急遽午後の授業時間を対話の続きに充てることになったほどだ。日本でもこどもの哲学を進めていくことができる、そう確信させてくれた出来事だった。

　こうして、マシューズさんがこどもたちと哲学対話をするところを見たい、というぼくの念願はかなった。マシューズさんの講演や著作から感じとっていた通り、マシューズさんはこどもとの哲学対話を心から楽しんでいるように見えた。それを見ていると、こどもとの対話をおとなも楽しむことによって、こどもの対話がもっと楽しいものになることが何より大切なことで、こどもの哲学のさまざまな効用などは二の次だとすら思われてくる。実際、スプロッドさんとのジョイント研究会では、こどもの哲学と道徳教育やシティズンシップ教育との関係がテーマだったにもかかわらず、マシューズさんの報告の大半は、こどもと共有した哲学対話を生き生きと描き、その意味を語ることに費やされ、最後に、ほんの申し訳程度に「哲学対話は批判的・反省的思考を促すが、それは民主主義社会を担うよき市民にとって必要不可欠な資質で

ある」と言い添えるにとどまった。そういった感想をマシューズさんにお伝えし、そこにリップマンさんとの一番の違いがあると思うと伝えると、マシューズさんは答えた——「そうだよ、マット（Matthew）はこどもと対話すること自体はあまり好きじゃないんだ」。

　急いで付け加えなければならないが、マシューズさんは、こどもの哲学がもっているさまざまな効用、特に道徳教育やシティズンシップ教育に対する貢献に無関心だということではない。マシューズさん自身、政治的には自由主義的な立場に立ち、既存の政治に対する批判的態度をとり、民主主義社会における批判的・反省的思考の重要性を心から信じていること、それは、ときに〈9.11〉後の合州国の政治情勢や広島・長崎への原子爆弾投下の是非にまで及んだ会話から、明らかだと思う。民主主義社会のよき市民を育てることにこどもの哲学が貢献するという結論は、たしかにとってつけたようではあったが、ただのリップ・サービスだとは思われない。にもかかわらず、マシューズさんが最も伝えたかったことは、こどもの哲学対話には、さまざまな効用に尽きないそれ自体の意味がある、そういうことだとぼくには思われる。

　マシューズさんに最後にお会いしたのは、2007年の2月末にモンクレアを再訪する途上でアマーストに立ち寄ったときのことだ。不意に襲った大雪のなかをアマーストに辿り着いたぼくと連れあいを、ご夫妻で歓待してくださった。宿舎とレストランの間を自ら自動車を運転して送迎してくださる姿は、とても元気そうに見えた。定年はいつなのか尋ねると「われわれはそのような考え方はもうやめた」とのこと。実際亡くなる直前まで、大学で授業担当や学位論文審査などの学務を続けられたそうである。2011年に、これもリップマンさんの後を追うように亡くなった。

日本におけるこどもの哲学の展開

　2004 年にマシューズさんを大阪にお招きしたころから、臨床哲学研究室内外のこどもの哲学をめぐる動きは次第に活発になり始めた。マシューズさんの招聘に先立って、大阪教育大学の招きで来日した、オーストラリアのクィーンズランド州の小学校長であるリン・ヒントン（Lynne Hinton）さんの講演を聴く機会もあった。ヒントンさんの小学校（ビューランダ小学校）は、全校をあげてこどもの哲学を推進し、すべての教員がこどもの哲学の授業ができることで知られている。しかし、まだそれを知らなかったぼくは、ヒントンさんの話しを聞いて、こどもの哲学が全クラスで実施されているだけでなく、実際に学力向上に貢献していることに驚くとともに、さまざまな教科と組みあわせることによって開かれるこどもの哲学のもう一つの可能性に気づかされた[18]。

　2008 年には、関東でこどもの哲学に関心をもつ人々に出会った。それを機に日本各地に散在するこどもの哲学に関心をもつ人々をつないでネットワークをつくることを考え始めた。その考えは徐々に実現へと向かい、2011 年から科学研究費補助金を得て新たな研究プロジェクト[19]を開始するとともに、東京都立中等教育学校や横浜市立小学校で、哲学対話の授業を試みてきた[20]。

　ぼく自身がはじめて小学校のこどもたちと哲学対話をしたのは、2012 年のことである。横浜市立小学校で放課後に児童の活動の場

18）　拙論「探求の共同体をつくる ── 対話する市民を育てるために」政策提言研究報告書『臨床コミュニケーションのモデル開発と実践』2004 年。

19）　「初等・中等教育における哲学教育推進のための理論的・実践的研究」http://pweb.cc.sophia.ac.jp/tterada/philed/index.html

20）　関東地方には、こどもの哲学が正規のカリキュラムに組み込まれている学校もある。神奈川県の関東学院小学校、埼玉県の開智中学校、東京都の開智日本橋中学校、お茶の水大学付属小学校、など。

を提供している事業[21]に協力して、小学校2、3年生向けに哲学対話を試みたところ、予想以上におもしろい対話ができた。これを皮切りとして、複数の横浜市立小学校で哲学対話を実施し、そのうち一校では2014年度から「持続可能な発展のための教育（ESD）」の授業の一環として、6年生の全学級でこどもの哲学の授業を行った[22]。これについては、第2章で詳しく報告することになる。

高等学校での哲学対話を開始したのは、これより少し早い。東京都立中等教育学校の一つで、2011年度から2014年度まで、正規授業の一環として、5年生または4年生（高等学校2年生または1年生に相当）に対して、哲学対話の授業を実施した[23]。これについては、第3章で詳しく報告することになる。その他に、東京都内の高等学校数校で哲学対話の授業を不定期に実施している。

このころから、東京近辺で、学校での哲学対話の活動が盛んになっていく。幾人かの実践者や研究者が、小・中・高等学校で哲学対話の活動を推進するとともに、哲学対話に関する一般向けの著書を出版してその普及に貢献している[24]。その流れと新指導要領の基本方針「対話的で深い学び」が相まって、東京近辺では、多くの学校で哲学対話が実施されるようになっている。すでに2006年ごろから世田谷区立中学校の「哲学」の授業に関わり、そのた

21) 横浜市こども青少年局の放課後活動支援事業「はまっ子ふれあいスクール」。運営法人はNPO法人教育支援会。
22) 横浜市立幸ケ谷小学校。この小学校では3年生から6年生まで総合的な学習の時間でESDを実施している。
23) 東京都立小石川中等教育学校の伝統科目「小石川フィロソフィー」の一つ「現代社会インアクション」。
24) たとえば、河野哲也『「こども哲学」で対話力と思考力を育てる』河出書房新社、2014年。梶谷真司『考えるとはどういうことか――0歳から100歳までの哲学入門』幻冬舎新書、2018年。豊田光代『p4cの授業デザイン――共に考える探究と対話の時間のつくり方』明治図書、2020年。

めにこどもの哲学の研究を始めていた土屋陽介さんは、埼玉県の開智学園中学校で 2012 年に正規の授業として哲学対話を実施するようになった。いまでは、東京都にある系列校の開智日本橋学園中学校でも正規の授業として哲学対話が実施されている。

　2010 年代になって急速に広がったこどもの哲学の実践が、アメリカ合州国ハワイ州のこどもの哲学の影響を強く受けていることは特筆に値する。ハワイのこどもの哲学はハワイ大学のトマス・ジャクソン（Thomas Jackson）教授が主導して発展してきた[25]。あえて大文字ではなく小文字で「p4c」と名乗り、こどもたちが安全に対話し思考することができる環境を整えることを「知的安全性」と呼んで重視する。そのための道具として「哲学者の道具箱（Philosophers' Tool Kit）」や「コミュニティ・ボール」を開発した。ハワイのワイキキ小学校やカイルワ高等学校では、これらの道具を使って、全校でこどもの哲学が実施されている。

　さて、こどもの哲学が展開するにつれて切実な課題になってきたのは、対話の進行役の育成である。その課題に答える第一歩として、ぼくは 2012 年以来、上智大学の教員免許状更新講習の選択科目として「哲学対話教育の理論と実践」を開講している。この科目は、小・中・高等学校の教員がワークショップ形式でこどもの哲学を学ぶというものである。毎年定員いっぱいの受講申し込みがあり、教員の間にこどもの哲学に対する恒常的な関心があることがうかがわれる。

　こどもの哲学の進行役の育成に関して、もう一つ特筆すべきは、NPO 法人「こども哲学　おとな哲学　アーダコーダ」[26] の設立

25）　ハワイのこどもの哲学については、高橋綾、本間直樹・ほんまなほの前掲書で詳しく論じられている。
26）　「こども哲学　おとな哲学　アーダコーダ（ardacoda）」。http://ardacoda.com/

（2014年）である[27]。これにはぼくも幹事として参加している。「アーダコーダ」は名称に表れている通り、こどもの哲学に限らずおとなの哲学対話を促進することをも目的とするが、現在のところ、こどもの哲学にもっとも力を入れており、こどもの哲学のイベントを開催し、進行役を派遣するだけでなく、こどもの哲学の進行役を目指す人のための研修会を開催している。毎回定員一杯になる盛況ぶりであり、一般の市民の間にもこどもの哲学に対する一定の関心があることがうかがわれる。

教育の臨床哲学とこどもの哲学

　こうして振り返ってみると、臨床哲学研究室の教育の臨床哲学的考察は、こどもの哲学の研究と実践を生み出したが、次第に学校で哲学対話を実施することそれ自体に重心が移ったまま、教育の臨床哲学的考察そのものはいつの間にか途切れている。しかし、今こそ自信をもって言うことができるが、こどもとともに哲学対話を行うこと、そしてその哲学対話から学ぶこと自体は、きわめて臨床哲学的なことである。学校で哲学対話を実施することは、対話的な態度や自律的で共同的な思考力を養うといった目的をもつ教育活動であるだけではなく、教育と学校を、そして哲学と対話そのものを、問い直す作業でもある。このことは高橋綾さん、本間直樹・ほんまなほさんの作品[28]にも如実に表れている。

　このようなこどもの哲学を通じた教育の臨床哲学は、こどもた

---

27)　さらに「P4CJapan」の発足（2013年）があげられるであろう。これには、臨床哲学研究室の出身者、辻村修一、中川雅道、辻明典が運営メンバーとして参加している。

28)　高橋綾、本間直樹・ほんまなほの前掲書。

ちと哲学研究者の間に限定される必要はないだろう。児童・生徒のみならず、教職員、保護者、その他教育現場にかかわるあらゆる人々の哲学対話によって、進められるべきものである。臨床哲学研究室の最初の10年の流れは、児童・生徒との対話の実践のほうに大きく振れていたが、教育現場にかかわるその他の人々との対話は行われてきたし、これからも行われるだろう。そこにこそ、教育の臨床哲学の場が開かれていく。

　このように教育の臨床哲学とこどもの哲学は緊密な関係にある。それに加えて、ソクラティク・ダイアローグや、それどころか哲学カフェもまた、教育の臨床哲学と同じように緊密な関係にあるというのが、ぼくの考えである。いずれも哲学対話の手法という意味では同じなのである。以下では、まず臨床哲学研究室とソクラティク・ダイアローグおよび哲学カフェとの関りを素描し、次節で、こどもの哲学、ソクラティク・ダイアローグ、哲学カフェと教育の関係をさらに考察する。

臨床哲学研究室とソクラティク・ダイアローグ

　すでに書いたように、ソクラティク・ダイアローグを知った当初、ぼくはその意義がよくわからなかったが、ネルゾンの認識論と教育観とを知ることで、その意義を理解するようになった。その後、ぼくは集中的にソクラティク・ダイアローグの経験を積むことになる。2000年の夏にはドイツのハノーファー近郊で開かれたソクラティク・ダイアローグのワークショップに参加し、三泊四日の対話を経験してその手法をさらに学ぶとともに、その手法にはいろいろな流派があり、その間には対立があることも知った。2001年にはドイツのソクラテス哲学協会の会員二名を大阪に招聘

して開かれたワークショップに参加した。また、2002年にはイングランドのバーミンガムで開かれた国際ソクラティク・ダイアローグ学会に参加し、ワークショップに参加するとともに、ソクラティク・ダイアローグに関する研究報告を行った。2003年には「臨床コミュニケーション」の研究の一環として、オランダのソクラティク・ダイアローグの実践者、ヨース・ケッセルス（Jos Kessels）が経営する哲学対話会社を訪問し、聞き取り調査と彼のワークショップの観察などを行った[29]。さらに、2004年にはベルリンで開かれた国際ソクラティク・ダイアローグ学会に参加し、日本の哲学対話の実践に関する報告をシンポジウムで行った。

　しかし、あとで述べるように、ソクラティク・ダイアローグは少々使いにくい手法であり、ぼくは、大学の授業など限られた場でしか使ったことがない。とはいえ、こどもの哲学にしても哲学カフェにしても、ぼくの対話進行はソクラティク・ダイアローグの影響を強く受けている。参加者の具体的な経験から始めること、進行役はできるだけ介入せず参加者の自主性を重んじること、要所で合意をとりながら進んでいくこと、対話についての対話（メタ・ダイアローグ）を設けること……。それに対して、当初からソクラティク・ダイアローグに熱心だった堀江剛さんは、医療やケアの関係者が哲学対話をするための手法としてソクラティク・ダイアローグを使うことを考え、ワークショップを企画・実施して、その可能性を追求していった。

29）　ケッセルスは、ドイツでソクラティク・ダイアローグを学び、それをオランダに持ち帰って広めた人物で、「ソクラテス的進行役連絡会」の会長を務めたこともある。ソクラティク・ダイアローグを応用した企業研修などを手がける会社、「ニュー・トリヴィアム」を起こし、ぼくが訪問した時点では3人で共同経営していた。経営はたいへんな成功を収め、数年に一度のサバティカル（研究休暇）をとることができるほどだった。第8章参照。

　こうして、ソクラティク・ダイアローグは臨床哲学研究室の活動の一つの柱になった感があった。その中から、看護大学の授業でソクラティク・ダイアローグを活用する試みも現れた。その一つが「はじめに」で触れた渡邊美千代さんの教育実践である。

臨床哲学研究室と哲学カフェ

　2000 年に大阪の街中で初の哲学カフェを開いた臨床哲学研究室の哲学カフェの活動は、やがて出身者有志による哲学対話団体「カフェフィロ」の設立へとつながることになる。研究室としても、カフェフィロとしても、じつに多彩な実践と研究を繰り広げてきた。その展開の様子は『哲学カフェのつくりかた』に譲ることにし、ここでは、ぼくが関わった哲学カフェの展開に絞って叙述したい。

　関東で第 1 回目の哲学カフェを開いたのは 2002 年のことだ。勤め先の大学の東京都内のキャンパスにある学生ラウンジで開き、その後、大学のラウンジや演習室で回を重ねた。満を持して街中のカフェに出たのが 2004 年。東京白金にあるイタリアン・カフェである。休日の午後のカフェの話し声とエスプレッソ・マシンの音の中で行う哲学対話の面白さと難しさを知った。

　そうした経験に基づいて、2006 年に月刊『言語』に哲学対話に関する連載を 1 年間にわたって掲載したのは、画期的な出来事だった。「ようこそ、哲学カフェへ！」という連載である。見開き四ページの紙面には、カフェを連想させる線描画があしらわれ、カフェの雰囲気を添えてくれた。臨床哲学研究室の同僚たちと分担して執筆し、哲学カフェだけでなく、ソクラティク・ダイアローグ、こどもの哲学に関する記事も載せた。

白金でのカフェは、ぼくが海外出張で1年半ほど日本を留守にしたため、2006年の夏で終わった。帰国後2008年の秋から、今度は神田で哲学カフェを再開した。神田のカフェを何軒か点々としたのち、神田神保町のシックなカフェ「クライン・ブルー」に落ち着き、ほぼ毎月、今日まで十数年そこで続けている。参加希望者は、定員を決めて予約制にしなければならないほど増えた。常連さんもいるが、いつも半数は新顔さんである。初めて来た人も、その「場」の磁力に引かれて対話のモードに入るのだろう、半数は新顔さんでも自然に哲学対話が成り立つ。進行役のぼくは、ソクラティク・ダイアローグの影響で、対話の内容にはできるだけ介入せず、進行役に徹するという姿勢をとり続けているが、そのぼくが一番楽しませてもらっているかもしれない。

　関東での「カフェフィロ」の活動は、神田神保町の他にも、カルチャー・スクールでの哲学カフェや、コミュニティ・センターでの読書カフェ（「テツドク」）や哲学セミナーへと広がってきている。

　「カフェフィロ」の会員としてではなく、大学の教員として続けている哲学カフェもある[30]。前任校の明治学院大学では、国際平和研究所の行事の一環として、「Café du Prime（カフェ・デュ・プリム＝国際平和研究所のカフェ）」を2005年から毎週開いた。折しも日本国憲法改定の議論が高まっているときで、憲法をはじめ、平和に関わることをざっくばらんに話しながら考える場を開こうという趣旨で始めたのだ。昼休みに開いたので時間に限りがあり、通常の哲学カフェのように話を深めるのは難しかったが、それでも哲学カフェらしい場であった。少数だが熱心な学生たちが集ま

---

30)　これらについては第6章で報告する。

り、研究所の所員も頻繁に顔を出し、ぼくが転任する 2010 年まで続いた。その後も、学生主体の哲学カフェとして今日まで続いている。

　2010 年に上智大学に転任して始めたのが、「Sophia 哲学カフェ（ソフィア哲学カフェ＝上智の哲学カフェ）」である。学内の研究所「グローバル・コンサーン研究所」の行事の一つとして、1 学期に 1 回ないし 2 回開いている。グローバルな問題に関わるテーマ、たとえば「憲法」「自由」「平等」「差別」などについて、街の哲学カフェと同じように話し、考えてきた。

3.　教育現場の内外と哲学対話

三つの対話手法と教育

　前節で月刊『言語』の連載に触れた。この連載は「ようこそ！哲学カフェへ」と題されてはいるが、ソクラティク・ダイアローグやこどもの哲学に関する記事も含んでいる。そこには、図らずも、本書の趣旨が先取りされている。私見によれば、これら三つの手法は同じ哲学対話の三つの手法であり、その根底では相互に密接に通じあっているのだ。もちろん、起源も展開も異なる手法であり、それは事実として認識しておく必要があるが、ぼくはこれら三つの手法は互いに学びあい、補いあうことによって、哲学対話をいっそう豊かなものにすると考える。もちろん、いずれかのみに依拠する実践者もいるだろうし、それはそれで構わないのだが、ぼくはこれら三つのいずれもから学ぶところが大きかったし、他の実践者にも同じことを勧めたいと思う。

　以下では、まず、ソクラティク・ダイアローグおよび哲学カフェ

の教育との関係を素描する（こどもの哲学と教育の関係にはすでに触れたので省く）。それから、狭い意味での教育（学校教育など）を越えた広い意味での教育における哲学対話の展開について述べる。

ソクラティク・ダイアローグと教育

　まず、ソクラティク・ダイアローグについて言えば、先にも述べたように、もともと哲学教育の手法として提唱されたものであり、欧米では現在でも、職業研修など広い意味での教育の場面で用いられていることを確認しておきたい。だが、教育手法としてのソクラティク・ダイアローグには、その他に、次のような興味深い事実もある。それは、ソクラティク・ダイアローグは、アメリカ合州国発祥のこどもの哲学（P4C）とは異なるこどもの哲学の伝統の中に位置づけられる、ということだ。

　先にも述べたように、現在実践されているさまざまな流儀のこどもの哲学は、リップマンが提唱した教育手法に連なるものがほとんどである。だが、こどもの哲学という発想は、じつはリップマンより早くドイツで生まれていた[31]。それはプロイセンの大哲学者イマヌエル・カントまで遡るとする人もいる。また、哲学者カール・ヤスパース（Karl Jaspers）は、『哲学入門』（1950 年）[32] において、「こどもの哲学」という表現をこどもが哲学することという意味で用いている。

31）　ユリアン・ニーダ゠リューメリン、ナタリー・ヴァイデンフェルト（岩佐倫太郎訳）『ソクラテス・クラブへようこそ——子どもに学ぶ大人のための哲学教室』阪急コミュニケーションズ、2013 年。
32）　カール・ヤスパース（草薙正夫訳）『哲学入門』新潮文庫、1954 年。

　しかし、ここで特に注目したいのは、ドイツにはすでに1920年代に、こどもが哲学する・こどもと哲学することに注目した一群の哲学者たちがいたことである。たとえば、哲学者で教育改革家のヘルマン・ノール（Herman Nohl）、哲学者で文芸批評家のヴァルター・ベンヤミン（Walter Benjamin）、そしてネルゾンである。ネルゾンは講演「ソクラテス方法」で論じた対話を中心とする哲学教育法を大学教育のみならずこどもの教育にも活用していた。ソクラティク・ダイアローグの始祖であるネルゾンの哲学対話の構想にこどもの哲学が含まれていたことは、注目されるべきである。

　もちろん、ソクラティク・ダイアローグが現代の教育に直接大きな影響を与えているわけではない。ソクラティク・ダイアローグを、学校教育をはじめとする教育現場で活用する試み[33]はあるが、実践例はきわめて少ない。にもかかわらず、ソクラティク・ダイアローグは、教育現場における哲学対話の手法として潜在能力をもっている、とわたしは考える。そして、教育を社会教育や職業教育をも含めた広い意味にとれば、その潜在能力はいっそう高まると思うのである。

哲学カフェと教育

　哲学カフェについても、まずは同じことが言える。哲学カフェもまた教育に貢献しうる。哲学カフェでの経験は教育における哲学対話にも生かすことができるのである。逆に、教育における哲学対話の経験を哲学カフェに生かすことも、もちろん、できる。

---

33) Dieter Krohn, Barbara Neißer, Nora Walter（Hrsg.）: *Das Sokratische Gespräch im Unterricht*, dipa-Verlag, Frankfurt am Main 2000.

だが、哲学カフェの手法と教育における哲学対話の手法は、まったく対等だというわけではない。なぜなら、哲学カフェで行われる哲学対話も教育における哲学対話も、同じ哲学対話であるが、哲学カフェでの哲学対話のほうがより基本的な形だ、と考えられるからだ。楽しみたい人が自由に参加する場であること、それこそが哲学対話の本来の姿だとすれば、当然そうなる。教育における哲学対話も、哲学カフェでの哲学対話を範型として実施されるのが望ましいのである。つまり、学校現場や職業現場で哲学対話を実施するとは、つまりその環境に合わせて哲学カフェを開くということなのである。

　このことは、しかし、教育における哲学対話というものにまつわる難しい問題をすでに内包している。たとえば、哲学カフェは哲学対話の同好の人々が自由に集まって行う趣味のようなものであって、教育とは無縁なのではないか、と問われるのはもっともである。哲学カフェに集う人々は楽しいから集うのであって、それを強引に教育であれ何であれ、特定の目的に結びつけるのは、遊びに目的を求めるようなもので無粋であるだけでなく、危険でもある。危険である、と言うのは、特定の目的に奉仕する手段になってしまっては、自由な哲学的思考の場であるという哲学カフェの命ともいえる特徴が失われかねないからである。

　この懸念は、実は、教育という文脈で用いられる哲学対話の活動一般につきまとう、難しい問題である。その考察には最終章で改めて取り組むことにして、ここでは、哲学カフェが、少なくとも広い意味での教育と無関係でありえないことを明らかにしておきたい。哲学カフェは、哲学対話を楽しみたい人が自由に参加する場であり、それ以外の目的があるわけではない。にもかかわらず哲学カフェは教育と無関係ではありえないのは、二つの理由に

よる。その一つは、先ほど見た。哲学カフェの経験は教育においても生かすことができるという理由である。

　もう一つは、自由な対話の場である哲学カフェも、広い視野で、あるいは長い目で見直せば、教育の場にもなっている、という理由である。意図せずして教育の場になっているのである。だが、誰が何を教え、誰が何を学ぶ場になっているというのか——参加者どうしが哲学的な問いを問いあい、それをめぐって対話し、さらに探求を深めるすべを教えあい、学びあう場、つまり哲学的思考や哲学的対話の作法と技法とを教えあい、学びあう場になっているのである。

　そのなかでも、哲学カフェが健全な政治や社会を目的とする教育の場にもなりうることが重要だ、とぼくは考える。そこで鍵になるのは政治的熟議である。政治的熟議とは、自らの立場や主張を貫き通し、自らの目的を達成するための政治的論争とは異なって、共有された問題の最も望ましい解決は何かを共に考えることである。そこで用いられるのは、勝ち負けを競う競技のような討論（闘論）ではなく、よりよい答えを探究する対話である。この対話を手法とする政治的熟議は民主主義的社会において決定的に重要である。それなくして健全な政治はありえず、したがって健全な社会はありえない。その対話の技法と作法を教えあい、学びあう格好の場になりうるのが、哲学カフェである。この点についても、最終章でさらに論じることにする。

哲学対話のさまざまな展開

　こうしてみると、こどもの哲学のみならず、ソクラティク・ダイアローグも哲学カフェも、教育とさまざまな面、さまざまな強

さ、さまざまなしかたで結びついている。そして、そうした哲学対話の手法に早くから関心をもち、研究と実践を重ねてきた大阪大学の臨床哲学研究室は、特に教育そのものへの関心からそうしてきたわけではないにしても、早くから教育の臨床哲学の研究と実践の場になっていたのである。その展開の概略は先に紹介したとおりであり、第1部、第2部でさらに詳しく報告されることになる。ここでは、哲学対話の最近の展開に関して、上述できなかったことを3点のみ補足しておこう。

　一つは、その多様で目覚ましい展開によって、哲学対話は学界でも話題に上るようになった、ということである。日本哲学会では、2010年度より哲学教育に関するワーキング・グループを設置し、年次大会でワークショップを実施している。このワークショップは広く哲学教育の推進を目的とするもので、特にこどもの哲学に特化したものではないが、頻繁にこどもの哲学を取りあげている[34]。こどもの哲学は哲学教育の一つの手法として期待されてもいるのである。

　もう一つは、企業における哲学対話に見られる。ビジネス・パーソンのための哲学対話である。ぼくは、2014年からあるコンサルティング会社と共同で、「ビジネス・パーソンのための実践哲学対話」の実践と研究を始めた。まだ大々的に展開するには至っていないが、徐々に関心は広がりつつあり、ぼくたちも経験を蓄積しつつある。このビジネス・パーソンのための哲学対話については、第2部で詳しく報告することになる。また、哲学対話の市民団体「カフェフィロ」や「アーダコーダ」でも、企業関係の哲学対話を

---

34)　このワークショップの例を一つだけ挙げる。2013年5月10日（金）お茶の水女子大学にて。テーマ「高校における哲学対話教育」。提題者 Kenneth Low、本間直樹、綿内真由美、司会者 宇佐美公生。

手掛け始めている。

　企業の人々とともに哲学対話をしてきてあらためて思うことは、企業もまた哲学的な問いが山積している現場だということだ。その点、医療現場や教育現場と変わりはない。そして、多くの企業人も、それを「哲学的」と呼ぶかどうかはともかく、現場の問題をもっと掘り下げて考えたいと感じている。実際哲学対話の場を設けて考え始めると、彼ら・彼女らは実によく考え、それを楽しむことができるし、多くが哲学対話の意義を認めるのである。

　このような企業での哲学対話は、比較的早くから行われている医療現場での哲学対話と同様、専門職教育の手法の一つに数えることができるだろう。

　さらに一つは、最近では、社会生活や家庭生活に関わるさまざまな問題を考えるために哲学対話が活用されることである。たとえば、ぼくは、地域の問題を考える糸口として、川崎市宮前区の市民センターで開催されているコミュニティ・カフェに呼ばれて「住みやすい地域」をテーマとする哲学対話の進行をしたことがある。また、広島市で開かれた「広島で、これまでにない形で平和を考えるカフェ」というイベントに呼ばれて進行をしたこともある。これらは、人々が生きる現場で出会う問いをともに考え、教えあい、学びあうという意味で、広い意味での教育に数え入れてもよいだろう。

　このように、臨床哲学の哲学対話の活動は、学校教育を始めとする狭義の教育の枠を越えて、広義の教育と呼びうる領域へも展開してきたし、これからも展開していくであろう。本書ではその豊かな可能性をも考えてみたいのである。

第Ⅰ部

学校での哲学対話

第1章 持続可能な発展のための
教育と哲学対話
—— 幸ケ谷小学校

寺田　俊郎

　横浜駅の北口を海側に出て、線路沿いに東京方面に向かって歩いていくと、古い商店街の入り口にさしかかる。旧東海道に当たる「宮前商店街」である。その風情のある商店街を抜けると京浜道路に出る。道路の海側には、古い商店街とは対照的な新しい集合住宅街が広がっている。京浜道路沿いにさらに少し歩くと、高台の壁面にこどもたちが描いた壁画が見えてくる。その高台の上に横浜市立幸ケ谷小学校[1]はある。幸ケ谷小学校で筆者は2014年度から2016年度の3年間にわたり、正規の授業の枠内で哲学対話を実施した。その当時は、小学校の正規の授業で哲学対話が実施される例はあまりなく、筆者にとっても初めてのことで、まだ実験段階にある実践だったが、日本の学校での哲学対話の発展の記録として価値があるだけでなく、それを通じて学ばれたことにも共有する価値があると考える。

　幸ケ谷小学校は普通の公立小学校だが、ユネスコスクール[2]に加盟し、「持続可能な発展のための教育（Education for Sustainable Development、以下 ESD と略記）」を推進しているという特色のある学校である。ESD を学校経営の中心的理念として位置づけ、

---

1)　https://www.edu.city.yokohama.lg.jp/school/es/kohgaya/　なお、学校所在地の地区名は「幸ヶ谷」だが、学校の名称は「幸ケ谷小学校」が正式である。

2)　http://www.unesco-school.mext.go.jp/

学校だけでなく地域とともに進めることでコミュニティ（地域社会）の醸成に寄与するために、2016年度に学校運営協議会を設立、ESD 推進の地域拠点としてのコミュニティスクールを目指している。その ESD の一環として哲学対話の授業を行ったのである。

1.　幸ケ谷小学校「哲学対話の時間」実施の経緯

　実験的な試みの段階にある活動がしばしばそうであるように、幸ケ谷小学校での哲学対話も、個人的な人のつながりから始まった。横浜市立川上小学校の放課後の活動として哲学対話を実施した際に、当時幸ケ谷小学校の校長だった小正和彦さんが、保護者グループの代表の方と見学に来られ、哲学対話を実際にご覧になって、幸ケ谷小学校でも実施したいと思われたのである。小正さんは、もともと教育手法としてのこどもの哲学に関心があり、注目しておられたようだ。

　さっそく当時東京界隈で哲学対話の活動を進めていたグループ「哲学対話プロジェクト」の仲間と小正さんを幸ケ谷小学校に訪ね、意見交換をし、冬の特別行事で哲学対話を実施することになった。2月開催の全校行事「ハッピー＆スマイル・デー」である。土曜日に実施されるこの行事では、学外からさまざまな人々が学校を訪れ、さまざまな学びの機会を提供し、児童が参加する。大学の研究室が外国語の体験を、地域の団体が伝統的な遊びを、ボランティア団体が手話の講座を、という具合である。その中に混じって、哲学対話を「おしゃべりカフェ」と名づけて提供した。

　「おしゃべりカフェ」を第一希望として選んだ児童はごくわずかで、たいていは第二希望、第三希望だと聞いた。何をするのか得

体の知れない行事だと思われたのだろう。それでも、それなりに興味深い対話をすることができ、小学校で実施することに自信を深めることができた。そして、ハッピー＆スマイル・デーで 2 回目の哲学対話を実施した後、いよいよ正規の授業の枠内で哲学対話を実施することになったのである。

　小正さんは、特別行事で実施するだけでは継続性がないため、哲学対話のよい面が生きないと感じておられたようだ。その通りである。そして、哲学対話を継続的に実施する手立てをいろいろ考えてくださっていた。そのために、文部科学省の教育活動に関する実践研究（専門家派遣）のための補助金を申請してくださり、それが交付されることになった。こうして、2014 年の秋、6 年生（2 クラス）に、各クラス 4 回ずつの哲学対話の授業「哲学対話──聴こう・話そう・考えよう」を実施する運びとなったのである。

　小正さんの目論見は、人と関わり、対話を通して考えを深め、共有し、合意形成へと向かうことができる力を、哲学対話を通して育成する、というところにあった。そのような力は、これからの社会のあり方について自ら考え、積極的に社会と関わり、行動する児童の育成を目指す ESD の基礎となる能力だと考えられるからである。さらに、哲学対話が重視している三つの思考（批判的思考・創造的思考・ケア的思考）の育成に期待している、だから、考えるテーマ自体は ESD の内容に直結しなくてもいいので、哲学対話にもっとも適したテーマを選んでよい、と言ってくださった。哲学対話の意義をよく理解していただいていることに感激するとともに、期待に応えなければ、と身の引き締まる思いがしたものだ。

　小正さんとの話し合いも踏まえ、次のような計画を立てた。形

式としては、物語などの素材を用いずに、問いから始めるもっとも素朴なものを選んだ[3]。

> 第 1 回　哲学対話に触れる
>
> 　映画『ちいさな哲学者たち』の一場面を見て、感想を述べ合う（全体、10 分）
>
> 　準備された哲学的な問いのなかからみんなで考えたいものを選んで対話を始める（グループ、35 分）
>
> 　宿題 1　振り返りシート
>
> 　宿題 2　これまでの ESD 活動の中から出てきた問い（疑問）
>
> 第 2 回　哲学対話を始める
>
> 　問いを選ぶ（全体、5 分）
>
> 　選ばれた問いをめぐって対話する（グループ、35 分）
>
> 　各グループの報告と自己評価（全体、5 分）
>
> 　宿題　振り返りシート
>
> 第 3 回〜第 4 回　哲学対話を楽しむ
>
> 　問いを選ぶ（全体、5 分）
>
> 　選ばれた問いをめぐって対話する（グループ、35 分）
>
> 　各グループの報告と自己評価（全体、5 分）
>
> 　宿題　対話全体の振り返りシート（作文）

　第 1 回は導入のみを目的として「哲学対話に触れる」をテーマとした。哲学対話の概要をスライドに沿って説明し、さらに直観

---

3)　現在ではトマス・ジャクソンのハワイ方式の影響を受けて「コミュニティ・ボール」が使われることが一般的になっているが、幸ケ谷小学校では使わなかった。コミュニティ・ボールの効用はよく理解しているつもりだが、それがなければこどもの哲学対話はできないと考えたり、それを魔法の道具であるかのように持ち上げたりする風潮には、違和感を覚える。

的につかんでもらうために映画『ちいさな哲学者たち』[4]の一コマを見せることにした。

　続いて、こちらで準備した問いを三つ提示し、考えたい問いを一つ選んでもらうことにした。まだ哲学対話の経験がまったくない段階で問いを立てるのは難しいと予想されたのでこちらで準備したのだが、自分たちで問いを立てるのではないにしても、少なくとも自分たちで選んだ問いを考えてもらいたいと思ったからである。

　第 1 回は、哲学対話の説明に時間をかけるため、対話の時間は正味 25 分くらいになるだろうが、導入としてはそれで十分だろう。授業の終わりに挙手による三段階の評価を行い、授業後に、これまでの ESD 活動の中で出てきた問いを自由に出してもらうことにした。

　第 2 回は、本格的な哲学対話に入るべく「対話を始める」をテーマとした。前回授業後に出してもらった ESD 活動の中で出てきた問いの中から、筆者が哲学対話に適していると思うものを三つ選び、その中からみんなで一つ選んで考えることにした。授業の終わりに、各グループで話したことを代表者または進行役に簡単に報告してもらい、挙手による三段階の評価をすることにした。

　第 3 回、第 4 回は哲学対話に慣れてくることを想定し、「哲学対話を楽しむ」をテーマとした。活動の構成は第 2 回とまったく同じである。

　各クラスの人数が 36 名前後とのことだったので、クラスを 12 名前後の三つのグループに分けることにした。グループ分けは、グループごとの大きな偏りが出ないように留意することだけをお

---

4)　『ちいさな哲学者たち』公式サイト http://www.phantom-film.jp/library/site/tetsugaku-movie/

願いして、それぞれのクラスの担任教員にお任せした。各グループに進行役を付けるために、勤め先の哲学科の学生のうち、哲学対話の活動に参加している学生に声をかけ、毎回少なくとも 3 人の進行役が確保できるように態勢を整えた。各担任教員には、対話の観察と対話後の「振り返りシート」と「宿題」の指導のみお願いした。

　グループに分かれて活動しやすいように、大きめの部屋「イングリッシュ・ルーム」を使うことになった。普段は英語の授業で使われている部屋で、ハッピー＆スマイル・デーの哲学対話でも使った、筆者にもなじみ深い部屋である。

　事前に学校に伺って、6 年生の学年主任の Y さんと、小正さんも交えて打ち合わせをした。6 時過ぎに訪れたにもかかわらず、職員室にはまだ多くの教員が残っていて、活気に溢れていた。小学校の教員は忙しいと聞いていたが、想像以上である。Y さんは、経験豊富で熱心な教員のように筆者には見えたが、哲学対話がどのようなものかつかむことができなくて、とまどっておられるようだった。無理もない、何しろ初めての哲学対話なのだから。児童主体の活動だというイメージはもっておられて、こどもたちが活発に発言するだろうか、いい問いを出してくれるだろうか、と不安そうにしておられた。学年主任の Y さんにはその後 3 年間にわたってお世話になった。そして、後で述べるように、哲学対話の面白さの最良の理解者の 1 人になってくださった。

　1 年目、2 年目は 6 年生のみだったが、3 年目には 5 年生にもいわば「プレ体験」として哲学対話の授業を実施することになった。しかし、残念なことに、その年度末に校長の小正さんが異動になり、新校長の下では哲学対話の授業は継続されなかったため、すでに哲学対話を体験した新 6 年生たちの哲学対話を見ることはで

きなかった。哲学対話に理解のある教員の異動によって哲学対話の流れが途絶えてしまうことは、学校で哲学対話を実施する場合に考慮しなければならないことの一つであると思われる。この点については後で考察する。

それでは対話の様子を紹介しよう。まず、1 年目（2014 年度）の初回の導入授業をやや詳しく紹介し、1 年目、2 年目（2015 年度）の授業全体の様子を紹介した後、3 年目（2016 年度）の授業の様子をやや詳しく紹介する。

2. 対話の様子：1 年目

1 年目の授業は、実施する筆者とそのチーム（大学生四名）の緊張気味の面持ちが場違いであるかのような、和やかな雰囲気の中で始まった。ESD の授業のおかげだろうか、こどもたちは学外の人々を迎え入れることにも、グループワークをすることにも、慣れていたように思われる。

実施チーム紹介の後、まず、スライド「幸ケ谷小学校・哲学対話 —— 聴こう・話そう・考えよう」を用いて哲学対話とは何かを説明した。哲学対話とは、みんなで話しあい、聴きあいながら、一つの問いをゆっくり考えること、という簡単な説明である。続いて、映画『ちいさな哲学者たち』の一コマをみんなで見て、普段の話しあいとどこが違うか話しあった。

『ちいさな哲学者たち』は幼稚園での哲学対話を記録したドキュメンタリー作品だが、それを見てこどもたちは刺激を受けた様子で、活発に感想を話してくれた。「こどもなのに自分の意見を堂々と話している」「普段考えないことを話しあっている」「話しあい

ながらみんなで考えている」など、哲学対話の特徴に当たることはほとんどそこで出てしまった。幸先のよい始まりだ。

　続いてスライドに戻り、先ほどの話しあいも踏まえながら、哲学対話の特徴を次のように説明した。

　　・大切だけどふだんは考えないことを考える。

　　・一つの答えが出ないことを考える。

　　・みんなで考えるために話しあう。

　　・一人一人が考える。一人一人が主役。

　　・おとなも答えがわからないことを考える。

さらに、対話のルールを説明した。

　ふつうの話しあいのルールとだいたい同じ。

　（1）人の悪口以外は、何でも自由に話そう。

　（2）他の人が話している間はその人を見て最後まで聴こう。

　（3）他の人が話してくれたことに反応してあげよう。

　そして、対話のコツとして便利な三つの言葉、「〜ってどういうこと？」（意味）、「なぜ？」（理由）、「たとえば？」（例）をどんどん使って問いあおう、と促した。

　その後あらかじめこちらで用意した三つの問いを提示し、どの問いを考えたいか、その理由を含めて何人かの意見を聴いた後、多数決で一つを選んだ。

　（1）「友だち」って誰？

　（2）他の人の「心」を知ることはできる？

　（3）なぜ「地球が太陽のまわりを回っている」ってわかるの？

1組、2組とも「他の人の『心』を知ることはできる？」が選ばれ

た。

こどもたちは、思ったよりずっと活発に、自由に、楽しそうに対話に参加し、挙手による自己評価でもかなり肯定的な反応を示し、実に面白い感想や考えや新たな問いを、振り返りシートに書き込んでくれた。

挙手による自己評価では、「よく聴けた？」「よく話せた？」「よく考えられた？」「楽しかった？」の四つの項目について、「とても」の人は手を垂直に上げ、「まあまあ」の人は手を水平に上げ、「あまり」の人は手を下げるよう指示した。「とても楽しかった」が大多数、「とてもよく聴けた」「とてもよく考えられた」が多数、「とてもよく話せた」が半数くらい、という結果だった。「とてもよく話せた」が比較的少なく、「よく考えられた」や「楽しかった」が多い傾向は、年度を通じ見られ、また、2年目、3年目にも見られた。

授業の終わりに、次のような指示をした。

　これまでのESDの活動をふりかえってみて、何か問いが思い浮かびますか？　思い浮かべば、いくつか書いてください。
　ESDの授業とは関係のない問いがあれば、それを書いても結構です。
　明日（水曜日）までに考えて「ふりかえりシート」に書き入れ、担任の先生に渡してください。

初回の振り返りシートには次のような問いかけを印刷しておいた。

（1）1回目の対話は楽しかったですか？　感じたこと・考えたことを自由に書いてください。

（2）これまでの ESD の活動をふりかえってみて、なにか問いが思い浮かびますか？　あれば、いくつかあげてください。そのなかでどの問いを一番考えてみたいですか？

　振り返りシートに見られる子どもたちの声を少し紹介しよう。こどもたちは、おおむね哲学対話を楽しんでくれたようだ。楽しかった、またやりたい、友達や家族とやりたい、毎日この時間が欲しい、などの声が多くみられた。

　　友達とはいつもおしゃべりをしているけれど、何かひとつの問いをみんなで考えて、意見を出しあっていくのは、とても難しいけど、いつまでもしていられるなと思いました。今回の哲学対話の時間で、対話をするのは楽しいとあらためて感じました。

　　とても楽しかったです。一つの問いをみんなで考えてみて、いままで深く考えなかったこともよく考えてみることで「そもそもあれってなんだっけ？」などたくさんの不思議が思い浮かびました。

　　楽しかったけどむずかしくてあまりいけんをいえなかった。こんどの対話をするときにもっといけんをいえるようにしたい。いつもつかったりすることばだけど対話してみるといろんな考えがあっておもしろかった。

　　哲学って面白い！　哲学はものすごくやくにたちそうな気がする。なんか、ふだん考えてないことでも考えるとあれ？ってなるのがおもしろい。この前映画で「ラスト・ワールド」っていう、哲学の映画を見た。すごく面白かったけど、今回の方がもっと楽しかった。

　　とっても楽しかったです！　哲学対話ってもっと難しいのかと思いきや、みんなでいろいろな意見をいいあって、そしてその中でまた

　疑問が生まれて、それが楽しかったです！　今日はいっぱい発言で
きたのでよかったです。

　これらの声は、哲学対話の難しさと楽しさ、その理由を明快に表
現している。一つの問いをみんなで考えること、いつも使ってい
る言葉についてあらためて考えること、新たな疑問が生まれるこ
と、自他の経験に即して考えること、などの難しさと楽しさであ
る。
　哲学の難しさと楽しさについては、次のような声もある。

　心はよみとれるのか？というわだいについて、表情にでているもの
から感じとれる、と答えた人がいたのに対して、わたしは読みとれ
ないと答え、いつもより自然に自分の意見を言えたと思います。Fさ
んの「心は体全体にある」というのがいい考えだなーと思いました。
このまとまらないわだいで語り合うことができてとても楽しかった
です。

　楽しかった。次もまたやりたい！　哲学には答えがないこと。賛成
の意見も反対の意見も納得できるところがあった。みんな発言を
（思ったことを）言っていた。今日は人の心を知れるのかということ
をやったが、最後に心は感じる心と考える心2つあるんじゃないか
という意見がでた。納得いく考えでした。人の心は表情からでる、動
作ででるなど、いろいろな考えがでて、賛成から反対に変わったり
しておもしろかった。

　哲学対話では賛成・反対の意見を言えること、賛成から反対に
変わることがあることに楽しさを感じている。同時に、これらの
声には、それらの意見の中にかなり印象的な意見があったことが
報告されている。「心は体全体にある」「感じる心と考える心の二

つがある」である。他にもこれらの印象深い意見を報告する声が
あり、その文脈から推察すると、ある程度意見交換して考えた後
に出てきた意見のようである。とすれば、初めての、しかもたっ
た 20 数分の哲学対話で、かなり深い哲学的思考に触れていると
言ってよいのではないだろうか。

　他にも対話の中から生まれた印象的な意見や関連する問いが報
告されている。

> 楽しかった。「人のつくり出すふんいきやオーラによって心や思いが
> 読めるけど、感じられるのは自分のオーラや心だけであり、心その
> ものに実体はなく、人に対する思いでうまれたりきえたりするとく
> べつでふしぎなものである」と自分の頭の中でパズルみたいになっ
> た。そのパズルはくみたてしだいでどんなものにでもなると思った。

> 「1 人で考える」よりも「みんなで分かち合う」方がいろいろな情報
> があったり、考えが出てきたりすることが分かったし、想像以上に
> 面白かったです。また、内容面では「うそ」について深く語れたの
> でよかったです。もう一度こういうことをしてみて「うそ」の正体、
> 必要性、防御性能などを考えてみたいと思いました。答えは一つで
> はないですが、話あった「答え」を考えるのが面白いと思いました。

　そして、どのクラス、どの回でもしばしば観察される事態の報
告がある。

> 「人の心の中は？」というお題で考えました。私はあまり発言するの
> がいやで勉強の時もあまり自分の考えを人に言うのは、なかったけ
> れど、今日の哲学対話の勉強はとても楽しく、自分の意見をもたく
> さんいうことができた。自分のけいけんをいかし、発言することが
> できた。次回も楽しみです。

このように、普段の授業ではおとなしいこどもが積極的に発言するという事態が哲学対話ではしばしば見られる。逆に、普段授業では積極的に発言するこどもが、おとなしくなることもある。これらは、振り返りシートだけではなく担任教員の所見からも知られることである。その事態を見て担任教員が驚くこともしばしばである。

　このように、肯定的なこどもたちの声に接して、筆者たちは大いに元気づけられたのだが、さらに振るっていたのはこどもたちの挙げてくれた問いである。たくさんあるなかから、特に興味深いものを選んで列記する。まず、複数の子どもたちがあげていた問い、続いて、哲学的に面白いと筆者が思った問いを挙げる。重複するものもある。

複数のこどもが挙げていたもの

かっこいい・かわいいとは何か？／こどもは未来の人材ってどういうこと？／（ほんとうの）友だちとは？／生き物はなぜ存在しているのか？／なぜ人は人を好きに・嫌いになるのか？／恋と愛の違い／「気になる」と「好き」の境目／生きることとは？／何のために「総合（の活動）」をするのか？（「総合」とは「総合的学習の時間」のことでその時間を利用してESDの授業は実施されていた）

哲学的に面白いもの

かっこいい・かわいいとは何か？／生きる・死ぬってどういうこと？／夢が変わるってどういうこと？　いいこと、わるいこと？／将来の夢はもたなければいけないものか？／人はなぜ人を求めるのか？／なぜ人は人を好きに・嫌いになるのか？／恋と愛の違いは？／一番大切なものとは何か？／（ほんとうの）友だちとは？／生き物はなぜ存在しているのか？／人はなぜ存在しているのか？／世界の幸

せって何？／みな同じ人間なのに、なぜ「高齢者」という名前があるのか？／世界の平和って何？／心はどこにあるのか？／人と自然が共存する社会とはどのようなものだろうか？／生態系の中での人類の役割とは何か？

興味深い問いの束に嬉しくなってしまった。こどもたちは普段からさまざまな問いをもっているのだ。その中にはとても哲学的なものもある。ただ、普段はそれらの問いを表明したり、考えたりすることがあまりない。たった 1 回の、45 分しかない哲学対話の授業に刺激を受けて、それらの問いが解き放たれ、溢れ出たのである。

1 年目の哲学対話のその後

こうして始まった初年度の哲学対話の授業は、次のような問いを考えて終了した。

1 組
第 2 回　「ほんとうの友達とは？」
第 3 回　「将来の夢は持たなければならないのか？」
第 4 回　「幸せに生きる、とは？」
2 組
第 2 回　「生きるってどういうこと？」
第 3 回　「自然と人間が共存するには？」
第 4 回　「なぜ勉強するのか？」

さて、2 回目以降の振り返りシートには、次のような項目を掲げることにした。

1. 今回の問いについて、あなたの今（対話後）の考えを自由に書いてください。
2. 今日の目標：「話す人を見て最後まで聴こう」「人の話しに反応してあげよう」はどれくらい実行できましたか？　当てはまるものを丸で囲んでください。

    よくできた　まあまあできた　どちらでもない　あまりできなかった　できなかった
3. 今日の対話は楽しかったですか。感じたこと・考えたことを自由に書いてください。
4. 次回の問いについて、今（対話前）のあなたの考えを自由に書いてください。

　これらの項目を追加したのは、初回の反省会で小正さんから、こどもの変容がわかるような、そしてその変容を子どもが自覚できるような工夫ができないか、との提案を受けてのことである。これは評価の問題とも絡むことで、哲学対話にとっては難しい問題なのだが、とりあえず、以上のような工夫をしてみたわけである。評価の問題については後に考察する。

　その他の反省点として小正さんが挙げられたのは、こどもが自分で問いを立て、問いを選んで考えることはもちろん大切だが、自分では思いつかないような問い、普段なじみがないような問い、あまり興味がもてない問いを敢えて考える経験も必要ではないか、というものである。

3.　対話の様子：2年目

　2年目も1年目とまったく同じ手順で哲学対話の授業を実施した。ただ、その年度の6年生は3クラスだったので、進行役を増員しなければならなかった。考えた問いは以下の通り。

　　1組
　　第1回　「ほんとうの友達とは？」
　　第2回　「命とは何か？」
　　第3回　「ほんとうの幸せとは？」
　　第4回　「お金とは何か？」
　　2組
　　第1回　「ほんとうの友達とは？」
　　第2回　「こどもにとっての自由とは何か？」
　　第3回　「人はなぜ生きているのか？」
　　第4回　「よい町とは？」
　　3組
　　第1回　「ほんとうの友達とは？」
　　第2回　「人はなぜ生きるのか？」
　　第3回　「自由とは何か？」
　　第4回　「他の人の心を知ることはできるか？」

　手順は同じでも、この年度は少し異なった感触があった。率直に言って、たいへん難しい感触だった。長年学校現場に身を置いたことのある人ならみな知っているように、同じ学校でも学年によってずいぶん雰囲気が違う。1年目の6年生が、対話に対して積極的で、活発に意見を言い、とても楽しそうに参加し、振り返りシートに興味深い感想や問い書き記したこどもが多かったのに

対して、2 年目の 6 年生は、消極的で、意見をあまり表明せず、あまり楽しそうな様子ではなく、振り返りシートにも空欄が目立つこどもが多かった。進行役は、対話を促すのにたいへん苦労することになった。

　しかし、それは哲学対話の進め方を反省するとても貴重な機会であった。進行役の振り返りには次のようなものが見られる。

　　児童と対話する時には、児童もわたしたちもどうしても「授業」を意識してしまうのが気になりました。ある種の規範に縛られて、発言しなければと焦ってしまったり、哲学的なことを言わなければと慎重になってしまったり、兼ね合いが難しいと感じました。

　　また、問いによっても児童の反応が変わってくるので、問い決めの重要性も感じました。

　　たしかに去年と違う難しさはありましたが、生徒さんそれぞれが違ったペースで変化してゆく様子を見ることができたのではと思っています。

　　校長先生もおっしゃっていた通り、クラス全体としては去年の方がある種のまとまりと面白さがあったかもしれませんが、個人個人の変化や気付きという点では、今年も十分な意義があったと感じています。

　　一点、もう少しこちらで考えられたかなと思っているのは、「こちらから用意した問い」と「児童から出てきた問い」のバランスについてです。今回は後者に重点を置いたと思いますが、ものによっては必ずしも生徒さんの関心に迫るような問いでなかった印象があります（「お金」に関するものなど）。

　　進行をやってみた感想としては、まず、クラスや、もっと正確に

　　いえば、どのようなグループ編成であるかによって、「理想的発話状
　　況」がかなり変わってくるということです。自分は最初興味がなく
　　ても、皆が楽しそうに話していれば、自然とその場に興味をもつよ
　　うになるので、その意味で、問いやこちらの配慮みたいなものは、そ
　　れほど必要ないのかなとも思いました。
　　　ですが、逆にいえば、そのぶんどういう人間関係で場が構成され
　　ているかという点に、対話の全体が決定的に依存してくるというこ
　　とでもあったように思います。とりわけ学校制度の中で哲学対話を
　　やるということを考えるうえで、今回ほどそのことを強く感じたこ
　　ともなかったかなと思います。

　こどもたちから出された問いが、必ずしもこどもたちの対話を
活性化するとは限らない、というのは新たな気づきだった。こど
もの問いを尊重することによって、こどもの関心を引き出し、対
話への参加を促すという原則は間違っていないにしても、それが
かえって妨げになる場合もある、ということだ。これは、前節で
紹介した小正さんの反省にもつながることである。
　たとえば、例として挙がっている「お金」は、こどもたちが提
案し、選んだ問いだが、対話がまったく盛り上がらなかった。一
つの原因は、こどもたちはお金を使った経験が乏しく、考える材
料が限られているからだと、あとで気づいた。そういう失敗の経
験も含めて哲学対話を実施することができれば、それが一番だが、
時間数が限られている中ではたいへん残念な経験にもなる。
　その他の反省点、授業であることを意識して発言しにくくなる
こと、既存の人間関係によって対話が変わること、などは、実は
この年度だけでなく、どの年度でも、さらにどの学校でも、哲学
対話につきまとう考慮点である。それが、この年度に特に明瞭に

表に出た、というのが真相であろう。

　そして、進行役の振り返りにもあるように、個人のレベルでは
それぞれのペースで変化する姿が見られた。また、哲学対話に楽
しさや意味を見出しているこどもたち、発言は少なくても考え続
けていたこどもたち、そういったこどもたちが少なからずいたこ
とは、振り返りシートを見てもわかる。少し紹介しよう。3 組の
1 人のこどもの 1 回目（「ほんとうの友達とは？」）と 3 回目（「こ
どもにとっての自由とは？」の振り返りシートからの抜粋である。

初回の感想

　わたしは、「ほんとうの友達」のことについて考えてみたけれど、
なかなか、言い出せませんでした。でも、みんなが考えていること
を、ずっと聞いていて、進行役の人が、分かりやすく、話し合いを
進めてくれたので、自分が思っていることを言うことができました。
ふだん、「ほんとうの友達」なんて、考えたこともなかったので、少
し、難かしかったけど、こういう話し合いが苦手なわたしも思って
いることを言うことができました。「ちいさな哲学者たち」の映画に
出ていた、幼稚園児たちも、「死」や「愛」について、考えていて、
小さいこどもも、いろいろ思っていることがあり、それを伝えられ
る時間があるということは、自分の成長にもつながると思うので、い
い時間だなと思いました。

「自由」について対話する前の意見

　わたしが思う自由は自分のやりたいことが好きなように思い通り
にいくことだと思います。でも、人の自由をうばうほどの自由は本
当の自由ではないと思います。自分が好きなことをやり自由にして
いると思っていても、その自由で人をきずつけていたり、めいわく
をかけている自由はちがうと思います。人も自分も楽しくやりたい

ことを出来るというのが、私が考える自由です。

「自由」について対話した後の意見

　私は自由とは、自分のやりたいことや好きなことを好きな時間に好きなように出来ることだと思います。1人でいる時の方が、ほかの人のやりたいことと自分のやりたいことがちがっていて、出来ないということがないから、自由だと思います。でも、自分のやりたいことが、例えば、おにごっこだとしたら、1人では出来ないので、ほかの人と何かをすることも自由に入ると思います。自分がやりたくないことをやるのは自由ではないけど、それをやればこの先もっと自由になるかもしれないし、1人でいても、自由ではないこともあるということを知っておくべきだと思いました。

対話後の感想

　自分から意見をやっぱり言えませんでした。今回の問いは少し難しかったので、よく考えることは出来たと思います。自分からどんどん話せばもっと楽しくなると思うけど、なかなかできないので、頑張りたいです。

　もともとよく考えるこどもであることが、文面からうかがわれる。そして、考えたことを声に出して伝えあい、一緒に考えることの楽しさと大切さもわかっている。だが、それができないことにもどかしさを感じている。そんな様子が伝わってくる。声に出して伝えることはあまりできなかったが、このこどもが、自由について対話を通じて考え、新たな考えを展開していることは、文面から十分読みとれる。

　もう一つ、この年度の哲学対話で特筆すべきは、学習障害のこどもが最後まで対話に参加し、対話の進行上重要な役割を演じる

ことがあった、ということである。これは、担任教員の観察から明らかになったことである。

4. 対話の様子：3年目

　3年目の哲学対話も3クラスに実施したが、授業時間が1時間増えて5時間になった。筆者をはじめ実施チームも2年間の経験を積み、授業時間数も増え、さらに担任教員の理解も深まり、充実した哲学対話を実現することができたと考えている。この年の6年生は、1年目の6年生のように積極的で、楽しそうに対話に参加するこどもが多かったことも、幸いした。学年主任は引き続きYさんで、1年目、2年目、3年目と3年連続で哲学対話を経験されることになった。また、もう1人の教員は1年目に哲学対話を経験した方である。3人の担任のうち、2人が経験者だということから来る安心感も大きかった。

　形式はまったく同じである。ただ、授業時間が1時間増えたので、哲学対話の経験について対話する、いわばメタ対話の時間を設けることにしたところが異なる。

　取り上げられた問いは以下の通り。

　　1組
　　第1回　「友達とは？」
　　第2回　「自由っていいこと？」
　　第3回　「なぜ人は生きるのか？」
　　第4回　「防災は必要なものだとわかっているのにちゃんとできないのはなぜ？」

第5回　「対話とは何か？」

2組

第1回　「友達とは？」

第2回　「自由っていいこと？」

第3回　「人は何のために生まれてきたのか？」

第4回　「なぜ人はおいしいものを食べようとするのか？」

第5回　「対話とは何か？」

3組

第1回　「友達とは？」

第2回　「個性って大事？」

第3回　「人は死んだらどうなるのか？」

第4回　「夢って何？」

第5回　「対話とは何か？」

　こどもたちから上がった問いの中には、初年度に上がったもの
と同種のものもあるが、少し趣を異にするものもある。1組と2
組の第4回の問いである。いずれも、そのクラスで取り組んでい
る ESD の課題を色濃く反映しているのである。その傾向は実は初
年度にも見られたが、初年度では自然と人間との関係という抽象
化されたレベルで問いが立てられていたのに対して、この年度は
クラスの課題に具体的につながった問いが立てられているところ
が興味深い。「防災」に関する問いは、防災をテーマとし、災害と
防災を研究し、地域の防災マップをつくるなどの活動の中から、
「おいしいもの」に関する問いは、和食を研究課題とし、「出汁」
の研究をしたり、それを給食のメニューの提案に役立てたりする
活動の中から、それぞれ出てきたものである。

　すでに述べたように、ESD における哲学対話は、ESD の内容に

直接関係する問いを考えるというよりも、対話的なコミュニケーションと思考の力を養うことを目的としている。だが、毎年度、ESD の活動の中から出てくる問いを募ってもいた。本年度は、ESD の内容に直結しつつ、しかも哲学的に興味深い問いが出てきたこと、そのこと自体は喜ぶべきことである。

　これらのテーマに関する対話の展開もたいへん興味深く、また、その他の回の対話の展開にもさまざまな面白さが見て取られるが、ここでは、最終回（5回目）の対話の様子を紹介したい。この年度で初めて実施した「対話についての対話」である。そこには、それに先立つ4回の対話の経験からこどもたちが学んだことが、たいへん印象深く現れ出ているように思われるのである。

「対話とは何か？」をめぐる対話

　まずは、進行役も心から楽しんだ、他ではそう見られそうもない対話を紹介しよう。言葉遣いのしっかりした、リーダー格の女子と、とにかく自分の意見を言うのが好きな男子とが、対話をリードする形で進んだ。

　まず、哲学対話を経験して楽しかったこと難しかったことを述べあうところから始めた。リーダー格の女子が、哲学対話では多様な意見が出る、そこが楽しい、と述べたのに続いて、さまざまな楽しい面について意見が出た。発言好きの男子は、あまり発言しすぎるので普段教室では発言を止められているらしく、自由に心置きなく発言できることがもっとも楽しいことだ、と楽しそうに語った。

　哲学対話が楽しいのは、他の授業のように一つの答えを出さなければならないというプレッシャーがないので、自由に気楽に話

せるところ、だから、多様な意見が出るところ、という意見は他のグループでも見られた。しかし、他方、一つの答えがないので「もやもや」が残り、難しいという意見もあった。だが、「もやもや」が残るのは、たしかに気分的にはあまり快くないが、それが考える動機にもなるので、悪くはない、というやりとりもあった。

さて、例の発言好きの男子が、少し脱線気味に「でも、ぼくらは、操り人形みたいなもので、誰かに操られているだけかもしれない」という意見を出す場面があった。その「誰か」の名は「ベラベラ」で、「ベラベラ」はたとえば例のリーダー格の女子である、というのだ。その女子は変なあだ名をつけられて迷惑だ、と怒って見せたが、ほんとうに怒っている風ではなく、周りのこどもたちもその女子をあだ名で呼んでからかい、ともに楽しんでいるという感じで、よくあるふざけあいである。

その意見は、映画「マトリックス」ばりの哲学的発想とも解することができた（実際「自分たちは金魚鉢で飼われている金魚のようなものかもしれない」という意見は時折見られる）が、対話の中で誰かが密かに主導権を握ることがある、という意にも、対話の流れが個人の発言を左右することがある、という意にも解することができる。なので、実は「対話とは何か？」という問いにふさわしい意見である。そのような意見が、ふざけあいの中で表明され、楽しそうに話し合われている光景は見ていて快いものだったので、介入せずに見守った。

そして、途中から、その女子に進行を任せることにした。こどもを進行役にするのは初めてである。対話の展開からそうするのが適切だと感じ、とっさにそれを提案したのである。われながら驚いた。それは功を奏し、その女子は実に上手に問いを設定し、発言を引き出していった。「哲学対話を通して学んだことは？」「い

い対話をするには？」という問いをめぐって対話は進んでいった。

いい対話の条件として挙げられたのは、「みんなが対等に話す」「輪になって座る」ことである。そういう、対話の方法的な面にまで関心が及んでいることに感心した。また「よく話す人にもあまり話さない人にも、それぞれの役割がある」という意見が出たのは、少々優等生的ではあったが、印象的だった。その役割の中には、意見をまとめる役割（進行役ではなく）が含まれていた。自分の意見を述べるだけでなく、他の人々の意見を受け止めて、それをつないでいく人である。

その役割をめぐる考察が、さらに、「ジコチュー的人物」の役割へと発展していったのは、圧巻と言うほかなかった。ジコチュー的人物も、強い主張をすることによって対話を活性化させ、よい対話に貢献する、と。しかし、ジコチューなだけでは対話はうまくいかない、とも。だとすれば、どうすればジコチュー的人物は対話に貢献できるのか。その問いを共有して対話は終了した。

対話をよいものにするためには、進行役の他に意見をまとめる役割を果たす人が必要だ、という意見は、表現は異なるが、他のグループでも出ている。哲学対話では、主観と主観どうしがぶつかりあって、互いに対立するけれど、そこに第三者の人が出てきて、それを「客観にする」、それが哲学対話だ、というのだ。つまり、よい対話を実現するには、単に意見を言い合うだけではだめで、積極的に意見を出したり主張したりする人がいるだけでなく、むしろ、それをまとめたり、要約したり、整理したりする人、あるいは「客観にする人」が必要だ、と。しかも、ファシリテーターではなくて、その場の参加者の中に、そういう役割をもった人がいるということが重要だというのだ。

また、このグループではジコチューが対話をよくするというの

と類似した意見が出されている。そのグループでは「みんなで考えるとはどういうことか」という問いを考えていた。まず人の言っていることをよく聴かなければいけない。しかもただ聴くだけではなくて、それを自分の意見に生かすことがみんなで考えるということだ。その意味では、あえて人と違うことをいう「モンスター」がいて、時には一方通行だった議論の道を逆走してくることがあるのもよい。それは議論をよくわからなくするのだけれど、でもそのほうがおもしろいし、それによってその場の対話を「レベルアップ」をさせてくれるのでよい、というのだ。

　また、方法的なさまざまな気づきは他のグループでも表明されている。たとえば、教室で四角に座っていると、自由に発言しにくい。輪になって座り、顔を見あって対話することが、いい対話の条件である。顔を見あっていると、表情などが理解の助けになるし、一緒に考えているという気持ちが強まる……。

　哲学対話とは何かについて、たいへんユニークな意見が出たグループもある。たとえば、哲学対話ではさまざまな意見を聴きながら考えることによって、答えは出ないが「考えが膨らむ」「考えが深くなる」「考えがよくなる」という意見。また、他のことを考えるときは、1、2、3……と、答えを求めて議論していくけれど、哲学対話をすることは「0」になっていくことだ、という意見。これは意味深長で真意をつかみかねたが、おそらく、哲学対話は次々と新しい答えを見出していくのではなく、それとは逆に、その根拠や前提に遡って考えることだ、と言いたいのだろう。

　哲学対話は、歩いている足の一歩と一歩の「間」を考えることだという意見もあった。その意味で、哲学対話はその場で足踏みするような思考だけれど、でもなにか少しずつ進んでいる気もするような「考える」ということを、みんなでやっていくことなの

だ、と。

「対話」と「会話」の違いを考えたグループもある。対話のときは考えているというけど、会話のときは、では考えていないのか。そこで、会話でも考えているんだけど、対話ではより意識的に、ひとつのテーマに焦点を当てて話すことができる。その意味では、対話は会話の延長であって、よりそれを強化したものなのだ。だから対話は特別なものではなくて、普段している会話にも、また1人で考えるときのプロセスにも似ている。

また、対話は、問いの答えに近づいていけるんだけど、数直線で考えると80％くらいのところまでしかいけない、という意見に対して、いや対話には答えがたくさんあるから、そもそも数直線で考えることはできない、などのやりとりもあった。

場外乱闘のような場面もあった。隣のグループの男子が「考えるがめんどくさい」と発言をしたのを聞きつけたこどもたちが、「そんなことねぇよ、考えるのめんどくさかったら人間じゃねぇよ」と野次を飛ばし、その流れで「人間とはなにか」という話に進んだのである。「人間は動物やものと違って考えることができるんだから、考えるべきだ」「何かを知らないよりは知ったほうがいい」などといった発言が出、その後人間の定義として「考えることができる」「感情がゆたか」「ルールを守ることができる」へと発展していった。実り多い場外乱闘だった。

以上の様子から見て、対話についての対話は、総じて、期待以上に意義深いものになったと言ってよいと思う。それをよく言い表している進行役の言葉をそのまま引こう。

どのクラスも「対話について対話する」ということの意味と意義をわかっていたと思います。対話について対話するってどういうこと、

とか、何を話したらいいのかわからないということは、一切ありま
せんでした。それどころか、それを考えることに価値があるという
ことをわかっている生徒もいました。これは5回やったからとか幸
ケ谷の生徒だからとかいろいろ理由はあると思いますが、これから
も最終回はメタ的なテーマを扱うことをためらうことはないという
ことかなと、少しうれしくなりました。

　幸ケ谷小学校のESD授業での3年目の授業は、こうして終わっ
た。肯定的な経験が多かったが、もちろん、否定的な面もあった。
初年度の哲学対話ですでに見られた困難、たとえばなかなか思う
ように発言できず、対話に参加することができなくてもどかしい
思いをするこどももいたし、哲学対話の時間を苦痛に感じていた
こどももいた。また、特に2年目は、まじめに何かを考え話し合
うことが「かっこわるい」という「冷めた」感覚をもつこどもが
グループにいると、それが対話を大きく妨げるという観察が報告
され、一つの課題にもなった。
　だが、大多数のこどもたちが対話に積極的に参加し、対話を楽
しみ、ともに考えることを楽しみ、対話そのものの意義を見出し
たのである。それは、哲学対話の授業終了後に開いた反省会での
担任教員の所見によっても確認することができる。その所見を箇
条書きにしてみよう。

　　・こどもたちは哲学対話の意義を理解するようになっていった。そ
　　　の表れの一つは、学級会などの話し合いで、進行のしかたに工夫
　　　が見られるようになったこと、もう一つは「ステップ・アップ・
　　　フェスティバル」（外来者も交えた学習発表会）その他の機会に、
　　　多くのグループが哲学対話の手法を用いて対話型の発表を試みた
　　　こと。

・3年目の学級はもともと活発で明るく楽しい学級だったが、哲学対話後は、ただ活発に話し合うだけでなく真剣に話しあうようになった。自分の思いを語ることの意味がわかってきたからだと思われる。

・哲学対話では、こどもたちが普段見せない発言や考えを見ることができ、興味深かった。普段教室でおとなしいこどもが哲学対話で活躍する様子も見られた。

・4年生から始めて、5年生、6年生と積み上げていけばもっと効果が上がるだろう。それをぜひ見てみたい。

そして、3年目には、もう一つそれまでにない興味深い光景が見られた。1年目から3年間連続で哲学対話の授業に協力してくださった学年主任のYさんが、こどもたちの輪に入って対話に参加したのだ。Yさんはとても楽しそうにこどもたちと対話しておられるように見えた。

担任教員がこどもたちの対話の輪に入ることには、いくつかの難しい点がある。そのうち最大のものは、表裏の関係にある二つの困難である。一つは、教員という権威・権力をもった人が対話の輪に入ることで、自由で対等な対話の場が失われる恐れがあることであり、もう一つは、権威・権力をもっている教員は、自分も答えを知らないことを認め、対等な人として対話の輪に入ることに、恐れを感じるということだ。

Yさんは、1年目、2年目の哲学対話の経験を通じて、それらの難しさを乗り越える感触を得られたのであろう。いつの間にかごく自然な形で対話の輪に入っておられた。哲学対話をよく理解した教員でなければ難しいことである。これも3年間の哲学対話の喜ぶべき成果の一つである。

5.　これまでの成果とこれからの課題

　幸ケ谷小学校での 3 年間の経験から、小学校の授業で実施する哲学対話をめぐっていくつかの点を考察したい。

　まず、小学校 5、6 年生のこどもたちについて、次のことは確認されたと思う。

　　・哲学対話を楽しむことができる。

　　・一つのテーマを掘り下げて考えることができる。

　　・考えたことをうまく表現し、伝えあうことができる。

　　・哲学的な問を見つけることができる。

　　・対話することの意義を理解することができる

　　・普段の授業とは異なる積極性・消極性が見られる。

　しかし、自他の発言を関連づけて考えることはある程度できたものの、その上にさらに思考を積み上げていくことは、十分できたとは言えない。時間の制約によるところが大きいが、進行上の工夫が必要なところでもある。こどもたちは、自他の発言を関連させることによって、そしてそこに「ジコチュー」や「モンスター」が絡むことによって、思考が前進することに気づいている。そこで、同じ問いを継続的に考えるのもよいかもしれない。しかし、同じ問いを継続的に考えることは、一部のこどもを飽きさせる恐れもある。実は、1 校時 45 分がこどもの集中力の限界だと感じることもある。

　さらに、本文中でも指摘したいくつかの課題について考察したい。一つは評価という課題である。校長の小正さんから、こどもの変容がわかるような、そしてその変容を子どもが自覚できるような工夫ができないか、との提案を受けて、対話の前の考えと対

話の後の考えを振り返りシートに記入してもらうことを始めた。それによってこどもも自らの変容を自覚し、われわれもそれを確認するためである。しかし、こどもの記述にかなり粗密があるため、残念ながら、変容を確認するに十分な資料を得ることができなかった。

　学校での哲学対話と評価の関係はつねに悩ましい。こどもたちが評価の対象になっていることを意識した途端に、自由な対話の場が失われてしまうことは目に見えている。だが、こどもが自分の変容を自覚するとともにおとながそれを確認できるような「評価」は、こどもにとってもおとなにとっても望ましいだろう。また、そのような評価を資料として示せなければ、哲学対話を学校現場で普及させることは難しい。現にそれが十分にできなかったために、校長の交代とともに幸ケ谷小学校の哲学対話は途絶えてしまったのである。

　これがもう一つの課題である。幸ケ谷小学校では、校長をはじめ、副校長も担任教員も揃って哲学対話の意義を認め、新校長に引継ぎもなされており、筆者も直接新校長に面談してその概要を伝えたのだが、採用にはならなかった。教員の異動によって哲学対話が途絶えないようにするためには、その成果を明確にわかりやすく示し、関係者を説得する必要がある。それは上述のように容易なことではないが、哲学対話の普及のためには避けて通ることのできない課題である。

　最後にさらに一つの課題を考察して稿を閉じたい。学校での哲学対話のあり方は、当該の学年や学級の既存の人間関係に大きく左右される。幸ケ谷小学校では、普段からこどもたちの間におおむね良好な人間関係が築かれており、ESD の授業を通じてグループワークにも慣れていたからこそ、難しい学年もあったものの、

おおむねよい対話を展開することができ、学級内のコミュニケーションの質をさらに高めることに貢献できたのである。それは認めざるをえない。まじめに話すことを「かっこわるい」と考える冷めた態度が支配的だったり、学級の人間関係がぎくしゃくしていたり、あるいは、あってほしくないことだが、いじめが進行中だったりすると、哲学対話は非常に難しくなる。それは筆者も他の学校で経験している。そういった学級の問題を解決するために哲学対話を活用することもできるし、そのような活用に関する敬意を表すべき実践報告もあるが、哲学対話は決して万能ではないことも銘記しておくべきである。これは「探求の共同体」の「共同性」に関わる問題であり、さらに実践的・理論的に考察することが必要である[5]。

---

5)　この点については第11章で考察されている。

幸ケ谷小学校哲学対話

教育委員会事務局
東部学校教育事務所
平成 28 年 1 月 4 日
Tel：045-411-0608
Fax：045-411-0613

Vol.47
TO-BU通信

　幸ケ谷小学校では、今年度学校支援活動事業として 6 年生の学級で『哲学対話』を行っています。講師は上智大学文学部の寺田俊郎教授と院生の皆さんです。寺田教授は子どものための哲学についても研究していらっしゃいます。

　形態としては、児童を 1 0 人前後のグループに分け、円座に座ります。それぞれのグループでファシリテータ（寺田教授と研究室研究生の方）が進行を行い、身近な哲学的テーマを決め、話し合います。「本当の幸せは何か？」「よいこととわるいこととは？」「愛とは何か？」「人の心を知ることはできるか？」など身近であっても普段はなかなか考えない事柄をテーマとして話し合いました。

　幸ケ谷小学校では ESD（持続可能な社会の担い手を育む教育）に取り組んでいますが、『哲学対話』では、傾聴・対話による論理的な思考を深める経験を通し、意見や価値観の異なる相手や異文化の相手等に対して、拒絶・攻撃をするのではなく対話によって理解を深めようとすることや寛容性の態度を育むことを目的としています。

哲学対話のルール

・人の悪口以外は何でも自由に話そう
・他の人が話している間はその人の話を最後まで聞こう
・他の人が話してくれたことに反応してあげよう
⇒反応をするときに便利な言葉を使おう

　～便利な三つの言葉～
「～ってどういうこと？」（意味）
「どうして？」「なぜ？」（理由）
「例をあげられる？」「たとえば？」（例）

　この日は 1 0 月から始まった『哲学対話』の 4 回目の実施日でした。輪を作り、お互いの顔が見える距離で対話を行います。初めの頃は対話に慣れなかった児童も次第に慣れてきたようです。

　今回の対話のテーマは「人はなぜお金を欲しがるか」です。「みんなはお金を欲しいと思う？」と単純な問いかけから、どうしてお金が欲しいのか、お金があると何ができるのか、なぜお金に価値があるのか、そもそもお金とは何なのか？　と問いと問いに対するそれぞれの回答はどんどん広がっていきます。自分から話せない児童も、ファシリテータに問いかけられ、自分の考えを言葉にしようと取り組んでいる様子が見受けられました。

　対話の後には、発表者を決めてそれぞれのグループでどのようなことを話し合ったかを発表しあいました。

　寺田教授は最後に、今後も、普段はあまり考えないけれども自分たちにとって大切なことを考えていってほしい、一人で、友達と、おうちでお父さんやお母さんと、学校で先生と考えてみてください、と 6 年生に伝えてくれました。

『哲学対話』を通してどんなことを感じましたか？

～6 年生の感想から～

「今まで考えたこともなかったり、友達とも話したことのなかったようなテーマについて考えられて楽しかった。」

「自分は今まで人と話すことが得意ではなかったけれど、少しは話せるようになったと思う。自分の考えを話したり、人の考えを聞いたりすることが楽しいと思った。」

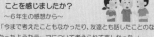

教育委員会の広報

コラム

哲学対話の「学校化」に抗う —— 中学校での哲学対話

小川　泰治

　哲学対話をもっと学校教育へ、という想いをもつ者が目指すところの一つは、学校に継続的な哲学対話の場を確保することだろう。しかしこれは哲学対話に親しむ教員や関係者個人ではどうしようもない部分を多分に含んでもおりその実現は大変難しい課題である。さらには、仮にそういった場を開くことができたとしても、継続していくことに伴う新たな困難が生じてくることがある。ここでは、私の経験から話をしてみたい。

　2016年からの2年間、関東圏の私立中学校で哲学対話を専門に行う非常勤講師という大変貴重な職を経験させていただくことになった。1年目は中学2年生、2年目は中学3年生、それぞれ年間15回ほど「道徳」の時間を活用しての実施である。そこで担任、学年の教員とともに、いかに30名前後の生徒たちと哲学対話を進めていくのか、試行錯誤を重ねてきた。

　継続するなかで、何人もの生徒たちの意外な面や、驚くような変化に出会うこともあったし、熱意をもって考えることに向かってくれた多くの生徒たちの言葉や表情が思い出される。だが、その一方で同じくらい印象深かったのは、哲学対話が日々の時間割に組み込まれることで、かえって他の授業と同様のルーティーンとして生徒たちのなかでマンネリ化——ここではこれを「学校化」と呼ぶ——してしまうことがある、ということだ。

　確かに生徒たちは、哲学対話の授業は、通常の授業とは違う「ちょっと変わった」話し合いの授業であることを1、2回の実践ですぐに理解する。だが、それが他の授業同様時間割のなかで行われる日常的なものになっていくなかで、「先生がやってきて自分たちに（ちょっと変わった話し合いの）授業をする。自分たちは先生の指示に沿ってついていけばよいのだ。」という通常の授業と同じ構図で受け止めていくのである。ほんとうは、哲学対話を通して、教育現場において教員と生徒のあいだにある教える者、教えられる者という関係を少しでも崩し、共に考え探究する者としての関係を作り出せたら、そう思っていた。そうして生徒たちと「探究の共同体」を作りたかったのに、むしろ既存の学校制度のなかで取り組もうとすることで、時間割のなかで決まった時間に教員がやってきて哲学対話を自分たちに教えて帰っていく、という面をもってしまったのである。

　なんとか対策を講じる必要があった。そこで、「他の授業時間と違って、哲学対話の時間はもっと自分たちが考えたいことを考えてよいし、探究に向かうのであればどんな風に考えてもよいのだ」というメッセージを伝えるため、取り組んでみたものに「対話のルールや進め方づくり」や「オーダーメイド哲学対話」がある。どちらも私と同じ立場にあった先輩実践者たちから引き継いだ実践で、前者は哲学対話をふりかえり自分たちのクラスにとってもっと考えやすいルールややり方を提案し、実際にやってみるというもの。後者はその発展形で、どんな問いにするか、それをどんな風に考えるか、当日の進行役をだれが務めるか、までを中学生たち自身が事前にプランを立て、それを実際にやってみるというものである。

　実際に行った授業からその一部を紹介してみよう。

問い：自分の死ぬ時期を知りたいか

　イスだけでなく机も使って円卓会議のようにして円になる方法でやってみたいという提案があり、実施した。コミュニティボールを投げてのやりとりが難しかったため、生徒が片手での挙手は「意見」、両手は「反論」として示して、直前の発言者が指名するというやり方の提案があった。進め方について生徒自身がコミットしたことと相関するかはわからないが、対話の内容もテーマにふさわしく緊張感のあるものになり、印象深い回である。

問い：授業で寝るのは生徒が悪いのか先生が悪いのか

　クラス全員（25 名）で円になり実施。生徒が進行役をつとめ、しっかりと全体に対して話題提供をしたり、質問を投げかけたりしていた。問いを立てた理由は、もしこれでみんなの総意として先生が悪いとなれば授業中堂々と寝られる、というものだったが、実際は生徒たちの多くは生徒（自分自身）が悪いと言う。だから自分が早く夜寝るようにするという改善策も多かった。担任教員と私は当初から円に入らなかったが、さらに授業後半では、先生がいることでの話しづらさがあるとのことで、教員は教室外に出て、生徒だけで考えることになった。

　印象深かった回を紹介してきたが、必ずしもこの取り組みはうまくいった面ばかりではない。たとえば「授業中に食べるお菓子は格別なのか」という問いは、準備段階で担任教員にお菓子の持参を認めてもらえるように交渉して許可をもらった意欲的な企画だった。当日は円になったあと各自が持ち寄ったお菓子を実際に食べながらその感想を言いあうが、それ以上はさほど進展しなかった。（担任および私は円の外で見守るという約束だったので、大き

く手だしはできなかった。）担任の教員には生徒たちにグタグタとした時間を過ごすことを許す哲学対話について、かえってむしろ悪い印象を抱かせることになってしまった。

　ここで紹介したような哲学対話の授業の展開のほとんどを生徒たちに委ねる実践は、「哲学的に深く考える」ということからすれば遠回りにも思われるかもしれない。だが、学校に哲学対話が根づく前に哲学対話のほうが「学校化」してしまわないためには、ただ哲学対話の授業を繰り返し継続するだけではやはり足りないのではないか。そういう直観がある。哲学対話という実践はそれを担当する教員が計画して生徒に手渡す出来合いのものではないことをさまざまな実践を通して（生徒だけでなく教員にも）伝え続けていかなくてはいけない。そうして少しずつ共に哲学する仲間を増やしていくことが、哲学対話の「学校化」を防ぎ、自由に考える思考の空間を広げていくために必要なことなのではないだろうか。

第2章　実感のある問いを、生きた言葉で
——小石川中等教育学校

小川　泰治

はじめに

　本章では、2011年度から2014年度にかけて行った都立小石川中等教育学校での実践を紹介したい。この実践に携わったのは主に、本書編者の寺田俊郎さんとそのもとに集まった有志の哲学科の学部生および大学院生、OBやOGである。今でこそ高校での哲学対話の実践は珍しくなくなってきたものの、小石川での実践を開始した2011年当時はまだ関東圏の高校で継続的な取り組みはほとんど行われていなかった。その時期に正規の授業の取り組みの機会をいただき、学生主体の実践を4年にわたり継続できたのには複数の縁や幸運がある。

　まず、当時小石川中等教育学校の非常勤教員だった新井明さんが上智大学の教職科目で非常勤講師をされており、その授業を受講していた哲学科の学生との交流を通して哲学対話に興味をもってくださったこと。そして、同じ時期に、哲学プラクティスについての経験が豊富な寺田さんが上智大学に拠点を移されたこと。そして、こういった経緯をもとに、両氏の連携が始まり、そのもとに学校教育や対話活動、高校生との交流などに関心をもつ哲学科の大学生や大学院生が集まるようになったこと（当時上智大学の学部生であった筆者もその1人である）、である。

1.　実施に至るまで

　都立小石川中等教育学校は、文京区に位置し、2018年に創立100周年を迎えた伝統校である。2006年よりスーパーサイエンスハイスクール（SSH）に指定され理数教育や海外研修に力を入れているほか、小石川教養主義を掲げ課題探究型学習「小石川フィロソフィー」を実施している。私たちが哲学対話を行ったのも、この「小石川フィロソフィー」で開講された講座の一つで新井さんが担当を務める「現代社会 in action」においてである。当該講座は行動の中から現代社会をとらえることを目的に開講され、1学期は法（裁判甲子園への参加）、2学期は経済（日経 stock リーグへの参加）、3学期は哲学（哲学対話への参加）という構成をとっていた。受講生は初年度は中等5年生（高校2年に相当）、それ以降は中等4年（高校1年に相当）の生徒たち、人数は毎年度おおよそ15名前後である。哲学対話は、毎年度各4回（初年度のみ3回）、各回とも2時限連続の100分間の枠をいただき実施した。寺田さんと新井さんの事前の打ち合わせにより法や経済といった生徒たちがすでに講座で学んできたことをテーマとして取り入れ、問いから対話を始めるという最も素朴な形式を採用するという大きな枠組みは決められていたものの、当日の進行や教材の選定などについては私たち学生のチームが主体となって行うこととなった。大学教員が進行や教材の選定を行うよりも、生徒の年齢に近い学生が進行や教材の選定を行う方が、生徒が親しみやすい対話が成立するだろうという目論見があってのことである。

　しかし、当時の学生メンバーのなかに臨床哲学や教育哲学を専攻する者や大学の外で哲学対話を経験したことがある者はほぼおらず、私たちはあくまで学校教育での哲学の授業に関心をもつ未

経験集団にすぎなかった。そこで、準備にあたっては学部生、大学院生による10名程度のメンバーから、各回に数名の担当を割り当てて分科会をくりかえし開催、ときに寺田さんに相談をし、助言を仰ぎながら資料やワークシートを作成し、対話の流れやテーマについて検討を重ねた。今では、もう書籍や先輩実践者を通して比較的簡単に得られるような情報やコツであっても、自分たちでゼロから考えたという意味では、この再三のミーティング自体が私たちの哲学対話の実践のための基礎体力を培った、と言えるかもしれない。

　さて、初期のミーティングで話題に上がっていたのはたとえば以下の話題である。

　　・経済や法という社会科のメインテーマに対しどのように哲学的にアプローチすることができるか？
　　・ファシリテーターはある程度対話に落としどころを用意するか、それとも生徒の自由な意見、考えを尊重するのか？
　　・哲学的な対話に意義を感じてもらうためにはどうしたらいいか？
　　・各回のテーマ（キークエスチョン）はどうやって決めるか？
　　・対話の際に生徒たちにはどのように意見を言ってもらう？挙手をしてもらいこちらから指名をするのか？それとも手を挙げるまでもなく話したい人が話せばよいのか？だれも話さないときにはこちらから指名をするのか？

当時の私たちは各回のテーマをあえて「哲学」と名の付く実践において取り上げる以上、なんらかの「哲学的深まり」を目指す必要があると考えていた。そこで、準備段階でも、どういった質問を投げかけていけば生徒たちと哲学的に考えることができるかを何度も議論したし、当日行うテーマについて大学生たちのあいだ

で事前に予行演習のための対話をしてみる（これを「模擬対話」と呼んでいた）なかでも、「○○のような展開になっていったら面白いよね」「もし××という意見が出て対話がとまったらどうする？」というように理想的な／危惧される展開についてもかなり具体的に準備をしていった。

こういった事前の入念な準備は生徒たちの自由な発言とともに対話の場をつくりあげていく、という現在しばしば強調される哲学対話の特徴と矛盾するようにもみえるかもしれない。だがファシリテーターとしての経験も、類似の実践の場の経験もほとんどないメンバーが、正規の授業の場をお預かりするという責任のもとでは、完全にその場の発言や思考の積み重ねに授業の展開をゆだねるということは難しく、一連のプロセスはなされるべき準備であったと思う。では、こういった準備をもとにどういった対話が展開されたのか、以下で見ていくこととしよう。

2. テーマと概要

4 年間にわたり、のべ 60 名近い高校生たちと対話の場をもったことになるが、多くの生徒たちが対話に親しみ、考えることを楽しみながら授業に参加をしてくれた。もちろん、毎年、毎回の対話で 10 数名の生徒たちすべてが活発に話をするというわけではないが、高校生と大学生が限られた時間のなかで少しずつ関係性を築きながら、じっくりと考える場を共に作っていったという印象が強い。

各回の主たる進行役は運営メンバーである大学生や大学院生、卒業生が務めている。（2014 年度第 3 回目のみ、寺田さんが進行

した。）また、各回には必ず数名のサポートメンバーが同行し、対話に混ざり意見を述べたり、小グループに分かれた場合の司会をしたり、板書を担ったり、といったバックアップ体制を築き、進行役を支えていった。

■各回の実施内容のまとめ[1]

2011 年度

大テーマ	問いやテーマ、素材	受け入れ教員の概要より
①法と社会	公平な法ってなんだろう	はじめての試みであったが、裁判甲子園の体験があり、戸惑いつつ対話が進行した。
②芸術と社会	美しいってなんだろう・芸術は社会に役立つか	ピアノとヴァイオリンの生演奏を聴き、それをもとに話し合う。クラシック音楽をあまり聞かない世代なので、その点での戸惑いが浮き出た。
③経済と社会	働いて得るお金は仕事の何に支払われているか	介護士、高校教員、内閣総理大臣、プロ野球選手の4つの職業の年収資料をもとに、話し合う。資料が具体的で話し合いはスムーズであった。

初年度の実施で、実施側の私たちにとっても哲学対話のイメージが定まらないなかでの実践であったため、時間をかけてテーマごとに、オリジナルのワークシートを作成したり、導入として生演

---

1) 以下の表の作成に際しては、新井明「公民教育における哲学教育の可能性 ── 哲学対話の実践から ── 」、第26回日本公民教育学会全国研究大会、高千穂大学西永福キャンパス、2015年6月13日をもとにした。受け入れ教員であった新井さんは、哲学対話という実践のもつポジティブな面をよく理解してくださると同時に、長く都立高校で公民科の教諭として教壇に立たれてきたご経験から、学校の教科の学びのなかに哲学対話を位置づけることについて批判的な観点から多くの有益なフィードバックをくださった。あらためて心から感謝を申し上げたい。この口頭発表に基づく論文が『都倫研紀要』に掲載されている。「公民科における哲学教育の可能性 ── 哲学対話の実践から ── 」『都倫研紀要』第54集、東京都高等学校「倫理」「現代社会」研究会、2016年。

奏を用意するなど展開に工夫を施した。特に第1回、第3回は社会科の知識といかに接続しながらそれを哲学的に考察するか、という課題を意識しながら臨んだが、必ずしも教科の学びと哲学的な探究の両方をうまく実現することができたわけではなく、反省が残るものとなった。また、対話後に提出されたふりかえり用紙にコメントを返す、当日のテーマをさらに考えるための「お土産」となる資料を作成するなど、引き続き考え続けてもらうためのしかけの用意にも努めた。

2012年度

①法と社会	刑罰の目的はなにか？	裁判甲子園での模擬裁判を事例にして、被害者感情と加害者の責任という二つの観点から、法や刑罰のあり方について話し合いを行った。
②経済と社会	働いて得るお金は仕事の何に支払われているか	前年度第3回授業資料の改訂版を用いて対話を行った。まず、それぞれの報酬の多寡を述べて、そこから報酬の意味を抽出する方向の話し合いとなった。
③哲学	プラトン『ゴルギアス』	正義の基準、力と正義などかなり本格的な哲学的な対話の入り口まで届きつつあった。
④日常生活と言葉	マナー	具体的な例をまず沢山挙げて、そこからなぜマナーが必要か、マナー違反とは何か、常識とは何かと対話が発展した。

活動するメンバーに低学年の学部生も増え、彼ら・彼女らが進行役を務め、前年度の経験のあるメンバーがサポートするといった形をとる回もあった。法や経済というテーマは引き続き採用しながらも、第3回目にあるように哲学書の一節を素材とする、という試みも、大学での哲学科の学びと哲学対話を接続するという意

図から開始している。また第4回のテーマも、必ずしも社会科の
テーマに固執せずに高校生にとって身近ともいえる問題を取り上
げるという意図で行ったものである。このように少しずつ当初の
意図の一つである高校社会科との接続を超えて哲学対話を高校生
と楽しむことを目指す回が増えていくこととなった。

2013 年度

①倫理	漫画『DEATH NOTE（デスノート）』	正義のために殺人は許されるかをテーマに対話を行う。素材は良かったが、テーマの重さに対して準備が無く、対話としては深められず終了。
②法と表現の自由	日本国憲法「表現の自由」を出発点に	表現の自由が問題になっている例を具体的にあげさせて、そこから対話を進行させる。メディアの問題、ヘイトスピーチにも話題が広がり、対話を進めた。
③経済	働いて得るお金は仕事の何に支払われているか	前年度、前々年度と同じ資料、テーマで実施。進行役も2度目であり、素材も3年目なので、2時間目からは対話が盛り上がった形で終了した。
④総括的対話	これまでの3回をふりかえり、その場で問いを決める	生徒たちからはギブアンドテイク、恋愛、職業などがあがる。2時間目は、恋愛とお金の話になり、対話が進む。

3年目になり、小石川以外での活動経験があるメンバーも増えて
くるなか、第1回目は学部低学年の大学生が提案した漫画を素材
にするなど新たな取り組みも行った。また第3回の経済の回のよ
うに定番となったテーマもある一方で、第4回目は、前年度まで
には行わなかった、問いやテーマをあらかじめ決めず対話に臨む
スタイルで行った。これまでの活動をふまえて生徒たちの話した
いこと、気になることを聞くことのできる貴重な機会となった。

2014 年度

①導入	年上になぜ逆らってはいけないか	20 個近く出た問いの候補から一つを選択、先生、親、先輩、ため口などをめぐって対話が進んだ。
②時事問題	18 歳選挙権とこども／大人の境界線	18 歳選挙権という話題は、高校生たちにとって身近な話題になるのではないかと予想していたものの、実際はさほど大きな関心はなかったようで、子どもと大人の境界に傾斜した対話となった。
③自由	J.S ミル『自由論』	資料を読み解くことに生徒は苦労して、対話として対立軸や多様な議論にはたどり着かなかった。
④フリーテーマ	個性は大切か	個性的とはどんなことをいうのか、個性を生かすには勇気が必要などの意見がでて、それに関する異論などもでて最終回にふさわしい対話となった。

　初年度や 2 年目は法や経済といったテーマを哲学的に深めるという目的を掲げてのスタートだったものの、むしろ、社会科のテーマの学習を深めることと、哲学対話に親しみじっくりと考えること、という二つの目的がともに中途半端になってしまうという反省が多く聞かれた。そこで最終年度では生徒たち自身の考えたい問題から哲学対話を行うという活動の面を重視することとして、事前のテーマの限定を減らしている。特に第 1 回目と第 4 回目は事前のテーマを決めずに実施した。他方で 2012 年度に続き行った哲学文献の一節の読解をもとに行う対話では、哲学対話以前に高校生にとっての文献読解の難しさが現れた。ここでも限られた時間で文献読解と哲学対話という複数の事柄に取り組もうとしたことで、どちらの目的も半端になってしまうという問題点が明らかとなった。

　紙幅の都合上最終年度のもののみになるが、生徒たちの感想から一部を紹介しておく。

　　・とても楽しかったです！大抵このような話は英語の授業で企画されることがほとんどであり、どうしても率直な意見を述べることが困難なので、逆に今回の体験がとても新鮮でした。次回も楽しみです！（第1回）
　　・色々な人の意見（考え）を知れておもしろかったです。いつも（ときどき？）ふざけている男子とかも色々考えているのだなあと思いました。（第1回）
　　・とても楽しかった。自由について考えることが、自由にしばられることであり、自由でなくなるということがとても難しいと思って、自由とは何も考えないことであるのかなと思った。（第3回）
　　・今まで思いもよらなかった考え方を知ることができ、すごくいい経験になりました。またぜひやりたいと思います。（第4回）

　前述したように当初の実践の目標は、高校社会科のテーマの学びと哲学対話の接続であったが、4年間を通じて少しずつよりシンプルに一つの問いから出発し哲学対話を楽しむことに力点を移してきた。このような私たち実践者サイドの力点の移行と生徒たちの感想には呼応している点が多くある。生徒たちはそもそも学校の中に自分たちの率直な意見を交換する場が少ないと感じられている。また、関連して、色々な意見を聞くことで同級生の普段とは違う一面を知ることができたり、今までとは違う考え方に出会えたことで、対話的活動そのものに楽しさや新鮮さを感じている。引き続き、教科の学びとの接続は重要な課題である。その際には生徒たちが哲学対話に抱く魅力を活かしたものとなるように丁寧な検討が必要になるだろう。

3. 対話の様子 [2] ── 「個性は大切か」

　ではこれまでに紹介してきた私たちの準備や取り組みは果たしてどんな高校生たちの言葉として現れ、どのような哲学対話の場として結実したのか。以下で、2014 年度最後の対話の回（すなわちこの実践全体の最終回でもある）の様子を詳述し、当時の哲学対話の場を再現してみることとしよう。

　最終回であった当日は、生徒たちから募った「なぜ勉強しなければいけないのか」「人に良心はあるのか」「人間は進歩し続けないと生きていけないのか」「言葉の役割とはなにか」などの候補から 2、30 分かけてそれぞれの問いの意味や背景などを確認しあった。その結果決まったのが「個性は大切か」という問いである。進行役を務めたのは、哲学科を卒業し、高校で非常勤講師を務めていたメンバーである。

　対話はある生徒が発した「自分で個性だと思っているものはそもそも他人との違いとして押し付けられたものなのではないか」という疑問から始まっていった。そこでまず興味深かったのは、全体の対話が始まった直後の 3 人の生徒を中心にした次のようなやりとりである。

　　生徒 A：さっき個性っていうのは他人から植えつけられるものって
　　　　　　言ってて。たとえば靴下がおしゃれだって言われて他人か
　　　　　　らは個性だと思われても、自分では個性だと認識していな

---

　2)　本章で紹介する対話については、以前別の場所でも紹介したことがある。小川泰治「高校生との「哲学対話」」、高校倫理研究会編著『現代を生きるヒント　高校倫理が好きだ！』清水書院、2016 年、184-193 頁。なお、紙幅の都合により生徒の言葉は意図を大きく変えないと思われる範囲で表現に適宜手を加えている。

い、っていう例があるんですけど、逆に自分から個性を出そうとしている B 君としては自分の個性ってなんだと思いますか。

生徒 B：自分の個性は、逆に個性的だなって評価される立場にいることだと思います。

生徒 A：他人から個性的って見られることが自分の個性なら、結局は個性を表現してるって言っても、個性は他人から与えられたものっていうこと？

生徒 B：そうだと思います。個性は他人から与えられた違いだと思うし、自分が世界に 1 人しかいなかったら、個性は無いわけで。他人から評価してもらわなければ個性とは言えないし、逆に評価されるものを出すとことが個性を出すということかなと思います。

生徒 C：今の意見は私的には反対で、別に他人から言われなくても自分が個性だと思ったら個性って言ってもいいし、洋服で言うと私から見てすごい個性的だなって思うのが D ちゃん。そういうのはぱっとみて分かる個性だけど、ぱっと見て他人から分からない個性でもそれは個性なんじゃないかなって私は思います。

生徒 B：その、ぱっと見えない個性の具体例っていうのは。

生徒 C：靴下は見てわかると思うんですけど、よく見てもわからないもの。

大学院生：たとえば？

生徒 C：靴下見て個性的だなって思う人も思わない人もいるけど、誰しもが個性的だと思うわけじゃないから、他人から評価されない個性もあるんじゃないかなって。

生徒 A：誰しもが評価するわけじゃない個性って言ってたんですけ

　　　　ど、結局それも誰かが個性と認識するのであって、誰から
　　　　も認識されない個性は個性なのかって。誰からも認識され
　　　　ない個性ってどういうものかわかりません。

　Ａ は Ｂ の意見を通して自分の最初の考えをさらに深め、Ｃ もま
たそれに反応しながら他人から見られることでしか個性を捉えら
れないという考えに違和感を示している。実は「個性は大切か」
という問いは Ｃ が出したもの。この回以前の 3 回の対話では多く
を発言するタイプではなかった Ｃ だが、この最終回では自分から
語り、また周りの質問に答えようとしながら必死に考えていた。

　さらに続く下記の生徒 Ｄ の発言はその日のハイライトの一つで
あったように思う。

　　生徒 Ｄ：ファッションに限らずたとえば考え方を表現したりとか、個
　　　　　　性を表現するっていうのはある種の勇気が必要で。個性っ
　　　　　　ていうのは周りの人と違うっていうある種の孤独というか、
　　　　　　自分 1 人っていうことなんで、個性を表現したいと思いな
　　　　　　がらも個性を表現するのにはある種の勇気が要るから、自
　　　　　　分自身に立ちかえった時にそれを他人に見せる勇気がある
　　　　　　かっていうことにも関わると思います。

　　大学院生：個性を表現することに勇気が必要なのはどうしてですか。

　　生徒 Ｄ：理由は、人と違うっていうとやはり他人からの注目を集め
　　　　　　たりするんでそのことに対して人はある種恐怖を覚えると
　　　　　　思うんですよ。ああ、ああいう服着てるんだって喜びを感
　　　　　　じてる時もあれば、恥ずかしさを感じる時もあるんで、ど
　　　　　　ちらにせよ個性を表現することには努力とそれへの勇気が
　　　　　　必要なんじゃないかなって思います。

　　生徒 Ｅ：自分から個性を表現しようとして個性を表現する人はその

　　勇気とか努力が必要かもしれないけど、自分が普通にして
　　いて、他人から見て個性的だっていう風に評価される場合、
　　それも同じ個性と呼ばれちゃう。なんか、自分から表現し
　　ようとしてるものと、特に本人は考えてなくても、個性的
　　だって評価される二つの個性があるのかなって。
　大学教員：僕その二つの関係が気になる。別にその人が表現しよう
　　と思ってなくても、もう備わっていて表れてしまっている
　　個性と、その人が積極的に表現しようとする個性って同じ
　　ものなのか、違うものなのか。

　「個性を表現する努力と勇気」という言い回し自体は決して真新
しいものではないかもしれない。だが、これが哲学対話での生徒
たちの真剣な思考の中から出てきたことを思えば、それは異なる
位相で捉えられるだろう。つまり、生徒たちがその場で全力で考
えることで生まれてきた、生きた言葉としての重みである。
　対話はこの生徒Dの発言を受けて話した生徒Eの疑問「自分か
ら表現しようとする個性と、周りから評価する個性、二つの個性
があるのか」というものをめぐってさらに展開していった。そこ
では当初「二つの個性」と言われた違いが、「個性的」と「個性」
という言葉の使い方に注目することで、より鮮明になっていった。
その日の対話で（あるいはこれまでの生活をさかのぼってみても）
ずっと暗黙のうちに「個性的」と「個性」という言葉を同じ意味
で使用していたという前提が対話の最終盤で明らかになったので
ある。この回でも、他の哲学対話と同様に「個性は大切か」とい
う当初の問いに対して明確な答えが提示されないまま、時間が来
たことにより対話は終了となった。
　この年に参加した高校生たちには、「哲学対話を体験し終えて哲

学対話はあなたにとってどんな経験でしたか」というアンケート
にも答えてもらっている。そのなかにこのような言い方がある。
「当然のものとして捉えていることを再考することで、新たな視点
を与えてくれる。分野を問わない語りを通して様々なことに興味
をもてる経験。」まさに、こういった経験を高校生たちとの生きた
言葉による対話を通して一緒に共有できたように感じ、少々興奮
気味に帰路についたことを今でもよく覚えている。

4.　社会科の授業への哲学対話の導入をめぐる課題

　さて、周知のように、高等学校で 2022 年度から全面実施される
次期学習指導要領では、「対話的・主体的で深い学び」が掲げられ
ている。また、社会科においては新教科として「公共」がスター
トするほか、選択科目となる「倫理」では、従来の先哲の思想の
学習とともに原典の読解と哲学的な対話による学習が明記された。
さらには、「総合的な学習の時間」は「総合的な探究の時間」へと
名前を変え、従来以上に探究の要素が強調されている。こういっ
た動向を受け、高等学校の授業内で哲学対話を導入しようとする
学校や教員は今後さらに増えていくことが考えられる。
　しかし、他方で現実的には現在の日本の学校の教室に継続的に
哲学対話を導入するには複数の課題も指摘されている。そこで 4
年間を終え新井さんからいただいたフィードバック[3] を手がかり
として物理的制約と問いやテーマの設定という二つの課題をとり
あげ、それらはいかにして乗り越えていけるのか、筆者の経験か

---

3)　各回の実践後のフィードバックおよび［新井、2015］を指す。

ら応答を試みたい。

課題1：物理的制約について

【問題提起】今回の授業は選択授業であったため、参加者は10数名であったが、こういった実践を通常の40人の学級で教員1名が行っていくことができるのか。時間的にも限られた教科の授業のなかですぐに答えを出そうとしない、あえてゆっくりと行う哲学対話は、人数的制約および授業時間の制約という二重の面での困難を抱えている。

【応答】確かに、哲学対話に対して必ず円になり生徒が立てた問いを考えることを必要条件とするのは無用に実践へのハードルを上げることにつながってしまう。そこで、むしろ哲学対話の定義をある程度広げ、「当たり前をあえて疑い、ともに考える」という面を活かしたさまざまな実践を取り入れることを提案してみたい。たとえば、紙上対話（サイレント・ダイアローグ）というワークシートを用いて各自の問いと考えに対して匿名でコメントをしあう実践[4]であれば教員が1名でも、人数が多い教室でも行えるし、グループでの対話をワークシートなどでサポートしながら全体での対話と組み合わせたり、クラスを対話するグループとそれを観察するグループに分ける金魚鉢型の対話（フィッシュボウル）[5]の形をとったりすることも可能である。こういった工夫により、哲学対話のもつ力を維持したまま、物理的制約はある程度まで乗り

---

4) 詳しくは、村瀬智之「紙上対話という授業実践の試み――哲学的議論による思考力の育成を目指して――」『高専教育』（38）、2015年、368-373頁を参照。
5) 詳しくは、河野哲也『じぶんで考えじぶんで話せる　子どもを育てる哲学レッスン』河出書房新社、2018年、162-163頁を参照。

越えることができるはずである。

課題 2：問いやテーマの設定について

　【問題提起】問いやテーマの設定を生徒主体で行うのか、それとも教員側で行うのか、という点もまた学校の教科で行う実践の場合の課題である。授業の場と言ういわば強制された場所において生徒にテーマを選ばせることには「強制のなかでの自由」という矛盾をはらんでいるようにも思われる。授業設計を本来担い、効果的な問いを設定することができるはずの教員にではなく、あえて哲学対話を通して生徒たちに問いの設定権を委ねるのならば、その意味はどこにあるのか。

　【応答】生徒たちが出す不正確でときに教員からすれば平凡にも思える問いでは単なる話し合いのレベルを超えず教科の学びの目的が達成されないように思われるかもしれない。だがすでに紹介した対話の例からも明らかなように、生徒たちはそれが自分やクラスのだれかの問いであり、自分たちが選んだ問いであるということを手がかりとして、確かな実感をもって問いを考えていくことができる。これは教科の学びの目的とはすぐには直結しないかもしれない。しかし、当然だが学校の教育課程は一つの実践のみですべての領域をカバーするわけではない。哲学対話による生徒たちの実感を共有した探究の場を、教科の学びの前後の時間に実施することで、これから始まる学習内容への関心を高めたり、すでに学んだ学習内容についてそれを自分ごととして考えていく手助けをしたりといった仕方で、従来の教科の指導と効果的に協同することは十分に可能なはずである。

おわりに

　本章では、高等学校での哲学対話の実践報告として、2011 年度より実施した小石川中等教育学校での 4 年間の取り組みを紹介した。昨今アクティブ・ラーニングなどに代表される生徒主体による学びのあり方の普及は進んでいるものの、依然として日本の学校に、自由に問い、自由に考えることのできる場は少ないままである。そういった状況に対してこの報告に含まれる生徒たちの感想や対話の様子が示すのは、哲学対話は生徒たちの実感のある問いを生きた言葉で自由に考える経験を教室にもたらす、という力強い事実に他ならない。先述したように哲学対話を教室に導入し、教科の学習と結び付ける際にはクリアしなければならない課題があることは確かである。だが、それでも、哲学対話が示す生徒たちの実感のある問い、生きた言葉をすくい取る術は、状況に合わせてさまざまな仕方で授業に取り入れていくことが可能であるし、課題があってもなお模索しながら取り組んでいくだけの価値がある実践だ。小石川での実践に関わり始めた当時学部生であった筆者はそれから哲学対話の魅力に引き付けられ、現在高等専門学校の教員となった。私自身も 1 人の実践者として、本節で提示した課題を引き受けながら実践と応答を模索し続けていきたい。

第3章　まるで祈るように、話しつづける
── 神戸大学附属中等教育学校

中川　雅道

はじめに

　今回は、中学校1年生の国語の授業について、私が何を見て、聴いて、そして考えていたのかを、書いてみたい。

　コミュニティボールという毛糸玉を持って、教室に行く。さあ、問いを立ててみようかと促す。問いをみんなで選ぶ。問いが選ばれたら、輪になって座る。座ったら、話したい人から順番に、ボールを回して、話していく。そんなこんなで、時間がきて、今日も面白かったね、と授業が終わる。哲学対話と呼ばれることもあれば、子どものための哲学と呼ばれることもある活動だ。どちらの名前で呼ばれていようとも、起こっていることは同じなのだから、特に呼び方にはこだわっていない。

　たまに、疲れている日の夜に、考えることがある。そういえば、どうしてこういうことを続けているんだろうかと。私たちはたぶん、生きて、働いている意味を知りたいと願う。苦労して何かをしているにも関わらず、周りの人たちに理解されなかったり、期待した通りの成果が出なかったりしたときに落胆して意味がなかったのだと思う。どうしてこういうことを続けてるんだろう、と訊いてしまう。

　しかしまた、朝になると、ボールを教室に持っていき、別のこ

とについて子どもたちと話している。そこでは、まっさらな問い
が待ち受けていて、聴いたことのない話が繰り広げられ、新しい
世界が作られていく。一度として、同じことが話されたことはな
かった。この感覚はとても心地よく、私は何度も新しい自分に出
会ってきた。

1.　ただ思いつくままにたどってみる

　教室で起きたことを書こうと思ったときに、何を書いていいか
わからないと思う時がある。そこで、本当には何が起こっていた
のかはわからないと思うこともある。そうして、私たちは立ち止
まってしまう。そこで起こった客観的に正しい出来事があるとい
う考え方はとても根強いものだ。正しい書き方があるという考え
が、自由に動こうとする筆の邪魔をする。もしかしたら、間違え
てはいけない、間違えることはよくないことだ、という考えに囚
われてしまっているのかもしれない。

　大丈夫、大丈夫。どう考えても、間違うことなどありえない。
何が間違っているというのだろう。私と同じようにその場所に誰
かがいたとしたら、単にまったく違うことを思い出として描くだ
けだ。

　ただ、思いつくままに、教室での出来事をたどってみよう。

2.　私たちはどう生きるか

　2019 年 5 月 29 日。吉野源三郎の『君たちはどう生きるか』を

読んでいた。

この本を読んでいたのは、中学1年生の入学前課題で、この本を読むことが課されていたから、という単純な理由だった。題材を設定するときには、あまり真剣に考えすぎないようにしている。私が好きな教材や、気に入っている教材には想いが入りすぎて、から回ってしまうことが多かった。できたら、私自身も一緒に、読んで考えることができるほうがいいのだろう。事前に準備をしすぎると、あまりにもやらなければいけないことを作りすぎてしまう。

この本を読んで、あるクラスで出された問いは「私たちが日々生み出しているものとは？」というものだった。

どんな本なのか。

1937年、子どもたちに人間の倫理について考えてもらうために、この本は書かれた。

当時の日本の状況をとても反映している。貧しさと、弱いものいじめと、そして、そういった難しい状況にコペル君が態度を表明していく物語だ。コペル君というあだ名は、彼のおじさんが、コペルニクスから連想してつけたものだ。

そう、この本の中では、コペルニクスが天動説から地動説へと大きく認識を転換させた発見、コペルニクス的転換のような、科学的な大発見をコペル君が実際に見つけていく。

共産主義の思想、マルクスの影響もあって、人間分子・網目の法則というものが登場する。私たち人間が見えない関係で結ばれていることを表現した法則だ。ミルクを私たちが飲むことができるのは、ミルクを売っている人がいて、ミルクを牧場から運ぶ人がいて、牛の乳を絞る人がいて、牛を飼っている人がいて、牛の飼料を育てている人がいて。そして、どこまでも人と人との関係

が生産を媒介にして結ばれていく。

　ある日、おじさんはコペル君に語りかける。大人とは違って、子どもの君は、その生産の網目の中では単なる消費する人で、十分に働いて社会に役立ってはいないが、君も日々、生み出しているものがあるんだ。そこで、おじさん、つまりは、吉野源三郎の筆が少し乱れている。コペル君が生み出しているものは、本文の中には登場しない。

　私たちは日々、何を生み出しているのだろうか。ぜひとも、考えてみよう。

3.　始まる前に、ぼおっと考える

　机をかたづけて、イスだけで輪になって座る。

　その日は、全員が移動するまでに、やけに時間がかかっている。すこしいらだつ。

　なにせ 41 人もいるのだから、しかたないのかもしれない。いらだつときもあれば、そうでないときもある。いらだつときは、思い通りにいかないから、いらだっているのだろう。50 分しか時間がないのに、移動するだけで 10 分かかったら、話す時間がほとんどないじゃないか。そういう風にして、いらだってくる。やれやれ、中学校 1 年生か。

　でも、よく考えてみたら、急ぐ必要なんてどこにもない。そう思うと、焦っていたのが、なぜだったのか、よくわからなくなる。でも、腹が立つときには、腹が立つものだ。腹が立っている自分を見つめることから始めてみよう。なんで、腹が立っていたんだろうか。

そういえば、事前に前の時間に問いを立てておくことも、実は時間をうまく使うために行っていることかもしれない。もしかしたら、それらもすべて、ある前提のうえに成り立っていることだろうか。なぜ輪になって座り、ボールを使って話をしているのだろう。今となってはそれも、単なる習慣になって、意味を失っていることなのだろうか。

学校や、場所によっては、輪になって座ってくれない人たちもいたなあ。まっすぐに座っていることが難しい人たち。輪になっているのに、ふらふらと歩いている人もいた。輪になって、みんなから見られているのに、うとうとと寝ている人がいることもある。あんまり寝ているもんだから、それはないだろうとみんなが言い出して、輪の外で話を聴いていてもらおうとしたら、泣き始めた子もいたなあ。なぜだったんだろう。落ち着きのない人たちが、作ったボールから毛糸をむしりとって、ボールが破壊されたこともあった。休み時間に、ボールを勝手に投げていて、壊してしまった子が、顔を真っ赤にして謝りに来たこともあった。そういえば、スパイダーマンのこと以外は話したくないからと、とてもこだわって、他の問いになったから、ねころがって、スパイダーマンと連呼していた子もいたなあ。

答えることができないなと思う。

たまに質問されることがあった。あなたの学校だから、できることじゃないか。そんな楽な学校だから。あなたのクラスだから。あなただから、できることじゃないか。何か、対話が成り立つ前提があって、それを教えてくれないと、できないんだと。そういう質問を受けるたびに、ああ、この人はずいぶん苦労している人で、何をしたらいいのか、迷っているんだろうと思うようになった。迷いながら努力しているのに、やればやるほどうまくいかな

い。そんな時、うまくいっているように見える人がいたら、いろんな感情が渦巻いて、どうやってるか教えてくれ、と言いたくなる。確かに、そういうことは、あった。

　でもまあ、やりたいことが、本当にやりたいことだったなら、あとは、どうやるのかは、そのうち見つかるんじゃないだろうか。

　教室で 41 人の人たちに向かって座るときに、少しだけ楽になる。そこには、言わなければならないことはない。到達すべきゴールもなければ、よりうまく考える必要もなければ、かっこよくふるまう必要もないだろう。目の前では、誰かが話す音が耳に入ってきて、その音の展開に、自分も入ってみたいと思えば、入ってみればいい。さっきまで考えていたことを、声に変えていくときにいつも、いろいろなことが起こり始めるというだけだった。

4.　いくつもの耳に向かって祈る

　初めは、問いがある。私たちが日々生み出しているものとは、というのが、その日の問いだった。いつもは、問いを出した人に説明してもらうことにしている。

　人が話す様子というのは、とても不思議なものだ。まるで、何かに祈っているかのように私たちは話し続ける。

　　えっと
　　日々生み出しているものは何かっていう問いは
　　大人の人たちは確かに会社に行って
　　給料もらっているってことは
　　社会になるために何かに貢献していて

102

でも

僕たちはお金をもらっていないってことは

っていうことは

給料とかもらえるものに対することをしてないからなのかなって思っ
たんだけど

僕の考えは

社会

で勉強して

社会が変わっていくための

資料を僕たちが作っていってるんじゃないかなと

この子は、わりあい早口ではあるけれど、なんとか簡潔に問いの
意味を説明しようとしている。でも、ところどころ、話そうとし
ていることに頭がついていかない。「僕の考えは　社会　で勉強し
て　社会が変わっていくための」なんてあたりを話しているとき
には、目もあっちを向いたり、こっちを向いたりしている。緊張
しているからなのか、ずっとコミュニティボールの毛糸を両手で
触っていて、安心感を求めているようにも見える。

　普段は大きい声でふざけあっている人たちが、ボールを持って、
周りの人たちの耳が自分の方に向いているときには、小さい声で、
素早く言葉を吐き出すことがよくあった。なぜだろう。たぶん、
普段は周りの人たちの耳のほうが、本当には開いていないからだ。
私たちは、日常的な世間話では、話しながらいろいろなメッセー
ジを身振り手振りで送っていて、さあ、ここで笑ってくださいね。
さあ、ここでは話を盛り上げてください、さあ、ここでは断らな
いでくださいね、という風に、会話をコントロールしている。と
ころが今は、周りの人たちは、それぞれの関心に沿うように、話

を聞いている。自分が話の全体をコントロールできていない状況に慣れていないのだ。

　書かれた言葉で言うなら「大人は社会のために何かをしているけれど、子どもは何もしていない。でも、子どもは新しい社会を変えていくための勉強をしている」という短い言葉になるだろうか。でも、私たちは、そんな簡単なことを言うために、多くの無意味な言葉をさしはさむ。なぜだろうか。それはその場で自分に対して開かれている耳に向かって語るからだ。まるで何かに祈るように私たちは話す。さまざまな耳に届くように、自分の頭の中に浮かんでいる「大人は社会のために何かをしている」という言葉を、周りの人たちに届くように、身振り手振りを繰り広げながら、なんとか話そうとする。

5.　耳が開く

　耳が開く、という現象が確かにあるように思える。

　私たちは、なんとか誰かの耳に届くようにと、祈るように話し続ける。ところが、その祈りが叶えられないことも、よくある。

　聴く、ということは、たぶんある種のリアクションである。

　よく実家の食卓で、繰り広げられていた会話があった。母親が父親に向かって、何かしらのことに不平を爆発させて話しまくっている。ほとんどの場合、父親とは全く関係のない、スーパーの店員の不適切な対応についての不平だ。もちろん、そんなとき父親は、ビールを傾けて、夕食を食べながらテレビを見ている。

　すると、母親が言うわけだ。まったく、私の話をまったく聞いてないやないの。

　話を聴いている、というとき、私たちはきっと、たくさんのことをしている。おそらくは、話している人の方を向いていて、たぶんその人の話に興味をもっていて、ときには相づちをうっているかもしれない。話を聴いたあとは、なんらかのことを始めるだろう。自分の考えを言ってみるかもしれないし、スーパーに電話をかけてみるとかいった、なんらかの行動を実際に始めるかもしれない。

　しかしなぜか、学校では話を聴かないということを、私たちはしっかりと仕込まれる。41 人くらいの全員が、先生の方を向かされているにもかかわらず、あんまり相づちをうっていると、とても変な人に見えるだろう。先生の面白い話にいちいち、なるほどなあ、なんて言おうもんなら、目立って仕方ない。先生の意見に、より正しい意見をぶつけようもんなら、ほとんど授業妨害である。

　ということで、私たちは次第に学校では人の話を聴かなくなる。いろんな理由から、耳を閉じる。耳を開いていて、いいことはあんまりないからだ。

　しかし、対話を繰り返していくと、少しずつ人々は耳を開きはじめる。実は、耳を開いて、他の人の話を本当の意味で聴いているほうが楽しい。時間がゆっくりと流れはじめて、他の人の声と自分の思考が入り混じっていく。

6. さっきの人と同じ意見なんですが

　対話が進んでいくにつれて、考えも進んでいく。初めの方は、一人一人の発言が短く、ただ問いに答えるだけで終わってしまうことが多い。

　ある瞬間に、前の発言に、自分の考えが同じであることを述べる人が現れる。あるいは、さっきの人とは違うんですが、と前の発言とは異なっていることを強調することを述べる人が現れる。前の発言者と、つまりは周りの人たちと関係を作ろうとする発言が登場するときにはたいていの場合、対話はうまく動き始める。

　対話の全体の構造が作られていくためには、生身の人たちが関係しているということが必要なのだろう。次のような、Ｎ と Ａ の発言はそういう典型的なやりとりだ。

　（Ｎ の発言）

　えっと

　今は何も生み出していないと思って

　なんでかっていったら

　まあ

　将来になって生み出したものの

　準備期間とか

　材料集めをしているようなのだからっていう風に思いました

　（Ａ の発言）

　私も Ｎ くんと同じような意見で

　生み出しているというよりも

　生み出す努力をしていると思いました

　将来何かを生み出すために

　学んだり

　経験したりしていて

　そのためにも学校に来ているのではないかと思いました

Ａ は Ｎ のことに言及している。しかし、よく見てみよう。

　Nの発言は「今は何も生み出しておらず、将来のための準備を
している、その材料を集めている」という内容である。それに対
して、Aは生み出す努力をしていることを強調している。確かに
大枠では、現在は何も生み出しておらず、将来のために今がある
というところは一致しているだろう。しかし、Aが強調して話し
ていたのは「努力」という言葉であった。

　より正確に理解するならば、前の発言に言及しながら、自分の
言いたいことを言ったということではないだろうか。まったく同
じ考えというのは存在しない。おそらく、考える人が変われば、
同じ言葉であったとしても、言葉や表現が変わり、別の考えにな
る。

　こんな風にして、私たちはお互いの発言に言及することで、あ
なたの話を聴いていましたよと反応する。

　たまに、こんなことを言うこともあるだろう。今日の対話では、
同じことばかりが話されて、深まりがなかった。そういうことに
なれば、まるで対話は深まりを目指さないといけないかのように
なってしまう。すると、何かに向けて話さないといけない私たち
の発言はこわばり、より話しにくくなる。何かを目指そうとした
とたんに、それ以外の物事は意味を失ってしまう。

　だから、お互いの話に言及しながら、ゆっくりと聴いていくこ
とで、そこで話されたことのすべてに意味を与えることはできな
いだろうか。

7.　そして新しい考えが芽を出す

　テレビのコマーシャルについて話していたからだろうか。少し

照れて、笑いながら、冷静な口調の T が話している。

　　　僕は

　　　日々生み出しているものは誰かの生きる希望だと思います

　　　たとえば

　　　なぜなら、えーっと

　　　余命が 1 年とかっていうおじいちゃんとか

　　　CM であるんですけど

　　　おじいちゃんが元気じゃなかったんですけど

　　　子どもたちの元気な声が聞こえたら

　　　なんか

　　　自分もがんばらなきゃなって元気が出るっていう

　　　そういう CM があるんですけど

　　　そんな感じで

　　　生きる希望を僕たちは生み出していると思います

いや、そうではないかもしれない。おそらく一般的には、中学校
1 年生は子どもなのだ。だから、この発言をすることで意味して
いることが、自分たちの存在が大人にとっての支えになっている
という照れくささだったのかもしれない。

　家族に言われたりしてきたのかもしれない。

　しかし、この発言は、思考を生み出さないといけないとか、社
会を作る準備をしないといけないとか、何らかの目的から離れて
いるではないか。私たち、そのものが価値を持った存在であると
いうことなのだ。ああ、そうか、と思う。

　皆さんは、ないだろうか。ある考えが、自分の中にあった記憶
ととけあって、どうしても言いたくなってしまう考えがあるとい
うような経験は。子どもたちが、そうなると、身体がそわそわし

始める。どうしても言ってみたい。目立ちたいとか、この対話の流れを変えたいとか、そんなことではない。ただこの場の人たちに話してみたい。

　ついつい、私も生まれたばかりの甥っ子のことを考えながら話してしまう。

> 新しい考えを生み出しているとか、何か私たち自身とは違うことを生み出していることになると、考えを生み出せない人は価値のない人になってしまう。だから、私たち自身に価値があるというほうがいいですね。
>
> さっきの話を聞いていて思ったんだけど、大人が子どもを見て、感動するのは、絶望しているからじゃないかな。みなさん、経験ありませんか。とてもお腹が減っている時のご飯が美味しかったりすることを。ネガティブなことがあればあるほど、希望は輝いていく。大人は絶望しているから、子どもに希望を感じるんじゃないでしょうか。

そして、話してしまったら、少し不安になる。私の考えは、人々の耳に届いたのだろうか。

8.　自分の考えへの反応が聴き取れたときに、嬉しくなる

　哲学対話の場にいるときに、少しだけ気になる瞬間はこういう瞬間だ。

　私は、私のことを話しすぎてしまった。やや、恥ずかしい感じもある。ああ、何を言ってしまったんだ。周りの人たちは、自分のことをどう思ったんだろう。そして、案の定、その後に続く発

言は、私の発言とは関わりのない発言なのだ。

　でも、これもまた、よくあることなのだが。5人ぐらいが発言した後に、前の発言に戻ってくることがある。そう、自分自身もそうなのだが、誰かが話したことに反応するためには、時間が必要なのだ。まるで宙づりにされたように、印象に残った言葉が頭の中をぐるぐるまわりながら、別の人の話を聞いている時がある。脳内会議がこっそりと開かれているのだ。そして、あるタイミング、自分なりのタイミングで、その頭の中を話してみたくなる。さっきとは別人のTが、力のこもらない言葉で話し始める。

> さっきに出た
> 大人が子どもに憧れることもちょっと入ってるけど
> 大人が子どもに憧れるのは
> まだ未熟だから
> それが理由で笑ったりできる
> っていう感じだと思うんですけど
> 逆に
> 子どもが大人の人を見て
> すごいなあと思うこともあるっていうのは
> やっぱり自分が
> 大人の人たちは
> そういうネガティブなこととかも
> あるのに
> それをはねかえしてでも
> いろんなことをなしとげているからだと思って
> やっぱりそうやって憧れるのは
> 自分が経験したことのないことだからっていうこともあるから

　　そういう

　　大人は憧れている子どもにはなれないけど

　　子どもはこれからなら

　　その憧れている大人になれるから

　　憧れるっていうことは

　　子どもの生み出していることなのかなと思います

　ああ、そうか。この人は、私の言葉をそんな風に聞いたのか。

　大人は子どもに憧れたとしても、子どもに戻ることはできない。でも、子どもは大人に憧れたのなら、大人を目指して努力していくことができる。

　鏡で映った自分を眺めるように、考えを吟味し始める。そういえば、私には、尊敬していた大人はいただろうか。

　ああ、うん。いたよ。確かにいた。また、むずむずと話したくなる。

おわりに

　私たちは、どんな学校を作れるだろう。教育は、いつの時代も希望とともにあった。でも、新しい希望をいくらまわりに強制しても意味など、ないだろう。

　皆さんなら、どんなことをしたいと願うだろうか。

　私はとりあえず、何か新しいことを教える、その前に、人々の耳を開いていこうと思う。それは、とても、とても、楽しいことだ。

第4章 今日は何をするの？
──須磨友が丘高等学校

藤本 啓子

はじめに

　私にとっての哲学とは、「問いを投げかけ、こたえを探求する道程である。学士論文を書く時期に、体系も「答」もないニーチェの著作から何をテーマとして取り上げたらよいかをニーチェゼミの指導教官[1] に相談した。師の言葉は、「ニーチェは〈問い〉を投げかけることはあっても、決して〈答〉は与えてくれない、だから彼の問いを君の問いとして答えればよい」であった。それは私の哲学の原点である。

　私と哲学との出会いは、高校生の時に見たある映画の1シーンである。映画の内容は高校生と年上の女性との恋愛を描いたものであったが、私にとって衝撃的だったのは、高校の授業に哲学があったこと、教師がパスカルの幸福についての一節を挙げ、生徒に「幸福について」問いを投げかけていたシーンであった。私はさっそく倫理社会の教師に書籍の題名を尋ねた。それは『パンセ』の中の言葉であった。さっそく図書室で『パンセ』を借り、「すべての人間は幸福になることを求めている。これには例外がない。そのための手段はいかに異なっていようとも、彼らはみなこの目

<hr>

1)　大河内了義「問いを投げかけるもの」『ドイツ文学論集』神戸大学独語教室、1979 年。

的に向かっている。これはあらゆる人間の、自ら自殺をするもの
に至るまで、あらゆる行為の動機である」という言葉に出会った。
映画の内容はあまりよく覚えていないがそのことだけが妙に印象
に残っていた。それ以上に衝撃的だったのは、授業で哲学書を読
んで、高校生がレポートを書くことを課題にされていたことだっ
た。

1. 高校生と「哲学」を始めた経緯

　私はしばらく映画のことは忘れていたが、ひょんなことから高
校で英語の非常勤として教鞭をとることになり、生徒の何気ない
言葉から、映画のことを思い出したのである。その言葉というの
は、「学校は遅刻をするなというが、なぜ遅刻をしてはいけないか
は、当たり前だから、決まりだからと言うだけで教えてはくれな
い、遅刻をしたら仕事に支障をきたしみんなに迷惑がかかるとい
うアルバイト先の先輩の言葉の方が説得力があった」というもの
であった。つまり、学校では、遅刻をしてもだれにも迷惑がかか
らないというのが彼の言い分であった。「本当にそうなのか」、「な
ぜ遅刻をしてはいけないのか」、「なぜ」その生徒がそう思ったの
か、もっとじっくり話す時間が欲しいと思った。
　そのようなとき、勤務先の須磨友が丘高校が普通科から総合学
科になることが決まり、さまざまな選択科目が設定されることを
聞き、哲学の授業ができないかと英語科の主任に尋ねてみた。「哲
学」と言われても生徒にはわかりにくいので、まずは英語科枠で
哲学をやってみてはどうかと言われた。そこで、講座名を「英語
で哲学 Let's enjoy philosophy in English」にしたが、英語の授業

なのか哲学の授業なのかわかりにくいので講座名を変更するよう教育委員会から指導を受け、英語科枠ではあるが対話を導入したことから「英語コミュニケーション」と名前を変えた。授業内容はシラバスにも記載し、説明もしていたものの、英会話か何かの授業だと思って迷い込んできた生徒が多かったので、2007 年に「臨床哲学」（以下、講座名は「　」付）と名を改めた。

　須磨友が丘高校での「臨床哲学」誕生までの道のりは紆余曲折あり、ここでは紙面が限られていてすべてを書くことができないので、ブログ[2]に書いている。公立高校で「臨床哲学」と名の付く授業がなかったので、生徒だけでなく、多くの教師からも「理解しにくい」、「生徒に説明できない」と言われた。そのような中、「臨床哲学」の授業にたどり着いたのは、管理職をはじめ、さまざまな担当者に働きかけた自分の熱意もあるが、理解者、協力者がいたことも大きい。そのような努力と周囲の理解が実って、須磨友が丘高校での哲学対話の授業は、総合学科に改編した 2002 年から英語科枠で、2004 年から「英語コミュニケーション」として始まり、2007 年に、英語から独立した選択授業として現在の「臨床哲学」に講座名が変わり現在にいたる。

　「臨床哲学」の授業は、大阪大学臨床哲学研究室との出会いが大きく関係している。1998 年ごろ、私は医療分野の研究の延長で、清水哲郎氏（当時東北大学哲学科教授）から大阪大学臨床哲学研究室を紹介され、金曜 6 限（きんろく）の授業に参加したことが始まりである。これは、社会人学生も、正規の学生でない人々も、ともに議論をする授業であり、その対話の〈場〉で衝撃的だったのは、対話する上ではみな平等ということで、「先生」という呼び

---

2)　「高校生と哲学しよう」http://schphilo.livedoor.blog/archives/2013-01.html
　　2013 年 1 月、須磨友が丘高校での臨床哲学の試み〜過去・現在・未来〜

名は使わず、お互いに「〜さん」で呼び合うこと、もう一つは、そのときの鷲田清一さんの言葉「哲学の出前授業のようなものがあってもよいのではないか」だった。

　もう何年も前の記憶に頼るものではあるが、吉本のお笑い芸人さんが外へ出向いて漫才をやるように、哲学者だって大学の外に出て哲学をやってもいいのではないか、というような言葉だった。その言葉をきいて、自分も高校で哲学の出前授業をしようと思った。

2.「臨床哲学」の授業

シラバス

教科名	総合
科目名	臨床哲学
目的	テツガクすること。 見て、聴いて、考えて、自分の発する言葉の意味を丁寧に探りながら、哲学的思考を身につける。感情のままに言葉を発するのではなく、他人の話をじっくり聴いて、自分の考えを自分の言葉で話すことの大切さを学ぶ。
内容	様々なツールを用い、医療、介護、福祉、教育、社会一般、家庭、自然などの臨床現場（フィールド）で起こっていることが、自分にとって、また社会にとってどのような意味をもっているのか、様々な対話を通して問うていく。

　「臨床哲学」は、2年と3年との共修で、定員を15名とし、毎年だいたい2名〜15名の受講生があるが、おおかたは10名前後である。最初に教師も含めニックネームを決めて、授業中はニックネームで呼びあう。

テツガクするということ

授業風景

　「学校」というところは、いつからか教えられるままに覚え、正解することを求められる場所になってしまい、何が本当に正しいのか、なぜそれが正解なのかを考えることは教えられてこなかった。生徒はいつから考えなくなったのか、もしかしたら、私たち大人もそうではなかったのかという疑問が生じてきた。だから私にとって高校で「臨床哲学」の授業を行う意味は、社会人になる手前の子どもでもなく、大人でもない、それでいてまだ若竹のような柔軟な時期に、高校生が、自分の頭で〈考える〉習慣を身につけることである。できれば、選択授業ではなく、3年間の必修授業であればよいと思う。生徒たちと共に考えることで、「臨床哲学」の授業が、生徒たちにとって「考える」ということはどのようなことかを知ってもらう場となればと思う。高校生と対話をしていると、彼等の柔軟な思考にいつも驚かされる。つまり、「臨床哲学」とは、教師と生徒が共に考え、共に学ぶ時間といってもよい。もし、教師である私にできることがあるとしたら、生徒の力を引き出す（erziehen）ことくらいであり、それが教育（Erziehung）ではないかと思っている。

　現場（臨床）でテツガクすることを私は臨床哲学と言い、一般に哲学と言われている哲学思想や哲学史を学ぶ時間ではないので、「テツガク」というカタカナを使っている。具体的には、さまざまな現場（たとえば、一般に臨床といわれている医療・福祉現場だ

けでなく、教育現場、家庭、社会等々、さまざまなフィールド）
で起こっていることについて、問いを発し、対話を通して他者の
意見を聴き、自分で考える授業である。正解はない。これは正解
ばかりを教えられてきた若者にとっては、口でいうほど簡単なこ
とではない。だが、正解がないということは、「こたえ」がないと
いうことではない。すべての人に当てはまる（一般的には普遍的
とか客観的とか言われている）「こたえ」がないだけである。

　授業ではまず、人の話を聴くことから始める。さらにそれにつ
いて考えて相手に返すことが続く。つまり、考えたことを言葉に
して他者に伝えるという作業である。高校生にとっては、頭であ
れこれ考えることはできても、言葉に出すことは至難の業のよう
である。

　高校では、受験間近の生徒が小論文の試験に備えて、国語の教
師から論述の添削を受けている場面に出くわすが、書くためには、
自分の考えたことを言葉にする必要があるので、日ごろから考え
ていないとなかなか難しい。ありきたりの「べき論」に終始する
小論文を前に、まるでポスターの標語のようだとつぶやきたくな
る。なぜそう考えたのかということが全く伝わってこず、説得力
に欠けるものが多い。

　そこで授業では対話を通して、聴く、考える、自分の言葉で伝
える（話す）という思考訓練を繰り返す。だれかの意見の押し売
りではなく、自分の考えが言えるように。

さまざまな対話技法

　対話をファシリテート（促進）するために、さまざまな対話技
法を使っている。

ソクラテスの対話ゲーム

（a）ソクラテスの対話ゲーム

〈対話ゲームの手順〉

1　3人組を作る。 2　ソクラテス（質問役）、若者（答える人）、プラトン（記録役）を選ぶ。 3　ソクラテスが「問い」を投げかけ、若者が答えるところから始まる。 4　若者がもうそれ以上答えることができなくなったり、ソクラテスが質問できなくなったりして対話が行き詰まったらゲームオーバー。 5　ゲームのあとで、どんな対話だったかプラトンの記録をもとに振り返る。 6　プラトンの記録をもとに、自分たちの対話を他の人の前で演じてみる。

ソクラテス役　　若者にただ反論するのではなく、<u>若者の答えに対して質問する</u>

　　　　　　　　○　たとえば、それはどういうこと？

　　　　　　　　　○　自分は〜だと理解したけど、それであって
　　　　　　　　　　　る？
　　　　　　　　　○　その言葉はどういう意味？
　　　　　　　　　○　今言ったことと、さっき言ったこととどう
　　　　　　　　　　　いう関係？

　若者役　　　　　自分の答を最後まで粘り強く弁護する
　　　　　　　　　自分の答を支持する理由をできるだけ想像し、考
　　　　　　　　　える
　　　　　　　　　だって「当たり前じゃない」は禁止
　　　　　　　　　○　だって〜だから……だと思うよ

　プラトン役　　　2人の対話を記録する
　　　　　　　　　言ってもよい台詞は2つだけ
　　　　　　　　　○　ちょっと待ってください
　　　　　　　　　○　もう一回言ってください
　　　　　　　　　対話のあと、どのような対話だったか2人に伝える
　　　　　　　　　記録をもとに、他の人の前で同じ対話を演じるた
　　　　　　　　　めの台本を作る

（b）NSD[3]（ネオ・ソクラティク・ダイアローグ）

　ソクラテスの対話ゲームは、相手の言うことを鵜呑みにしない
で、まず疑ってみるという練習だ。さらに対話に慣れていくと、

3）　NSD（Neo Socratic Dialogue）とは、ドイツの哲学者レオナルト・ネルゾン
　（Leonard Nelson, 1882-1927）が考案した「ソクラテス方法」（SD）がもとになっ
　ており、その後、グスタフ・ヘックマンらの弟子たちが工夫を重ね、現在の形
　となる。プラトンの「ソクラテスの対話編」との混同を避けるため、ネオ（Neo）
　ソクラティック・ダイアローグと呼ばれている。本書「はじめに」も参照のこと。

NSDという対話技法を使って、対話を行っていく。ソクラテスの対話ゲームに比べ、時間を要するので、4週（2コマ／週×4）に分けて行う。

NSDは、以下のプロセスで行う。

第1段階	テーマを立てる。
第2段階	テーマに即した具体例（体験）を挙げ、その中から例を一つ選ぶ。
第3段階	選ばれた例をみんなで吟味する。
第4段階	最後にテーマに対する答（合意形成）を目指す。

まず問いを発することから始まり、答を探求する中で何が自分にとって問題なのかを明らかにするプロセスを重視する。メンバー間で合意形成は目指すが、必ずしも合意に至らなくてもよい。結果ではなく、プロセスが大切で、吟味を重ねて思考を深めていくことをこの対話ワークで練習する。

対話のためのツール

（a）The Good Thinker's Tool Kit（GTTK）[4]

GTTKとは、What（何）、Reason（理由）、Assumption（前提）、Inference（推論）、Truth（本当）、Examples（例）、Counter-Examples（反例）の頭文字が書かれたカードを用いて、以下の問いに答えながらテツガクしていくためのツールである。

---

4) ハワイ大学のトマス・ジャクソン（Thomas Jackson）によって作られたP4C（Philosophy for Children）の小道具。P4Cとは、マシュー・リップマン（Mathew Lipman, 1922-2010）が始めた子どもの哲学教育プログラムで、世界各国で形を変えながら実践されている。
　http://p4chawaii.org/wp-content/uploads/PI-Good-Thinker's-Tool-Kit-2.0.pdf

What do you mean?	どういう意味ですか？
What are your reasons?	理由は何ですか？
What assumption are you making?	前提は何ですか？
What inferences?	どんな推論をしていますか？
Do you know it's true?	それは本当ですか？
Can you give examples or counter-examples?	例、あるいは反例を出すことができますか？

　NSD をやっていても、例の吟味をするのが生徒には難しいようなので、この GTTK を用いて、自分の考えが本当に正しいのかを問い、反例を出す練習を行う。自分の意見を一方的に宣言するのではなく、迷ったり、悩んだり、葛藤があってしかるべきではないか。だから他者と対話をするのである。

　対話とはギリシャ語の dia-logos（ディア‐ロゴス）に由来し、言葉（logos）を分ける（dia）ということで、必ずしも二者の間、つまり一対一に限定していない。生徒には、対話とは個人と個人が対等に互いの差異を認め合い、自分の価値観を背負いながら、相手と正面から向き合い、問いに対して自らのこたえを求めていくことであると伝えている。

（b）コミュニティボール

　対話を行うためのツールとして、みんなで毎年一つコミュニティボールを作る。筒に毛糸を巻きながら自分の考えを話し、話し終えたら次の人に渡す、最後に毛糸を筒からはずして結束バンドでまとめ、ボール状にする。このボールは、コミュニケーションのツールであり、問う人と答える人を明確にする（ボールを持っている人が話す）ためのものである。毛糸を巻きながら話すのは難

しいのか手が止まることもあるが、このボールに関する生徒の感
想は、以下のとおりである。

　①作りながら考えがまとまる。

　②ボールがあることでいつもより少し話がしやすかった。

　③自発的に発言することは難しいが、ボールが回ってくると言
　　いやすい環境になるし、人の意見も聴きやすい。

　④ひとつのボールをみんなで回しながら話をするのはとてもよ
　　いコミュニケーションの方法だと思う。

　⑤意外と話すとき邪魔にならない。

　⑥考えている間の〈間〉を埋めてくれる。

　ボールを回しながら時間をかけて問いを共有することで、少し
ずつ人の話を聴くこと、人の話を聞きながら考えることに体をな
じませていく。

問いを立てる

　対話は、自分が何について考えようとしているのか、問いの形
でまずテーマを立てることから始める。たとえば、プラトンの『洞
窟の比喩』について考えたときのことである。この比喩の解釈は
あまり重要視していない。生徒たちが自分で考えて、自分なりの
テーマをとり出して、それらについてみんなで対話をすることが
大切なのである。

　たとえば、彼らが取り出したテーマは、①視野の狭さとは、②
思い込みとは、③何がうそで、なにが真実か、④この世に真実は
あるのか、⑤まがいものとは、⑥自由とは何なのかなどであった。

書く

　対話の後、振り返りとして自分の考えを書いてみる。日本では作文の構成法として序破急や、起承転結があるが、NSD のプロセスは、この起・承・転・結のプロセスと似ている。

　さまざまな対話技法は自分の考えをまとめていく練習になる。たとえば、NSD はグループで行う対話であるが、論述する際は、ひとりで二役、三役を担う。まず、設問に即した自分なりのテーマを立て、事例を挙げて（体験）、吟味し、結論（こたえ）を出すという作業だが、吟味のときは、ソクラテスの対話ゲームが役に立つ。1 人でソクラテスになって自分の考えに「本当にそうなのか」と問いを投げかけ、若者になって答える、そうした作業を続けていって、最後はプラトン（書記）になって、自分の考えを「書く」という具合である。

体験する

　「臨床哲学」の授業は、いつも教室で「考える」ことばかりを行っているのではない。「見たり」「聴いたり」実際に体験をしてみて「こたえ」に至ることもある。その一つが「哲学ウォーク（Philosophical Walk）」[5]である。学校内を歩きながら、気づいたことがあれば手を挙げてみんなに話し、なぜそう考えたかを話していく。

　たとえば、「私らしさ」について考えたときは、学校内を歩いて「自分らしい」と思うものを探していった。その後、教室に帰って、なぜそう考えたかを記述していく。じっくり時間をかけてそ

---

5)　ピーター・ハーテロー（Peter Harteloh）の発案であり、歩くことに焦点を当てて、哲学的思考を深めるための哲学プラクシス。

の作業をしていくと、「自分らしい」ものは探すことができても「自分」を言葉に表すことはできなかった。そのことから、「〜らしさ」は「〜」とは異なる、つまり、本質はメタファー（隠喩）で表現

「わたしらしさを探そう」

するしかないということを実際に体験したわけである。

さまざまな授業形態

　基本は対話の授業であるが、対話をするために、たとえば、映画やテレビ番組の一部を使った①シネメデュケーション（Cinema+medical+education の造語）[6]、②死の準備教育、③生の教育、④倫理教育、⑤性（ジェンダー）教育などを行う。特徴的な授業としては、特別非常勤講師による授業と、社会人を招いて高校生と対話をする授業である。

　特別非常勤講師の授業は、兵庫県による「特色ある教育課程推進に係る特別非常勤講師設置」という取り組みによるもので、各分野において優れた知識、技能を有する社会人等を県立高等学校で設定する教科・科目、総合的な学習の時間において、一時的または通年でこの制度を活用し、さらに特色ある教育課程の推進を図るために特別非常勤講師を置くというものである。「臨床哲学」

---

6)　Cinema+medical+education の造語で、Matthew Alexander により 1994 年に提唱された。映画やテレビ番組の一部を医学教育に使用する教育方略。

の授業では、年に8時間〜12時間、主に大阪大学臨床哲学研究室の院生、あるいはOBやOGに、特別非常勤講師としてさまざまな哲学対話の授業をお願いしている。しかし、高校で哲学対話の授業が始まった2002年ころは、まだ「特別非常勤講師枠」がなかったので、全くのボランティアで多くの臨床哲学研究室の院生が哲学対話の授業を行ってくれた。（http://schphilo.livedoor.blog）

生徒の感想

　年度末に生徒に「1年を通しての感想」を尋ねる。いろいろとあるが、概ね、普段あまり考えないようなことを深く考えること、人とちゃんと話すことができたというものが多い。その他に、自分を見つめ直せた、自分が社会に出た時に自分の頭で考えて思いを伝えることができるような気がした、1年間この授業を受けて自分を今以上に知ることができたし、考えることの大切さがわかった、他の人の考えをマネするのではなく、自分が考えた自分にしかない考えを持つことができた、などがある。

　中には心理学と同じような分野だと思い受講した生徒もいたが、人の話を聴く仕方が臨床哲学と心理学とは異なることを、傾聴のワークショップで体験させたりもした。また、臨床という言葉から医療系の講座だと思い迷い込んでくる生徒もいるが、その生徒は、医療と哲学がどう関係するのか興味をもち、将来看護師になりたいので、「臨床哲学」で学んだ人とのコミュニケーション能力は活かせるような気がするという感想を書いていた。

　私としては、生徒の感想から、生徒たちは授業を通して物事について深く考えるようになったことを実感する。最初は、大変な思いをした生徒たちだが、1年が過ぎてみると、多くの生徒が、

「生活の中で〈考えること〉の大切さ、愉しさを知った」という言葉を贈ってくれる。

3.　臨床哲学とは

　臨床哲学は心理学とは「似て非なるもの」であり、ケアの理論について学ぶものでも、ケアの実践でもない。確かに臨床哲学は人の話を聴くことを旨とするが、カウンセリングの「聴く」とは根本的に異なり、他者をケアするものではない。精神科医の木村敏が述べているように、ケアに臨んで「患者のこころの構造を解明するという哲学的課題に直面しても、現場で直接に哲学者の協力を求めることはできない」が、ケアする者が、「哲学的思索を行うことによってこの課題に対応する必要がある」[7] と思っている。

　しかし、臨床哲学は、医療という現場に縛られず、もっとさまざまな現場（フィールド）に関わるものであり、日常的な問題から、生死という大きなテーマまでさまざまなことを考え、他者と対話をし、考えることで自分自身の価値観や考え方を知る機会となる。なんといっても臨床哲学の醍醐味は、1人で考えるのではなく、対話を通していろいろな人の意見や考えを聞き、問いを深めることによって新たな考えを見つけられることではないかと思う。

---

7)　木村敏『偶然性の精神病理』岩波書店、2002 年。

4. 課題

考える場をつくること

　文部科学省は、従来のマークシート式のセンター試験に代え、令和 3 年 1 月から思考力や知識の活用力を重視した大学入学共通テストの実施を目指し、記述式問題の導入を検討したが、時期尚早として見送りとする判断を発表した。日本の教育現場では、知識の蓄積が優先され、思考力を養うことはあまり重視されてこなかった。須磨友が丘高校での「臨床哲学」の授業は、対話を通して 1 年間かけて「自分で考える」ことのできる人間を育成することを目指してきたが、1 年ではとても十分とはいえない。また、生徒が考える時間をもつことも重要であるが、ともに考える教師の存在も大きい。

　昨今では子どもの哲学（P4C）[8] が注目されている。子どもの哲学には子どもの驚きに向き合って、対話をしていく大人の存在が必要である。哲学カフェ[9] に参加しているお母さんの中に、自分はいろいろなことを考えたいが、子どもには余計なことは余り考えて欲しくないという人がいた。つまり、余計なことは考えないで、ひたすら受験に耐えうるだけの知識量を身につけて偏差値を上げて欲しいという親心が優先されるのであろう。

　冒頭に挙げたフランス映画のように、哲学的思考力が求められる教育環境は日本にはないので、もし、入試で知識の量ではなく、

---

[8]　P4C　Philosophy for Children（注 4 と本書「はじめに」を参照のこと）
[9]　1992 年にフランス・パリのカフェで哲学者マルク・ソーテが一般市民を対象に開いた対話の場で、その後世界中に広がっていった。（序章も参照のこと。）日本ではカフェフィロが社会で生きる哲学を目指して街中での対話実践を行っている。筆者は、カフェフィロのメンバーとして、2005 年から神戸で「神戸哲学カフェ」を開いている。

思考力や知識の活用力が求められるのであれば、もっとじっくり時間をかけて「考える場」をカリキュラムに導入していくことが必要である。たとえば、「臨床哲学」の授業を、選択授業ではなく、3年間を通した必須授業として行うか、クロスカリキュラム[10]として他の教科との合同で授業をするなど、考えるひとを育てるには、学校全体のシステムとして取り組む必要があると考える。

4.2.　セーフな場を担保できるか

　しかし、教室では、「臨床哲学」の授業のようなわけにはいかない。なぜなら、たとえば、数学を教えていて、1＋1はなぜ2なのかを考えるのは十分哲学的な問題であるが、教室でそう問われ、そのことを議論していたら、指導要領に記載された内容をこなせない。それについて考えたければ、大学で哲学か数学をやって考えろということになるだろう。

　幼少期に兄が、誕生会のケーキ2つを8つに切りわけるように祖母に言いつけられ、1つのケーキを4つに分けたところまではよいが、ケーキが2つだから、1＋1は8になるねと祖母に言ったら、つべこべ屁理屈を言わず、早くケーキを切りなさいと叱られたことがある。そのことで兄はいたく傷ついたそうである。

　これは実は、もうひとつの課題、セーフな場（安心して議論できる場）を教室で担保できるか、ということとも関係がある。生徒があることに疑問をもち、問いを発した場合、生徒たちにとっ

---

10)　兵庫県立須磨友が丘高校で3年生を対象に行う授業。複数の教科の知識を利用して複眼的にアプローチして解決を図るような課題やテーマを生徒に提示し、個人で思考することにとどまらず、複数の他者とグループで協働することを通してその解決にあたり、最終的に辿り着いた「こたえ」を他者と共有するような課題解決型学問横断的活動研究。

て「何を言ってもよいと思える場」であることが必要であろう。しかしながら、通常の授業では教師に強い権威が与えられ、生徒たちが自由に考え、発言することが制限されるなら、その場は生徒たちにとって安心して発言することのできるセーフな場とは言えないだろう。教師側からすれば、そもそも授業とはそのような場ではないと言うことである。しかし、少なくとも「臨床哲学」の授業では他者を誹謗中傷しない限り自分の考えを自由に言えるセーフな場であるが、一旦この授業の外に出ると、学校は必ずしもセーフとはいえないことが多い。おそらく通常の教室では、生徒の「なぜ」に答える必要も余裕もないからである。

成績

　通常は正解（1 + 1 = 2）があって、あっていれば○、まちがっていれば×で点数をつけて、それが客観的評価となり、多分そうしたことはこれまで〈当たり前〉でみんなが納得してきたことなのだと思うが、実は1 + 1 = 2と素直に受け取れないのが、哲学なのである。しかし、それは世間では通用しない。成績をつける（評価する、点数をつける）ことが、毎年悩みの種だが、学校の決まり（約束ごと）だから、点数をつけることはいたしかたのないことだと思っている。

　以上から成績は（1）出席点（2）平常点（3）試験（論述）を、100点満点に換算して素点をつけている。（1）は、全員落第点がつかないように、（2）は、平常のワークやレポートなど、（3）は、学期末試験として行う試験、多くは論述試験や自己評価点で成績をつけている。

　あるとき生徒たちに聞いてみると、教師の主観で評価されるよ

り、点数で評価される方が客観的で納得がいくという答えが返っ
てきた。数字に対する普遍信仰は根強いようだ。

おわりに

　総合学科の準備期間に中学3年生を対象に体験学習を行うこと
になり、私も『プーの哲学』Pooh and the Philosophers[11] を使っ
て体験学習を行った。タイトルに「プー」を入れたのは、中学生
の関心を引くためもあるが、ハチミツを求めるプーの姿が、真理
を探求する「テツガクするひと」の姿に似ていたからだ。真理が
存在するか否かはまた別の話、それこそ哲学的問いではあるが、
少なくとも私にとっては、プーの姿は、「なぜ我々はテツガクする
のか」を考えさせられるものであった。それは私にとって今も究
極的な問いである。

　テツガクすることは、「なぜ？」と問うが、こたえを他者に求め
るのではなく、自分で考えること、正解のない問いに自分のこた
えを探求することである。ものごとは、不確実なものである。こ
たえがないと人は不安である。だからすぐ正解を求める。そうし
た不確実性に耐性（免疫）をつけること、それがテツガクするた
めには必要なことではないだろうか。

　不確実なことだらけの社会に出て、「臨床哲学」の受講生はどの
ように「不確実な現実」と向き合っていくだろうか。最初は授業
に戸惑っていた生徒たちも、徐々になれてくると「今日は何する
の？」と聞いてくるようになる。それに対して私も「何をしよう

11）　ジョン・T・ウィリアムズ『クマのプーさんの哲学』河出書房新社、1996年。

か？」と聞く。生徒もみずから「場」を創ろうとしていることを
実感する瞬間である。また、教師もニックネームを使うことで、
自然と対話の場に入っていけるようになる。

　須磨友が丘高校での「臨床哲学」の授業は、現場での実践に重
きを置くもので、テツガクの授業を学（理論）としてうち立てる
ことを目的として行なってはいない。社会に出る手前の、まだ若
竹のような柔軟な時期に、高校生たちが自分で考え、正解のない
問いに自分の「こたえ」を出すために、ただひたすら考える、そ
のような場を共に創ること、そこに私にとっての高校で「臨床哲
学」の授業を行うことの意義がある。

放課後のきらめき──都立高校での哲学対話

堀越　耀介

　東京都立大山高等学校にて、放課後に哲学対話をする試みが始まったのは、2016年9月のこと。今では、「大山しゃべり場♪」というなんともポップな名前をつけていただいている。

　ほぼ隔週の頻度で実施してきた哲学対話は、取り組みとしてはもう5年目にさしかかるだろうか。放課後に隔週開催という頻度とはいえ、私自身も3年間継続的に参加したような生徒を送り出す側になり、彼らの変容を肌で感じられるのは感慨深い。

　ここでは、哲学対話に興味をもった生徒が集まり、問い出しの時間を含め1時間半程の対話を行うのが常になっている。参加者は多い時には20名を超えるものの、少ないときはゼロ。あくまで任意参加の活動だからである。そんなとき、進行役の私はいささか力なくふらふらと教室を歩いて、開催時間を過ぎて誰も来なければ、そのまま帰宅…ということも。

　それでも、私がこの取り組みを続けられているのには理由がある。勉強すること（させること）が主な役割である学校という空間で、大山の生徒がそれをよくもわるくも支配的な価値基準としていないこと、問いのユニークさを含め、自由な感性でいきいきと考え、語ること。これにつきる。

　これまで考えた問いも実にユニークで多様だ。「なぜ校則があるのか」、「どうして勉強するのか」、「将来自分に必要のない教科を

学ぶ必要はあるか」、「不良って何（誰）のことなのか」、「友人は
必要か」、「頭がいいとはどういうことか」といった学校関連の問
いも多い。とはいえ、近年では「常識って何か」、「人間とは何か」、
「神様はいるか」といった、あえて言えば「かため」の問いも少な
くない。うってかわって「逃げることは恥ずかしいことか」、「愛
と恋はどう違うのか」、「なぜ浮気はいけないのか」、「かわいいと
きれいの違いとは」、「スカートが短い方がかわいいっていうけど、
それって本当か」、「ドラえもんはのび太の成長の為になっている
か」、「ドラえもんの主人公は誰か」といったポップな問いを考え
ることもしばしばだ。

　「哲学は驚きに始まる」といわれることもあるが、ここではちょっ
と事情が違うかもしれない。もちろん、問いはどれも生徒の中か
ら自発的に出されたものである。だが、それはむしろ切実で、彼
らの実存に実直な、時には「怒り」や「悲しみ」というべきもの
から生じていることがある。

　問いの背景には、生徒それぞれに固有の経験が時にひっそりと
影を落とす。その「影」は、たしかに「暗い」ときもあり、社会
や学校に対する独特の諦念、学びに対するシニシズムが垣間見え
る。この高校では、勉強がそれほど得意でなく、学校というシス
テムからさまざまな仕方で疎外されてきた経験を持つ生徒が少な
くないことも、その要因の一つだ。

　だが、彼らと哲学対話を繰り返すなかで、その「影」をむしろ
動力にして、精一杯、自らの経験を言葉にしようとする彼らのき
らめきが色鮮やかに見て取れることがある。この「閃光」とでも
いうべきものが、私を大山高校にとどまらせている。

　この活動を、あくまで放課後に任意参加で行ってきたことにも
意味がある。放課後は、実に不思議な時間だ。それは学校を構成

する一部分でありながら、普通そこで大きな位置を占める、試験やテストといった評価、あるいは感想表やレポートなどの、「学校的なものの退屈さ・窮屈さ」から解放されている。

　哲学対話も、学校や社会的な尺度から私たちを解放する。勉強や学校文化的なコンテキストでは自信が持てない生徒でも、端的に「考えられる（考えられた）」という経験それ自体に、ある種の肯定感を見いだすことがある。単一の（時に恣意的な）「学力」によって測られるのではなく、「共に考えられた」という経験。その一点で、他校の生徒や見知らぬ大人とも交流し、連帯することができるのが、ここでの哲学対話の一側面でもある。

　とはいえ、ことはそう簡単でもない。いかに放課後という解放された時空間が学校と日常との「狭間」であったとしても、あるいはそれが、私たちに学校にいるということを「中断させる場」であると言ってみたとしても、学校を完全に「学校でない場」にすることはできない。放課後という時間は、学校に「学校であること」をやめさせることはできないのだ。

　その意味で、そこが学校というきわめて特殊な「磁場」の支配する空間であり、誰であれ例外なく、その作用から逃れることはできない。それでも、学校、特に放課後という、学校と日常との「狭間」で哲学対話をすることが、学校という制度、構造、システムのもつ独特の狭苦しさに少しずつ風穴をあけていく。

　私にとって大山高校での放課後哲学対話は、教育や学校という「巨大な怪物」の手綱を握りなおすための小さくも大切な活動の一つに、今ではなっている。

第5章 専門教育でも、教養教育でも、課外活動でも
──大学での哲学対話

寺田　俊郎

はじめに

　筆者は大学の授業でも哲学対話を活用している。教養教育（一般教育、全学共通教育）としての哲学や倫理学の授業、および哲学の専門教育の授業である。科目の性格や授業の規模などに応じて実施方法に工夫を加えなければならないが、基本的にこどもの哲学と同じ理念、同じ手法を用いているつもりである。

　また、授業以外にも学内の課外活動で哲学対話を実施してきた。キャンパスの哲学カフェのようなものである。課外活動なので教育を直接の目的とするものではないが、教育に関連するところがいくつかあるので、それも併せて紹介し、考察したい。

1.　教養教育での哲学対話

　そもそも大学で教養教育として哲学や倫理学の科目を提供することの意義は何だろうか。歴史上の著名な哲学者やその教説に関する知識を与えることが、まず考えられる。そのような哲学に関する歴史的知識をもっていることは、学生がこれから文学、歴史、社会、教育、法、政治などの分野の文献を読みこなしていく際に、

おおいに役に立つ。いや、アリストテレス、デカルト、カントなどの名前も教説も知らずに、それらの分野の文献を読みこなすことは、ときに非常に困難だろう。

　しかし、哲学者やその業績に関する知識を与えることのみが哲学や倫理学の教育の意義だとは、到底考えられない。哲学者たちが考えてきた問いを、自分で、自分なりに考えてみること、そのことにも意義がある。その理由の一つは、哲学的な問いを自分で、自分なりに考えてみるという経験なくして、過去の哲学者たちの教説を理解することは、ほんとうはできない、というところにある。そもそも哲学や倫理学に関する歴史的知識が意味のあるものになるためには、哲学的な問いを自ら考えることが必要なのである。

　しかし、さらに大きなもう一つの理由がある。人間と人間を取り巻く世界をめぐる根本的な問いを根本的に考えようとする哲学的思考は、学生たちが自らの専門分野を学ぶことによって身につけた知識を、自らの人生や社会に結びつけ、生きた知識とするために欠かせないものだ、ということである。哲学の知識を知識として役立てることができるのは、先に挙げた人文・社会系の分野の学生だけだろうが、考えることとしての哲学は、あらゆる分野の学生の「役に立つ」のだ。哲学的な問いを自分で考えてみることこそが、実はもっとも「役に立つ」ことなのである。

　そして、教養教育の最終目的が、学生が各自の専門分野の知識を自らの人生と社会の中で生きた知識にすることを促すことにあるとすれば、考えることとしての哲学の教育こそ究極の教養教育である。そして、それにもっとも適した手法は、哲学対話である。

明治学院大学の全学共通科目「教養原論」

　以上のような基本的な考え方に基づいて、大学の教養教育で哲学対話を活用してきた。最初の試みは、2001 年に赴任したばかりの明治学院大学で、1 年生向けの教養教育科目「教養原論」の中で実施した、ソラクティク・ダイアローグである。1 学期に 90 分の授業が 15 回あるが、そのうち 1 回を導入、2 回を振り返りの時間とし、残りの 12 回を半分に割って、1 セット 6 回（9 時間）のダイアローグを 2 セット実施した。

　大学の授業でソクラティク・ダイアローグを活用するには、いろいろな工夫がいる。まず、人数の問題がある。年度によっては受講生が最適の 12 人ほどに落ち着くこともあるが、抽選で絞っても 30 人に達することがある。30 人であれば、二つのグループに分けて実施するしかない。そうすると、進行役が筆者しかいないので、一つのグループが対話している間に、もう一つのグループを対話の観察に当たらせる、いわゆる金魚鉢方式をとるか、一つのグループは自分たちで進行するか、そのいずれかしかない。

　初年度は 30 人に達したので二つのグループに分け、金魚鉢方式をとった。すると、観察するグループの学生が手持無沙汰そうにしていて、内職を始める学生もいた。対話を観察させるときは、観察のポイントを明確に示し、あとで報告書を書かせるなどの工夫をしないと、時間の無駄になりがちであることがわかった。

　2 年目は 12 人に収まったので、そのまま実施した。3 年目はふたたび 30 人に達したので、二つのグループをつくり、筆者が交互に進行役を務めることにし、進行役が不在の時はグループに進め方の指示を出すことにした。このやり方の方が結果的にはうまくいった。4 年目、5 年目とも 12 人に収まった。

　もう一つの問題は時間である。ソクラティク・ダイアローグは、

一定の時間を確保したうえで集中的に対話するところに第一の特徴があるが、大学の授業の場合一時限 90 分前後という枠がある。対話を記録した模造紙があるので、それを見ながら前回の対話の内容を振り返ることは容易にできるが、やはり時間がかかるし、前回の内容を正確に思い出せるとも限らない。対話の雰囲気も途切れてしまう。

　また、ソクラティク・ダイアローグの厳格なルールを学生に理解させるのに苦労したこともある。たとえば、一つの問いについて一つの経験例を選ぶことになっているが、なぜ二つ、三つではいけないのか、という疑義が出る。あるいは、自分が現に経験したことで、いつ、どこで、どのように生じたのかを説明できる例を挙げることになっているが、なぜ一般的な例ではいけないのか。そして、学期の終わりに課したレポートを見て、がっかりしたことがある。

　ソクラティク・ダイアローグでは、選ばれた例の中に、当該の問いに関する「正しい判断（妥当な判断）」（「人を理解するとはどういうことか」という問いであれば、「このときわたしは確かに彼を理解した」という判断）を同定し、その正しい判断の根拠を遡っていく（遡及的抽象）のだが、その判断の正しさ（妥当性）を検討すること自体を、判断した人の能力を評価することと見なして、「他人が下した判断が正しいかどうか詮索するのはどうかと思う」という感想を書いた学生がいたのだ。

　ようするに、ソクラティク・ダイアローグは大学の授業には向いていないのである。それで、筆者が海外での交換教授と在外研究を終えて帰ってきた 2008 年以降、ソクラティク・ダイアローグを活用することはしばらくなかった。では、5 年間実施したソクラティク・ダイアローグはまったくの失敗だったかと言えば、そ

うではない。

　まず、このような特異な進行をする授業は他にない。戸惑う学生も多いが、興味を惹かれる学生も多い。そして、意見を命題の形で書き留めながら対話を進めることの意義を、理解する学生も少なくない。一つの問いにたっぷりと時間をかけ、ゆっくりと進んでいく濃密な対話の時間を、心から楽しむようになる学生もいる。ソクラティク・ダイアローグを経験した学生の中から、他大学の哲学科に転入学した学生や、同大学の法学部で法哲学のゼミナールを選んで所属した学生も出たところをみると、哲学の面白さを体験することができたのではないか、とも思う。

　しかし、このように有効ではあるものの、ソクラティク・ダイアローグを大学の授業で活用するには、先述のような工夫と担当者の覚悟が要るのである。

上智大学の全学共通科目「哲学入門」

　筆者の現在の勤務先、上智大学では、全学共通科目「キリスト教人間学」の科目の一つ「哲学入門」を次の要領で実施した。「キリスト教人間学」は上智大学がカトリック・キリスト教の修道会であるイエズス会が設立母体の大学であることから設置されている基幹科目である。キリスト教という宗教、その教義、歴史、文化などに関する科目が中心であるが、それに限定せず、広く人間と世界について思索するための科目として、「哲学入門」の他にも、倫理学や古代、中世、近世の哲学に関する科目が設置されている。神学とともに哲学を大切にしてきたイエズス会らしい科目配置である。

　「哲学入門」の 2015 年のシラバスに授業の概要を次のように書

いた。

　哲学は今でこそ学術的な専門分野の一つだが、その語源であるギリシア語「フィロソフィア（知を愛すること）」を見ればわかるように、もともと真理を探究する人間の知的活動そのもののことをいう。哲学は一部の専門家にしか近づくことができない特殊な知識ではなく、知的能力を備えたすべての人に開かれた普遍的な活動なのだ。しかも、哲学の対象はわれわれ人間とわれわれを取り巻く世界のすべてである。つまり、知的能力をもったすべての人が哲学の主体になることができ、この世にあるすべてのものが哲学の客体になることがある。最近「学際的」とか「領域横断的」とかいう言葉が流行っているが、哲学は初めから学際的で領域横断的なのだ。

　この授業では、このような哲学の精神にのっとって、みんなで「哲学する」ことを試みたい。大学の授業だから専門知識もある程度学ぶことになるが、それが主眼ではない。みんなで哲学的に考え、真理を探究することを目指そう。そのためにまず必要なのは、問い（疑問）である。問いのないところに哲学はない。まずは、哲学の歴史のなかで繰り返し問われてきた典型的な問い、たとえば「真理とは何か」「善とは何か」「美とは何か」といった問いから始めよう。しかし、慣れてきたら、自分が考えてみたい問いをぜひ提案してほしい。

　さて、このような哲学と上智大学のアイデンティティ科目である「キリスト教人間学」は不可分の関係にある。どうして不可分なのか、それは授業を通して洞察してほしい。

　講義形式の授業だが、授業内対話、発表と討論を随時行い、できるだけたんなる講義ではなく演習の形式に近づけたい。リアクションペーパーも毎回提出してもらう。積極的に参加する意志のない学

生には、辛く苦しい授業になるだろう。

　最後の段落で、できるだけ対話形式の授業が好きな学生が選択するよう誘導しているのだが、全学の選択必修科目であるため、人数はどうしても定員いっぱいの 80 人近くになり、授業の形式としては講義形式とならざるをえない。それを対話形式に近づける工夫が、リアクションペーパー（授業内小レポート）であり、授業内グループ討論である。

　リアクションペーパーのいくつかを毎回授業冒頭で紹介し、担当者のコメントを加えることで、内容を共有し、担当者と受講生、そして受講生どうしの間に対話に準じるコミュニケーションが成り立つようにした。また、グループ討論の後で必ず全体討論の時間を設けて、教室全体の対話が少しでも成り立つようにした。ただし、教室全体での対話は、担当者を中心とした「扇型」のコミュニケーション以上のものには、なかなかなりにくい。それでも、出された意見を黒板に記録しつつ進んでいくと、思考が対話的に進んでいくことを経験できることも少なくない。

　また、授業 1 回分を教室外実習に充て、各自相手を見つけて哲学対話を実施し、その報告を書くことによって対話らしい対話の時間を確保する工夫もした。

　授業の目標と毎回の課題を以下のように提示した。

到達目標（授業の目標）

（1）日常のなかにある哲学的な問いに気づく。

（2）哲学的な問いを自分で考え、他の人々とともに考える技法と作法を身につける。

（3）哲学的な問いを真剣に考えてきた哲学者たちの問いの立て方と考え方を学ぶ。

（4）哲学とキリスト教人間学の本質的なつながりを洞察する。

授業時間外（予習・復習等）の学習

（1）毎回授業前に課題の問いが与えられる。その問いをめぐって思考し、自分の意見として発表できるように準備する。

（2）適宜授業前に読むべき文献・資料が指定される。それを読み、それにかんする自分の意見を発表できるように準備する。

（3）適宜授業後に読むべき文献・資料が指定される。それを読み、授業中に考えたテーマについて考えを深める。

　文献や資料を読んでそれを刺激として対話をすることもあったが、ほとんどの回は文献・資料を用いず、問いから入る素朴な形をとった。また、授業前・後に読むべき文献としては、哲学の問いに興味をもった学生がさらに考えることができるように、哲学の古典または哲学の概説書を紹介した。

　成績評価は以下の通り。

　授業参加（20.0％）／リアクションペーパー（20.0％）／春学期学期末試験（定期試験期間中）（60.0％）

　学期末試験は、授業中に考えた哲学的問いの中から二つを選んで、授業内対話を踏まえて各自の考えを書く、論述式の試験である。

　講義スケジュールは次の通り。

　1. この授業について、2. 哲学とは何か、哲学とキリスト教の関係(1)、3. 哲学とキリスト教の関係(2)、4. 正しい知識とは何か(1)、5. 正しい知識とは何か(2)、6. 善い行為とは何か(1)、7. 善い行為とは何か(2)、8. 美しいものとは何か(1)、9. 美しいものとは何か(2)、10. その他の哲学的問い(1)、11. そ

の他の哲学的問い(2)、12. その他の哲学的問い(3)、13. その他の哲学的問い(4)、14. その他の哲学的問い(5)、15. 授業中に指示する問いについて、授業外で哲学的対話を行い、それについてレポートを書く。

　第10回以降の「その他の哲学的問い」はもっぱら受講生から問いを出してもらうことを念頭に置いているが、第9回以前でも、受講生が哲学対話に慣れてきたら、当該テーマに関する問いを募ることもありうると想定していた。

　第1回は「自分が正しい知識だと思う知識の例を一つ挙げ、それが正しいとわかるのはなぜか、考える」という課題を出した。「水は100度で沸騰する」という科学的な知識のほか、「人を殺してはいけない」という道徳的な知識が例として多く出されたが、「わたしは〜だ」という自分に関する知識が例に出され、それが対話をいっそう興味深いものにした。例を出した本人は「〜」のところに自分の名前を入れていたのだが、そこに「わたし」を入れてみても面白そうだ、と提案してみたが、それは効を奏さなかった。

　正しさの基準として「多くの人が正しいと認めること」「観察や実験を通じて確かめられること」などの意見が出て、そこから、「多くの人が誤ったことを正しいと認めていることもある」「多くの人が正しいと認めると言っても、すべての人がすべての知識について観察や実験をして確かめることができないから、結局人から聞いたことしか知ることができない」など意見が出た。初回からたいへん面白い展開になった。

　そこまでの流れを踏まえて「正しい知識とは信頼できる人から聞いたもののことか」を問いとして投げかけた。「ただの伝聞ではやはり正しい知識とは言えず、誰かが観察や実験によって確かめ

る必要がある」「信頼できる人が間違っていたり悪意を持っていたりすることはありうるから、絶対に正しい知識などありえない」「結局知識とは人が信じているもののことにすぎない」などの意見をめぐって対話は進行した。最後に簡単に真理論のいくつかの考え方（一致説、整合説、合意説）を解説して終了した。

　第2回では「観察や実験によって確かめられない正しい知識はあるか」という問いが課題だった。前回出てきた「わたしは〜だ」はその一つだ、という意見はあったが、数学の知識がその一つだという意見はなかった。他の授業で合理論と経験論の解説をするときと同じ反応である。数学は観察や実験によって確かめられる知識だと考えている学生がほとんどである。それどころか、そもそも観察や実験によって確かめられない知識はないという、経験論原理主義者の学生も多い。そして、観察や実験によらない知識の例として頻繁に挙げられるのは本能である。この授業でもそういう展開になった。そこで本能は知識かどうかを考えてもよかったのだが、あまり面白い対話になりそうになかったので、その問いは取り上げなかった。後から思えば、考えてみてもよかった問いである。

　それ以後も毎回この調子で進めていった。第3回、第4回は「時代や文化が変わっても変わらない善悪の基準はあるか」「献血車の前をそそくさと通り過ぎるぼくは悪い人か」、第5回、第6回は「美醜は人それぞれか」「芸術作品の美しさと自然の美しさは同じ種類か」という問いから出発した。

　第7回からは、学生から出された問いのなかから担当者が選んだ問いを考えた。選ぶ基準は面白い対話になりそうかどうかである。本当は受講生に選んでもらった方がいいのだが、時間の制約のために「面白い対話になりそうかどうか」という基準で担当者

が選ぶことを告知して、そうすることにした。取り上げた問いは「宗教は必要か」「欲望のままに生きることは悪か」「地球にやさしい、とはどういうことか」「人生に意味はあるか」「愛とは何か」。

　中にはほとんど興味を示さず、対話にも参加せず、退屈そうに授業を眺めている受講生もいるが、多くの受講生は楽しそうに対話に参加し、リアクションペーパーに興味深い意見を熱心に書く。そうした学生の対話やリアクションペーパーに応答しながら、担当者も即興の思考の流れに沿って考える、実に楽しい授業である。

　さて、以上は講義科目全体に対話的な要素を導入した授業の例である。それ以外に、部分的に哲学対話を組み込む科目もある。たとえば、3・4年生向けの全学共通科目で輪講科目「ケアの臨床哲学」では、毎回異なった分野の教員（神学、哲学、心理、社会福祉、看護）からケアに関する講義を聴くのだが、学期の半ばに1回、学期末に1回、哲学対話の時間を設けている。グループ対話から全体対話へという流れは先述の授業と同じであるが、考える問いは初めから受講生に出してもらう。各講義を聴く中で出てくる問いを書き留めておいて、みんなで考えてみたい問いを探すように、という課題を学期の初めに出しておくのである。

2.　専門教育での哲学対話

　上智大学の哲学科では少人数の演習授業が多く設けられていて、それはすべてある意味では哲学対話の授業と言えるが、通常の演習授業と哲学対話とにはやはり違いがある。あるいは、哲学対話とよく似た哲学の演習授業との比較によって、哲学対話の特徴が際立つと言ってもいいかもしれない。

　哲学の演習授業では、哲学のテキストを読み、それをめぐって討論を行うか、学生の研究発表を聴き、それをめぐって討論を行うかのいずれかの形態をとるのがふつうである。口頭で意見を交わしながら考える、という点では哲学対話と同じだが、テキストを読む場合はその読みの妥当性が中心的な問題になり、発表を聴く場合はその内容の妥当性が中心的な問題になる。これらの妥当性は、文章能力を読解する能力はもちろんのこと、哲学用語や理論の知識、テキストの時代背景や成立事情に関する知識、外国語の知識、先行研究に関する知識にも依存する。最終的な正解はないとはいえ、討論の前提として踏まえておかなければならない事柄が多くある。

　哲学の専門教育である以上、そうあって然るべきである。しかし、それに終始することによって失われるものがある。一つは、多くの学生が前提となる能力や知識の欠如が露見することを恐れて、討論に参加するのをためらう、ということである。それで、せっかくの演習授業が、担当教員による独演会に終わるという残念なことにもなる。しかし、たとえ学生の参加が積極的で充実した討論が成り立ったとしても、あるいはそうだからこそ、失われるものがある。それは、哲学の問いを哲学の問いとして考える態度である。

　そのため、哲学科の演習授業では、あえて哲学対話の時間を設けることにしている。特に、1 年生向けの導入科目「哲学演習 I A」「哲学演習 I B」では、哲学対話の時間を多めにとるよう心掛けている。これらの科目では、1 年生を 20 数人のクラスに分け、どのクラスも「哲学演習 I A」ではプラトン『ソクラテスの弁明』とデカルト『方法序説』を、「哲学演習 I B」ではアウグスティヌス『告白』とカント『啓蒙とは何か』を共通の基本文献として読

み、あとはそれぞれのクラスで選んだ哲学の古典を読む。

　筆者が担当するクラスでは、初回の授業で導入の講義を行い、第 2 回の授業で哲学対話を実施する。考える問いは年度によってさまざまである。これまで「1 + 1 = 2 か」「善悪は人それぞれか」「正しい知識とは何か」「いま見ている世界は夢ではないと言えるか」などの問いである。この導入時の哲学対話には、話しやすい授業の雰囲気をつくる、という目的もある。そして、一つのテキストを読み終わるごとに、そのテキストに関連する問いを学生から募り、その中から一つを選んで哲学対話をする。

　哲学科の他の科目でも哲学対話を実施することは多いが、「哲学演習 I」ほど頻繁に実施することはない。一度だけ「倫理学研究演習」という 3・4 年生向け科目で、こどもの哲学とネオ・ソクラティク・ダイアローグの二つの哲学対話手法を実習してみたことがある。こどもの哲学では、一つの手法だけでなく、問いから始めるもっとも単純なもの、物語や絵本を刺激として用いるもの、オスカー・ブルニフィエの教材を用いるもの、などいくつかの手法を試してみた。受講生は 12、3 人で、規模としては最適だったが、対話というものの難しさが痛切に感じられる授業だった。たまたま集まった学生がそうだっただけかもしれず、安易な一般化は慎むべきだが、討論に慣れた哲学科の学生は実は哲学対話が苦手で、哲学科の学生にこそ哲学対話の経験が必要だ、とあらためて思った。

　哲学科の科目でもう一つ哲学対話の手法を取り入れている科目がある。「英語 I」である。哲学科では第一外国語と第二外国語の履修が卒業要件とされているが、1 年次に第一外国語をドイツ語、フランス語、英語の中から一つ選択することになっている。英語選択者の必修科目が「英語 I」である。ドイツ語、フランス語は

初修の学生が多く、哲学科といえども初級文法から始めるが、英語は中学・高等学校ですでに履修している学生ばかりなので、専門的なテキストを読むことになっている。

　数年前「英語 I」を担当することになり、いろいろ考えて *More Philosophy for Teens*[1] をテキストに選んだ。アメリカ合州国で出版されている高等学校向けの哲学の教科書で、姉妹編の *Philosophy for Teens* は日本語訳も出版されている[2]。いずれも、高校生向けに比較的易しい英語で書かれているものの、哲学の主要な問いを高校生が自分たちで考えることを促す工夫がなされると同時に、哲学史を学ぶことができるように構成されている。*More Philosophy for Teens* で扱われるのは、「私は誰?」「今の私は昔の私と同じ人か?」「私は自由か?」「世界に始まりはあるか?」「人生の意味は何か?」などの伝統的な哲学の問いである。章末に、読解の成果を試す問い、授業内討論のための問い、小論文を書くための問いのほかに、練習問題までついているのは、少々教科書臭すぎるが、「アクティヴィティ」まで備えているところがいかにも合州国の教科書らしくて面白い。「アクティヴィティ」とは体を動かしてする学習の提案で、たとえば、哲学の問いに関係する映画を見る、詩を書く、周りの人々にインタヴューする、などである。

　語学の時間なのでできるだけ英語で対話するよう促すが、英語の運用力がまだ不十分な学生が多いので、日本語で対話する時間も設けている。英語にせよ、日本語にせよ、場合によっては、「哲

1)　Sharon M. Kaye, Paul Thomson, *More Philosophy for Teens: Examining Reality and Knowledge*, Pruflock, 2007.

2)　Sharon M. Kaye, Paul Thompson, *Philosophy for Teens: Questioning Life's Big Deals*, Pruflock, 2006. 河野哲也(監訳)『中学生からの対話する哲学教室』河出書房新社、2012 年。

学演習 I」よりも哲学対話らしい哲学対話ができることもある。

3. 課外活動での哲学対話

　筆者は、大学の正規の授業のほかに、いわゆる課外活動でも哲学対話を実施している。上智大学の学内研究所であるグローバル・コンサーン研究所の学内行事として実施する「Sophia 哲学カフェ（ソフィア哲学カフェ＝上智の哲学カフェ）」と「シネマ哲学カフェ」である[3]。全学の学生と教職員だけでなく学外の市民にも開かれている。「Sophia 哲学カフェ」は学期に一度から二度、「シネマ哲学カフェ」は年度に一度、夕方の時間帯に実施する。

　グローバル・コンサーン研究所は、現代世界の正義にまつわるさまざまな問題を研究対象とするので、その行事の一つである「ソフィア哲学カフェ」でも、それに関連する問いが設定されることが多い。これまで考えてきたテーマは、憲法、自由、平等、差別、幸福、よく生きること、平和などである。時事的な問題に関連するものが多いが、時事的な問題そのものをめぐって対話するというよりは、やはり、そうした問題の根底に潜む哲学的な問いを考えるのが主眼である。その広報文を掲げておく。

　　SOPHIA 哲学カフェ OPEN！
　　哲学カフェには、哲学の専門知識は必要ありません。
　　参加者みんなで、聴いて話して考える、どなたにも参加いただけるシンプルな集まりです。

3）　2019 年度の広報：http://dept.sophia.ac.jp/is/igc/lecturessymposia.php?year=2019

　　わたしたちにとって、とても大切なことなのに、ふだんはあまり考
　　えないことを、ゆっくり、じっくり、くつろいで言葉を交わしながら
　　考えてみませんか。

　　今回のテーマは「平和」。
　　「平和」（"Peace"）って、どういうことだろう。

　　考えてもわからないかもしれない。
　　でも、考える前と後とでは、わたしたちは変わっているはず。

　また、「シネマ哲学カフェ」では映像作品を見て哲学対話をす
る。これまで「LISTEN リッスン」「ある精肉店のはなし」の二
作品を取り上げた。「リッスン」は聾者が奏でる音楽を、「ある精
肉店のはなし」はある被差別地域の精肉店を、それぞれ撮ったド
キュメンタリー作品である [4]。いずれも優れた映像作品であり、そ
の迫力に押されて感想を言い合うだけで終わりそうになりながら、
できるだけそこに浮かび上がってくる哲学的な問いを考えること
を目指した。

　グローバル・コンサーン研究所の他の行事は、現代世界のさま
ざまなアクチュアルな問題を取り上げ、そういった問題をめぐる
学生の知識と関心を高め、他人ごとではなくわがこととして考え、
向き合うことを促すことを目的としている。大学にそのような機
会が設けられていることはきわめて重要であり、いくら設けても
設けすぎることはないと思っている。だが、そういった機会が真
の意味で有意義になるには、その問題を掘り下げて自分で考える
ことが不可欠である。そのために、哲学対話のような行事が果た

---

4)　共同監督・撮影・制作：牧原依里・雫境（DAKEI）「LISTEN リッスン」、
　　監督：纐纈あや、プロデューサー：本橋成一「ある精肉店のはなし」。

す役割は小さくないと信じて、哲学対話を続行している。

　さて、このような形で現代世界のさまざまな問題を考える機会に哲学対話を組み込む試みは、前任校の明治学院大学で始めたものである。明治学院大学の学内研究所、国際平和研究所の行事として、2005 年に始めた。折しも高まった憲法改定をめぐる論議を前に、学内でもこの問題を考える試みとして「憲法カフェ」を開いたのだが、その後を引き継ぐ形で哲学対話の会「カフェ・デュ・プリム（Café du Prime 国際平和研究所（PRIME）のカフェ）」を始めたのである。

　毎週 1 回昼休みに集まり、憲法はもちろん、自由、民主主義、人権、科学技術、歴史…さまざまなことを考え続け、筆者が明治学院大学から上智大学に移った後も、学生主体の行事として現在まで続いている[5]。

　さて、上智大学にはもう一つの哲学対話の課外活動がある。哲学科学生の哲学対話研究会「ディアロゴス」である。「ディアロゴス」は英語の「ダイアローグ」の語源に当たるギリシア語で、「対話」という意味である。不定期に集まって、まずは哲学対話を楽しみ、会の終わりにその日の哲学対話を振り返る対話、いわゆるメタ・ダイアローグを行って、対話のあり方についても考える、というものである。

　それを繰り返している間に、哲学対話の進行役の技量を身に付ける学生もいる。そういった学生と一緒に、小学校や高等学校に出かけて行って児童たち、生徒たちと哲学対話をしたり、大学のオープン・キャンパスの体験授業で哲学対話を実施したりする。

　オープン・キャンパスの哲学対話の体験授業は、他の科目に負

---

[5]　明治学院大学国際平和研究所：http://www.meijigakuin.ac.jp/˜prime/?cat=5

けず劣らぬ人気で、通常 60 ～ 80 名の参加があるが、150 名の参加があった年もある。高校生たちは、いつも楽しそうに対話に参加し、中には初対面の人々とは思えないくらい活発な対話を繰り広げるグループもある。高校生と哲学の絶好の出会いの機会だと筆者は考えている。だが、2012 年にオープン・キャンパスで最初の哲学対話の授業を開催して数年の間は、「ディアロゴス」のメンバーの間に、哲学対話をそのままの形で実施することに、強い抵抗感があった。このことは特筆に値する。

　多くのメンバーが、哲学科の体験授業なのだから、哲学科の授業のあり方が体験できる形式にすべきであり、そのためには純然たる哲学対話よりも、哲学科の演習授業の形に近いものを提供すべきだ、と考えたのである。対話の必要性を否定する学生はいなかったし、なかには純然たる哲学対話を実施すべきだと主張した学生も少数ながらいたのだが、哲学対話だけでは哲学科の体験授業としてふさわしくない、と主張した学生が多数だったのである。もっともな主張である。

　そこで、最初の数年間は、哲学の古典テキストを読み、それをめぐって哲学対話をする、という形がとられた。選ばれたテキストはプラトンの『ゴルギアス』、デカルトの『方法序説』、J.S. ミルの『自由論』『功利主義論』、荘子の『知魚楽』など、さまざまであった。だが、興味深いことに、2017 年ごろからは、古典テキストにこだわらず、普段「ディアロゴス」で楽しんでいるような哲学対話、一つの問いから入る素朴な哲学対話の形が選ばれることが多くなった。その年度の学生の好みにもよるので、一概には言えないが、少なくとも「ディアロゴス」に集まる学生の間では、哲学の専門科目と哲学対話の間隙が小さくなっているように思う。いずれも同じ哲学なのだ、と。

4. あらためて大学での哲学教育の意義を考える

　大学の教養教育で哲学対話が大きな意義をもつことは、すでに明らかであると思うが、再度確認したい。哲学対話は、人文系、社会系の分野の学生だけでなく、あらゆる分野の学生の教養教育に貢献する。なぜなら、教養教育の最終目的は、それぞれの専門分野を学んだ学生が、その学びを自らの人生と社会の中で生かす術を見出すことにあるが、そのためには、人間と人間を取り巻く世界をめぐる根本的な問いを根本的に考えようとする哲学的思考が、最も適しているからである。

　昨今大学でも「アクティブラーニング」の重要性が叫ばれている。いろいろな手法が導入されているが、哲学対話は知的活動のもっとも基本的な形でありながら、いやそうであるからこそ広く柔軟な活用が可能な、究極のアクティブラーニングである。

　では、哲学の専門教育ではどうか。すでに示唆したように、哲学科の学生にも、哲学対話は必要であるように思われる。哲学科の学生は、哲学の歴史、哲学文献の読解、哲学的討論の教育を受ける。その根底に、自分の切実な問題を自分で考えること、人間と人間を取り巻く世界に見いだされる哲学的な問いを自分で考えること、それがなければ、哲学の歴史に関する知識も、哲学文献の読解力も、哲学的討論の技能も、本来の意味をなくしてしまう。哲学史の知識と哲学用語を駆使し、もっぱらそれに頼る討論は、専門家の間ではしばしば時間と労力の節約になる。しかし、そのなかで往々にして本来の哲学的思考が失われることがあるのだ。

　哲学科を志す高校生の多くは、「倫理」や「世界史」の授業で触れた偉大な哲学者たちの深遠で高邁な思想に興味をもち、それに魅かれて哲学科に入ってくる。何を隠そう、かつての筆者もそう

だった。そういった学生は、素朴な哲学的問いから始まる素朴な
哲学対話にはそれほどの魅力を感じないようにも思われる。その
ことを否定するつもりはない。哲学に入門する道は複数あってい
いと思う。

　しかし、そもそも偉大な哲学者たちの思想に興味をもつのは、
やはり生きる中で切実な問いに出会ったことがあるからであるは
ずだ。その問いは明確な形で意識されていないかもしれない。し
かし、その問いに対する答えが見つかる予感がするから、過去の
偉大な哲学者の思想に魅かれるのだ。その切実な問いを明確にし、
大切にするためにも、哲学対話は必要なのである。

第6章 看護教育における哲学カフェとソクラティク・ダイアローグの試み

渡邊 美千代

はじめに

　看護実践には、臨床における倫理的な洞察力が必要とされている。医療チームとして、専門職者間において尊重し合いながら患者への配慮が求められていると同時に「患者が望む看護実践とは何か」が常に問われている。

　これまで看護教育において臨床的な対話実践の研究報告は、ほとんどない。今回、看護教育において「日常の問い」から臨床的な実践に「問い」を向ける対話、または書籍を読んで提示される「問い」を「答え」に導くよう対話の実践を重ねることには、どのような意義があり、そこに潜在化する対話の可能性、そして看護教育の対話を促進するものは何かを考察すると共に、看護教育における対話的教育を導入する倫理的プログラムの試みの課題と今後の可能性について考えたい。

1.　看護教育における創造的対話の試み
── 「問い」から「問い」へ──

対話を創造する過程
──対話ゲームとグループ・ディスカッションを取り入れて

　ナイチンゲールによると看護は、ひとつの芸術（アート）的な営みであり、看護の本質は、自然が患者に働きかけるのに最も良い状態に患者をおくことである。その芸術とは、病人を看護する芸術であり、芸術を本来の看護〔nursing proper〕[1]と呼んでいる。また、メイヤロフの言葉を借りるならば、患者にとって良い状態とは、「自己の生の意味を生きる」[2]ということになる。言い換えるならば、人々が生きていくことは、補完関係にある対象の成長をたすけていくことを通して自己の生の意味を発見することであり、そのことは、日常を紡ぎ、新たなる創造的自己の生を実感することにもなる。そして、自己の共同社会で誠実な援助を安心して待ち受けることは、安住して生きられる場にいられることである。また、「生きられる場」を問うことの中からケアの本質が見えてくるように思われる。

　これから述べる看護教育における対話の試みは、「ケア論」の講義の試みである。看護を芸術的な営みとし、「ケアとは何か」といった根本的な問いを向ける対話を試みた。日常的にケアを受けたと感じたときのことを振り返り、また、ケアすることをイメージしながら、「ケアの行為とは何か」、「ケアに何が必要か」、「ケアの成立過程には何があるのか」を問うことにした。「ケアに対する

---

1)　湯槇ます（監修）『ナイチンゲール著作集』第 2 巻、現代社、1974 年、125 頁。
2)　ミルトン・メイヤロフ（田村真・向野宣之訳）『ケアの本質』ゆみる出版、
　　2000 年、132 頁。

問い」を対話ゲームにて考察した後、グループに分かれて、再度、ケアについてグループ・ディスカッションすることにした。対話的実践による看護教育において「ケアするということの意味」、また「現場の倫理的実践」を伝える可能性を再考したい。

　はじめに「ケア論」の講義概要について記述した後、対話的実践教育の方法について述べる。

【ケア論講義要項】

科目概要

ケア論

人間存在の根源的なあり方とされるケアについての理解を深め、看護におけるケアリングの意味を洞察することによって、自らの看護者としてのケアリング的態度を涵養する。

目標：

1. ケアの概念を理解する

2. ケアに関する諸理論を学ぶ

3. 看護におけるケア概念の意味を理解する

4. 看護実践におけるケアリングの諸現象を理解する

5. 看護実践者としてケアリング的態度を修得する

対象学年：2学年、100名

授業時間数：30時間（15回）

【対話の実践方法】

　ケアの概念を深めるため、キャロル・レッパネン・モンゴメリーの『ケアリングの理論と実践——コミュニケーションによる癒し』[3]

3）　キャロル・レッパネン・モンゴメリー（神郡博・濱畑章子訳）『ケアリングの

から「ケアリングの概念：ケアリングの理論的根拠」、「ケアリングの理論：ケアリングはクライエントと共に展開する、ケアリングは状況に依存する──保健医療の環境」、「ケアリングの効果：ケアリングの情緒的危険性」を重視し講義を 20 時間した後、20 グループに分け、対話ゲームによる問い「人間はなぜケアを必要とするのか」を始めた。1 グループは、5 人～ 6 人である。3 人が、対話に直接かかわることになるが、他のグループメンバーの 2 人～ 3 人は、その対話の成り行きを見守ることになる。1 人、必ず 1 回以上、問う者（ソクラテス役）、答える者（若者役）、対話を聴く者（プラトン役）を体験することになる [4]。

対話ゲーム *

以下の 6 つの答えから選んで、問う者（ソクラテス役）、答える者（若者役）を演じる。

問い「人間はなぜケアを必要とするのか」

答え：①　成長するために必要である

　　　②　死に向かうのに必要なことである

　　　③　こころを癒すために必要なことである

　　　④　1 人では生きられず仲間を求めるから

　　　⑤　人生を楽しくするため

　　　⑥　苦労を負うことのないようにするため

理論と実践──コミュニケーションによる癒し』医学書院、1996 年（Carol Leppanen Montgomery, Healing Through Communication: The Practice of Caring Healing Through Communication, 1993）。

4)　紀平知樹、高橋綾（編）『臨床哲学のメチエ』Vol. 15 秋・冬号、2006 年、12-16 頁。

*　編者註「ソクラテスの対話ゲーム」の応用。第 4 章 119-120 頁参照。

　20 グループと多いため、対話ゲームの運営は学生に任せること
になった。教員の役割は対話ゲームの成り行きを見守り、対話ゲー
ム過程で困っているグループに声をかけながら対話の進行を促す
といったサポートに限定された。対話された内容は、2 人の対話
を聴く者（プラトン役）によって記録された。対話ゲームは、若
者役が答えられなくなり、ソクラテスの質問がなくなると終了。
「問い」を向けられながらも、「答え」に行き詰まり、短時間で対
話ゲームが終了するグループもあったが、対話ゲームに提示され
た「問い」の中から、さらに「問い」が導き出され、「問い」から
「問い」を繋ぐこととなった。その問いは、以下の 17 個である。

【ケア概念の問い】
① 　ケアは「日常におけるケア⊃医療におけるケア」か？
　　（医療におけるケアは、日常的なケアに含まれるのか？）
② 　ケアできること、ケアできないことに境界線はあるのか？
③ 　ケアは人間の本質か？
④ 　ケアとサービスとはどう違うか？

【他者関係性の問い】
① 　他人を 100％理解することは可能か？
② 　他者に入り込む体験は可能か？
③ 　全人的な対話関係はあるのか？
④ 　他人に迷惑かけたくないと考えることはケアか？
⑤ 　人間関係を築くことはケアか？
⑥ 　人間関係はケアがあるから成り立っているのか？
⑦ 　相手を理解することは自分を理解することになるのか？
⑧ 　人間関係はケアがあるから成り立つのか？

【ケア能力の問い】

① ケアすることは看護者だけの能力か？

② ケアは目に見えることか？

③ 自分を見失った時、ケアはできないのか？

④ 共感することは能力か？

⑤ 相手と全く一致した感情をもつことはできるのか？

【日常生活に関するケアの問い】

① 席をゆずることはケアか？

② トランスパーソナルは、日常的におこることか？

以上の問いから、グループ・ディスカッションによって掘り下げて話し合ってみたいと希望された問いは、以下の7つであった。

・ケアは「日常におけるケア⊃医療におけるケア」か？
　（医療におけるケアは、日常的なケアに含まれるのか？）

・人間関係を築くことはケアか？

・他人を100％理解できることは可能か？

・ケアすることは看護者だけの能力か？

・ケアは目に見えることか？

・共感することは、能力か？

・席をゆずることはケアか？

この中から①の問い「ケアは『日常におけるケア⊃医療におけるケア』か？」によるグループ・ディスカッションを紹介する。

【問い】ケアは「日常におけるケア⊃医療におけるケア」か？

学生は、日常におけるケアは、医療におけるケアを内包していることに気づいている。日常におけるケアからは、「親切、譲り合

い、思いやり、気遣い、世話をする」といった言葉が連想される。
医療におけるケアからも「気遣い、世話をする」といった言葉は、
同じように連想される。

　歴史的変遷を辿ると医療におけるケアは、医療が確立される以
前に、人は人をケアするという本来的な能力を備えもっているこ
とに由来することがわかる（日常的ケア能力）。人は、日常的に何
らかのケアを求めている人と接することによって、手を差し延べ
たいという気持ちになるのである。また、医療の専門性は、専門
的技術や知識によって対象のニーズにより幅広く、また深く応え
ることができると考える。したがって、ケアする動機、姿勢、具
体的な行為は、日常的なケアも医療におけるケアも同じ要素をもっ
ている。しかし、医療におけるケアは、専門的技術、知識を通し
て、人と深く関わることを必要とする。信頼関係を築くことによっ
て、医療者と患者は、病いと共に向き合える重要な土台となるこ
とを確認しあわなければならない。

対話から創造された「ケア」概念

　対話ゲームとグループ・ディスカッションの終了後、学生は次
のことを明確に示している。

　ケアは、ケアを受けるものにとって、ケアと思って受けること
もあれば、そう思っていなくとも受けるケアもある。ケアは、受
けるものにとって「おせっかい」や「過剰な保護」と受け取られ
ることもある。ケアすること、つまり気遣い、世話をする、支え
合う、癒すといったことは、相手を成長させ、それによって自分
自身も成長する。そしてケアは、相互的成長過程があることを発
見する。また、複数の相互的な関係が、ケアすることの意識的ま

た無意識的な他者との関わりによって創造されることを見出している。ケアしていることが意識的か無意識的かは別として、そこに存在するものに無関心では、ケアの本質に迫ることはあり得ない。そこに存在するものに関心をもつというケアの関係には人間を一個の生きものとして、生物学的な視点、人間の内部構造や機構、器官・細胞などから捉えることだけでなく、人間を一生、発達し続ける存在として関心をもつことでケアの意識は拡張することを見出していく過程が見られる。その過程では、人間が本来持っているケアの能力を目覚めさせ、他者を尊重しながら働きかける力をも生成させることができると考えられる。また、対話を聴く中で学生は、ケアをされた経験、ケアをした経験を通じて、道徳的な創造力も養っているようである。

　今回、初めて対話ゲームの後にグループ・ディスカッションを取り入れ「ケア論」の演習を行った。反省点のひとつは、教員1名ということもあり、対話を促すにあたっての助言や指導が十分ではなかったことである。実際、ゲームの進行中、ソクラテス役の「問い」に対し、プラトン役である学生は「答え」に困り、「何と答えたら良いかわからない」といった場面も見られた。しかし、対話を見守っている学生は、どのように答えるか困惑している学生に対し、思わず、補うような発言や助け舟を出すようなこともあった。このように、補足的な発言（助け舟発言）は、その場に居合わせた学生の「問い」を、共同で思考しようとする結果であろうと考える。対話ゲームのグループは、基本的には3名で構成するが、ソクラテス役、若者役、プラトン役の3名以外の学生の参与によって対話が促進されるという効果も見出される。そのことは、対話ゲームの主な参加者以外が、その場に居合わせることによって、「問い」を新たな「問い」に変換することや、5名から

6名のグループ編成では「答え」を創造的に転換する可能性が見られることによって示唆された。「問い」の変換や「答え」の創造的転換は、苦しみのある他者への想像力を養い、道徳的な創造力を刺激することになる。

　また、対話の途中に他の学生が発言することでゲームの方向性が変わることも予測される。対話の成り行きを見守っている学生にとっては、「私だったらこう答えるのに」といった思いを言葉にすることのできなかったもどかしさがあったようである。答える学生にとっては、見守っている学生のことが気になり、答えることに抵抗感をもった学生もいたようである。

2. 日常を紡ぐことの哲学的感受性
──教養ゼミナールの哲学カフェ報告

哲学的な感受性とは

　哲学的な感受性とは特別な感受性のことをいうのではないと考えている。感受性というからには、何か対象があって、そのものを感じることではあるが、敏感になり過ぎて、本当のことが見えなくなったり、わからなくなったりすることもある。哲学的感受性は、ほどほどの感受性であって良いはずである。しかし、誰もがほどほどの感受性を身につけるものでもないかもしれない。ほどほどの感受性に加え、ある特定の物事や現象にフィットする感受性をもち、そして、そのことに疑問や問いをもつことが、哲学的な感受性を身につけるプロセスの始まりなのかもしれない。

　ここでは、教養ゼミナールにおける「哲学カフェ」の試みに関する実践報告をもとに、看護教育における哲学的感受性について

考察する。

【教養ゼミナールによる対話型授業の試み】

　看護学生対象の哲学カフェは、教養科目である教養ゼミナールの一環として行った。「生活現象の中でのこころとケア」をテーマとして 1 年次の前期に看護学部生 8 名に対話中心型の授業を試みた。石田春男著「ふりの自己分析」（講談社現代新書）を購読し、その中の疑問点を身近な日常的な問題に置き換え、徹底的に議論するというスタイルである。90 分授業、15 回、その中間である 8 回目の授業に中岡成文先生（当時、大阪大学）に来学して頂き、哲学カフェを行った。教養ゼミナールの概要は以下の通りである。

（ⅰ）教養ゼミナールの概要（対話中心型の授業の試み）

テ　ー　マ：生活現象の中でのこころとケア

対　　　象：1 学年の看護学部生

学習方法：

① 生活体験から起こる我々のこころの動きに着目し、石田春男著「ふりの自己分析」（講談社現代新書）の担当項目を発表し、各自が課題設定する。

② 発表内容に基づいて対話を積み重ねながら、生活の場におけるこころのゆくえとケアについて対話する。

③ その日の発表内容から疑問や問いを出し、さらに対話を重ねる。

④ ①〜③の対話を活かし、これまでの日常生活における疑問、問いをテーマに哲学カフェを試みる（90 分）。

（ⅱ）ゼミの進行状況

　各自の発表から次のような疑問や問いが提示された。

　　・看護者はふりなしに患者に接することができるか

・患者はふりをしないでケアを受けることができるか

・学校の自分、家にいる自分、ふりのない自分はあるのか

・日常的なふりは、性、国、民族によって異なるのか

・本当の自分＝今の自分なのか

・良い子のまま大人になった人は、そこから脱皮できるのか

・良い子としての自分を放棄するってどういうことか

・時代に伴うふりはあるのか

・自己の死はしめくくりとしてのふりだろうか

などのいくつかの「問い」が出され、対話を実施した。

　そのひとつである「自己の死」の問いでは、「死は私の外にあるのか、私の内にあるものか」といったことが対話の中心となった。私の死は、自分しか体験できないことから外側にあるのでなく内側にあるはずである。また、生が死の意味を強調し、また死が生の意味を強調することを考えると死は、内側にも外側にもあり、また内と外の間にもあるのだとも考えられる。こういった対話から「安楽死」を考えるにも自分がどうしたいかを決定するまでのプロセスを自分だけで考えるのでなく、自分の外に在る人と一緒に考えながら決めていきたいといった結論に達した。「生と死」は、私のものであって、他者のものでもあるということである。

（ⅲ）看護学生の哲学カフェ

　その後、学生に哲学カフェのテーマを募り「**人はなぜあいまいな表現をするのか**」が選択された。

　このテーマを提示した学生は、日ごろ、友人や学友との関係性の中で「あいまいな表現」をして、その場を逃れている自分自身をもどかしく感じ、その中から出された問いであった。学生の間では、「微妙だね」「……ぽい」といった言葉を日常的に使う。しかし、あ

　いまいな表現をとることが、中立的な立場を保つ為の「ふり」のひ
とつであることを導いていく。また、良い人間関係を保つための自
己防衛でもあり、あいまいな表現を使い、自分の言葉に責任をもつ
ことを避け、「たぶん……」「……のような気がする」といった言葉
を日常的に使っていることに学生は気づく。その人を傷つけたくな
い、その人からの信頼を失いたくないといった思いがある。つまり
人間関係を良好に保つため、うまくいかない関係を逃れるためにも
「あいまいな表現」を使い、それで友人関係を保っているのではない
かといった対話が続けられた。学生は、日常的に自分と学友、友人
との関係に問いが向けられる状況に直面している。

「あいまいな表現」を使うことのクライアント―ナースの関係性

　今回学生は、人との関係性の中で「あいまいな表現」を使うこ
とに問いを向け、日常的な体験から答えを導き出そうとした。日
常的に何気なく使っている言葉が、差し当たり、現実とぴったり
適合することなく自分を表現していることも多い。自らを表現す
るということは、「あいまいな表現」であっても、ひとつの意思を
表出することであり、自分自身が選択して、相手との在り方を決
めていることになる。

　クライアント―ナースの関係においても「あいまいな表現」を
使って会話することがある。あいまいな表現は、相手を傷つけた
くないといった意思の表れでもある。しかし、あいまいな表現を
使ったナースは、「もっと別の表現の仕方がなかっただろうか」「か
えって信頼を失ったのではないだろうか」と考えることもあるの
ではないだろうか。

　Kim（2003）は、『看護学における理論思考の本質』で、クラ

イアント－ナース現象のケア哲学的意味合いについて述べている。Kim は、意味合いで分類した場合のクライアント－ナース現象領域における現象例には、接触現象、コミュニケーション現象、相互作用 mutuality 現象がある。その中で最も重要なのは、ナースがクライアントと相互作用するときであると主張している。さらに、ナースとクライアントとのやりとりで最も重要なのは、人間の尊厳や自律性の倫理的価値観があらゆる看護行為を通じて守られ、患者の権利が擁護されることであり、看護学におけるケアの哲学の実行で最も重要なのは、ナースがクライアントと相互作用するときであると述べている[5]。「あいまいな表現」でクライアントに伝えようとするとき、たとえばクライアントに心配させないように「あいまいな表現」で言ったり、クライアントにとってあまり良くない出来事を「あいまいな表現」で伝えたりすることにジレンマを感じるのは、クライアント－ナース間で人間の尊厳や自律性の倫理的価値観に大きな影響を及ぼしているからである。ナースの「あいまいな表現」をクライアントは、気遣いとして受け入れることもある。その場合は、お互いの気遣いを分かち合うという共在の関係を相互が選択したといえるのかもしれない。クライアント－ナースの共存（presence）においては、あいまい（ambiguity）という漠然としたどっちつかずの表現、その場を逃げたような表現を使ったとしても「気遣い」を感じることで、クライアント－ナースの距離は開いていくものではないように思われる。

---

5)　Hesook Suzie Kim, The Nature of Theoretical Thinking in Nursing Second Edtion Springer publishing Company, 2003. 鶴重美（監訳）『看護学における理論思考の本質』日本看護協会出版会、2003 年、139 頁。「患者－看護師」は同書によりクライアント－ナースと記述。

臨床現場に哲学的感受性は必要か

　医療の現場の体験は、日々生活する日常性の体験とは異なる。言い換えるならば、医療という現場は、日常的でない非日常的な場であるといっていい。人は日常的な体験から離れることに不安を感じる。というのは、我々はいつも日常性から出発し、日常性に帰ることで、自らの存在的な価値を見出しているからである。つまり日常性は、我々のすべての基底である。日常の中で、感じること、そして思考を紡ぐことによって哲学的感受性が育まれている。哲学的感受性は、日常性から出発することが望ましく、過敏でないほどほどの感受性に、時として鋭敏な角度から見る視点が求められる。それは、ナースの側から捉える日常ではなく、他者であるクライエントの日常を捉えることの感受性を養うことにも通じることでもあるように思う。ほどほどの感受性に加えて求められる、ある特定の物事や現象にフィットする感受性とは、鋭敏な角度から見られる日常性への視線である。日常はいつも自分自身にまとわりついてくるものである、また日常にどっぷり浸ってしまう我々の身体がある。身体が日常に沈殿していくと同時に、日常に浸らずして生活できない身体がある。その身体によって日常生活体験が積み重ねられ、我々は価値づけされた行為への了解を日常に求めようとする。哲学カフェで提示される問いは、日常という私的であると同時に公的な場で自ら価値づけたことに対して了解を求めているのかもしれない。

リアリティ（reality）とアクチュアリティ（actuality）双方の共同思考

　哲学カフェは、日常の問いから出発し、自らの体験を言葉にし

て表現し、対話を重ねながら共同思考する場である。それは、物質的な身体のリアル（real）な体験とは異なった連続的で留まることのない生きている生命体としてのアクチュアル（actual）な体験を浮き彫りにすることでもある。リアリティ（reality）とアクチュアリティ（actuality）双方の共同思考を繰り返すことで、より普遍的な答えを見出すことが出来るのではないかと考える。リアリティからは、ほどほどの感受性が育まれ、ある特定の物事や現象にフィットする感受性は、アクチュアリティから芽吹いてくるのではないだろうか。

　誰もが、日常に疑問や問いを向けながら生活している。しかし、日常を生活する者のケアを志す看護学生にとって、自らの日常体験を他者が体験するとしたらどんなリアリティとアクチュアリティをもつ体験になるのかを言語で表現する機会は少ない。その過程を経験することによって哲学的な感受性を身につける機会となってほしい。看護学生には、その人がその人らしく生きられるように日常への視線を向けると同時に医療の生々しい現場に目を向けることが要求される。知識の詰め込みだけでなく、人の人生を大事にする日常性といった視点から哲学的感受性を身につけることが重要であると考える。

3.　ソクラティク・ダイアローグの試み

患者と看護者との差異連続経験からの問い

　臨床経験は、患者を理解しようとする看護者にとって、差異を連続的に体験する経験である。生きた言葉の交錯は、体験の差異を確認する了解過程であると同時に「問い」と「答え」を見出し

ながら、今導いた「答え」の差異を連続的に経験することになる。言い換えるならば、看護者は、患者の気持ちの変化と幾重にも共存する複雑な患者の思いを固定化して「答え」を導くことになる。看護者にとって、その体験は「ひっかかり」として記憶される。

　臨床経験の豊富な看護師は「ひっかかり」体験がいくつかあるという。その「ひっかかり」体験は、腑に落ちない、自らの記憶から消すことのできない臨床体験として抱え込まれることになる。すなわち、納得できていない体験として「もやもや感」とともに抱かれたままとなる。たとえば、ケアを終えた後に「ありがとう」の言葉を必ず伝える患者は、看護師にとって「良い患者さん」の印象を残すことになる。しかし、「良い患者さん」が、いきなり怒り出すという体験をすると、自分自身の何が悪かったのだろうと自らを責めることにつながる。また、看護師は、臨床現場において患者や家族に「あやまる」体験が多い。しかも、患者や家族に不本意に「あやまる」ことがあるという。つまり、とりあえず「あやまる」、納得いかないが「あやまる」といった看護師の体験である。このような体験も、「ひっかかり」体験として記憶に残るという。「なぜ、あやまらなければならなかったのか」といった疑問ばかりでなく「なぜ、素直にあやまれなかったのか」と自らの責任を追及することにもなる。「あやまる」ことで他者の気持ちの変化を期待し、関係性の回復を図り、これまでの気持ちを一致させることもある。

　臨床現場において看護師の「あやまる」体験は、後悔がつきまとう「ひっかかり」体験となっているようである。

臨床の「ひっかかり」体験とは何か

　ソクラティク・ダイアローグのメンバーは、臨床経験豊富な看護師6名で構成された。

　テーマ：臨床の「ひっかかり」体験
　事例：

① 死ぬまえに「頑張れない」から自宅に帰りたいと希望するが、検査データーの改善を見ることができず、自宅に帰ることなく、亡くなられた。

② 学生と訪問看護に行き、「気分が悪いから会いたくない」と言って断られた。

③ 患者が亡くなられた後に家族が元気なときの患者の写真を提示した。

④ 患者さんに病状を説明することなく、患者さんが亡くなった。

⑤ 意識障害患者の反応を充分に捉えることができないまま、援助していた。

⑥ 「良い人」の印象を持たれた患者さんが、急に怒りをぶつけるようになった。

　この6事例から事例⑥が、選択された。事例内容は以下の通りである。

事例⑥

　Cさんは、肺がんにて化学療法・放射線療法終了後に退院され、外来通院していた。数日後、呼吸困難症状から緊急入院となる。

　Cさんは、看護師の声かけや援助に快く応じ、協力的であり「ありがとう」の言葉を忘れることなく、病棟では「感じの良い患者」と評判であった。しかし、1週間経過した頃から「もう来ないでくれ」、「苦しい、何とかしてくれ」、「酸素吸入なんか取ってくれ」などと言

　うようになる。Cさんは、看護師を寄せつけなくなった。Cさんは、次第に状態が悪化し、緊急入院してから2週間後に亡くなった。
（＊プライバシー保護の為、事例内容は、変更して記述）

　この事例のように看護師の「ひっかかり」体験は、良い印象の患者さんから悪い患者の印象になった気がかりな事例であると同時に、記憶から消すことのできない違和感のある事例でもある。この事例のように「ひっかかり」体験は、患者の理解が十分でなかったという看護師の反省でなく、看護師が自らの戸惑いを言葉にするように導く。看護師の患者への気がかりは、患者と看護師の相互のずれを差違として置き去りにしていたことから解放され、気がかりから「問い」へと言語表現されることになる。事例⑥から、「看護師が良い患者の印象をもつこととは？」という「問い」を立て、対話することになった。

看護師が良い患者の印象をもつこととは？ ── 違和感からの解放
【問い】「看護師が良い患者の印象をもつこととは？」

　臨床現場実践における看護師の「ひっかかり」体験事例は、ある出来事に対し、自らの置かれた状態に居心地悪さを感じ、違和感として記憶されている臨床体験である。

　事例⑥から考察できるように、看護師が患者を良い人と感じているときは、患者から「ありがとう」の言葉かけがあり、治療や看護援助に協力的な印象があるときである。

　患者からの訴えがないときや患者から不満が表出されないときは、「理解している」と思っている。患者から何らのアクションがあってはじめて患者の内面に関心を向けることになる。看護師に

とって良い患者は、従順な人で、訴えの少ない人であり、問題を起こすことなく、看護師に手を煩わせることのない人である。反対に患者は、看護師に迷惑かけたくないと思い、頑張った姿を見せようとする。明らかに患者の看護師への気遣いと看護師の患者への思いにずれが生じている。患者は、看護師に良く思われたい。そして看護師は、訴えの少ない手のかからない患者であることに安堵感を得ていることに気づくプロセスがある。

　事例⑥において良い患者から困った患者に変化した理由として以下の三つが挙げられた。

　　①　患者が呼吸困難の為に苦しく辛い状態にあったこと。
　　②　患者は、看護師がベッドサイドに来たときは、必ず目を開き、「ありがとう」の言葉かけをする気遣いを見せていたが、急に乱暴な言葉使いになったこと。
　　③　患者が身体を起こすときに、看護師によって異なった体位変換をすることに不安を感じたのではないか。

　この対話によって、「良い患者」の印象から「手のかかる患者」に変化したプロセスが明らかにされるだけでなく、日常業務の中で看護師が患者をどのように捉えているかが浮き彫りにされた。つまり、事象に戻ることで、その場での思い込みを明らかにし、これまでの自らの行為に反省を促すことになった。対話の中から現象学的な視座を得ながら、これからの看護実践行為に変化を促すことになる。

　事例⑥の看護師の問いは、「看護師が良い患者の印象をもつこととは？」である。この問いは、対話で共同思考した看護師にとって、自らの体験と重ね合わせながら、問いを提示した看護師の事例を「問い」というフィルターを通して、斜めからであったり、

また逆からであったり、さまざまな角度から、客観的にその「問い」に触れる経験になる。自責の念にかられ、自分を責めているような場合には、その起きたことに対する文脈を捉え直すことによって、そこに織りなされたさまざまな人々の関わりが見えてくる。それは、患者や家族の思いであり、患者に関わる医療関係者の思いである。その思いから医療者間の連携の溝が見えてくる。そして、これまで置き去りにしていた課題解決の糸口が見つかる可能性をも含んでいる。「問い」は、これまでの抵抗感のあった臨床体験を言葉にして対話を交わすことにより、固定された感情を見直すことを可能にする。事例を提示した看護師の体験を通して、「問い」に触れること、他者の体験に関わること、そのこと自体によって、これまでの「ひっかかり」体験から解放され、「成長過程の体験」として導かれることになるのかもしれない。

　ソクラティク・ダイアローグのメンバー構成によって、臨床体験の語り難さがあり、言葉にして表現することのできないこともある。たとえば、臨床において、上司が、その場に同席している場合や責任を強く感じている事例においては、自らの経験を語ることに遠慮がちになることや、抵抗感によって言葉にならないこともある。対話における語り難さは、どのようなメンバー構成で行うことができるかによっても影響を受けることがわかる。

おわりに ── 看護教育における「対話」の可能性

　臨床現場での看護実践には、倫理的・臨床的な洞察力が深く関与している。

　哲学カフェにおける対話は、共同思考することによって、「問

い」に導かれながら、さらなる「問い」を生み出す。そこには、臨床的な言葉だけでなく、日常な言語に変換され、患者や家族とのあいだから紡ぎ出されたケアに必要な言語が生まれ、新たな共同体としての実践行為の構築を可能にするものと考える。

　ソクラティク・ダイアローグは、事例を紐解くことによって、臨床現場で何が起きるかを明らかにし、その場にある倫理的課題を明らかにすることができる。対話を重ねる中で、そこに居合わせた看護師は、再びその体験に向き合い、自らの行為をさまざまな角度から問い直すことができる。「ひっかかり」体験は、さまざまな感情が調和され、道徳的な行動の方向に導かれる端緒になると期待できる。

第 2 部

哲学対話の広がり

第7章 ビジネス・パーソンと哲学する
―― 企業での哲学対話

寺田　俊郎

1. 企業での哲学対話のはじまり

　企業での哲学対話が始まったのは、日本では他の種類の哲学対話に比べるとずいぶん遅く、比較的最近のことだが、欧米では他の種類の哲学対話と同じくらい早くから実施されている。

　筆者が知っている事例のうちもっとも印象的なのは、アムステルダムにある哲学対話会社「ニュー・トリヴィアム（The New Trivium ここでは英語名で記す[1]）」である。これは、ソクラティク・ダイアローグを哲学コンサルティングに応用して、学習する組織づくりに貢献することを業務とする会社で、3人の哲学プラクティショナーが共同経営している。筆者が2003年に調査に訪れたときには、共同経営者が7年に一度特別研究休暇（サバティカル）をとることができるくらい、繁盛していた。哲学対話を生業にしている人々がいること自体がすでに驚きだったが、その繁盛ぶりには二度驚かされたものだ。

　この会社の設立者、ヨース・ケッセルス（Jos Kessels）は、哲学の博士号をもつ人だが、1980年代にドイツの「ソクラテス哲学

---

1)　社名 The New Trivium は中世のヨーロッパの大学で主要教養科目だった「対話法 dialectica（または論理学 logica）」「文書法 grammatica」「修辞法 rhetorica」の三学科（trivium, trivia）に由来する。

協会」のソクラティク・ダイアローグの研修を受け、それをオランダに持ち帰り、オランダのソクラティク・ダイアローグの礎になった人だ。オランダの「ソクラテス的進行役連絡会」の会長を務めたこともある。多くの著作があり、『市場のソクラテス（*Socrates op de Markt*）』『自由空間（*Free Space*）』[2] などが代表作である。

　また、アメリカ合州国のアメリカ哲学プラクティス協会（American Philosophical Practice Association）も、企業をはじめとする組織向けの哲学対話（organizational consultation）を提供している。この協会は、哲学プラクティスの先駆者の1人として有名な、ニューヨーク市立大学のルー・マリノフ（Lou Marinoff）が設立したものである。

　今にして思えばただの思い込みだが、日本の企業には受け入れられそうもない、という消極的な憶測の方が先に立って、企業での哲学対話に取り組もうとは、筆者は端から思わなかった。臨床哲学研究室の周辺でも、企業での哲学対話の試みがまったくなかったわけではないが、哲学カフェやこどもの哲学のようには取り組む人が出てこなかった。

　また、企業での哲学対話に積極的になれなかったもう一つの理由は、哲学対話によって収入を得ることに対する抵抗感にもあったと思う。多くの人々がそのような抵抗感を表明していたが、筆者もそれを共有していた。この抵抗感の大部分は偏見に基づくものだが、まったく理由のないことではない。本来自由な空間でしか成立しない哲学対話が市場の圧力の中に置かれることによって歪むのではないか、という危惧である。この危惧は日本だけのも

---

2) Jos Kessels, *Socrates op de markt – Filosofie in bedrijf*, Boom, 1997; *Free Space, Boom*, 2006.

のではない。ヨーロッパでも、たとえばケッセルスは、ソクラテスではなくソフィストだ、という言い方で批判されることがあった。彼の著書『市場のソクラテス』の「市場」は、実は掛詞になっているのだが、そこには自分自身に対するそういった批判に対抗する意味も込められているように思われる。

　もっとも、企業の特に経営者や管理職向けの研修に哲学研究者が関わることは、早くからあった。よく知られているのは「日本アスペン研究所」[3] である。哲学に限らず広く内外の古典を読み、それをめぐって対話することを中心とする研修を提供しており、その進行役として哲学研究者が派遣されることもある。哲学対話とよく似た活動だが、本書で話題としている哲学対話の諸潮流とは理念も手法も異にする。

　2014 年になってようやく、コンサルティング会社であるフェリックス・パートナーズ社[4] が、哲学対話を中心に据えた企業研修のプログラムを構築することを思い立ち、筆者は立教大学教授の河野哲也さんとともに、その相談に乗ることになった。何人かの企業人を集めて実験的に哲学対話を実施し、その感触を確かめ、「実践！哲学対話」と銘打って研修プログラムを作成し始めた。

2. ビジネス・パーソン向けの「実践！哲学対話」

　2014 年 12 月に「実践！哲学講座」を主軸とする「リーダー養成講座」のトライアルを始めた。また、それとは別に、2015 年 2 月には、フェリックス・パートナーズ社の企業研修に「実践！哲

---

3)　https://www.aspeninstitute.jp/
4)　http://felix-partners.com/

学対話」を組み込むことを試みた。これは哲学対話を主軸とする研修ではなく、一連の研修の中の１コマとして哲学対話を組み込むものであり、対話コンポーネンツの一種である。また、同年６月には、日経グループ主催の人材関係イベント「ヒューマンキャピタル 2015」で講演「〈実践！哲学対話〉のすすめ」を行った。

　その講演の内容は以下のとおりである。個別の企業の研修で説明する際もほぼ同様の説明を行っている。

　まず、哲学対話一般の効用として次の４点を挙げた。

・自分で考える力（自律的思考力）

・他の人々と共に考える力（対話的＝コミュニケーション的思考力）

・臨機応変な判断力（実践的判断力）

・容易に答えの出ない問いを保持し、思考し続ける力（逞しい知力）

　次に企業での哲学対話の目標として２種類を挙げた。あくまで１番目の目標が主、２番目が従であるが、企業に受け入れられやすくするために、「実践！哲学対話」には２番目の目標を明示的に組み込んだのである。

企業向け哲学対話の意義（1）

・ビジネス・パーソンにこそ、哲学対話を薦めたい。←自律的思考力、対話的思考力、実践的判断力、逞しい知力はビジネスでこそ必要。

・ビジネスの世界は哲学的に考えることを必要とする問題に満ちている＝ビジネスは哲学的問いの宝庫。

・(問いの例)「企業の社会的存在意義は何か」「組織が成長するとはどういうことか」「よい意思決定とは何か」「人を動かすとはどういうことか」「責任をとるとはどういうことか」…。

企業向け哲学対話の意義（2）

・哲学的教養：欧米のビジネスリーダーは哲学を学んでいることが多い。←フランス・ドイツの大学入学資格試験、合州国のリベラル・アーツ教育。

・最近のビジネスリーダー向け哲学講座の流行（「アスペン研究所」など）。

・対話の後に哲学的な背景に関する簡単なレクチャーを行う。

このように、企業に受け入れてもらいやすくするためのいわば「おまけ」は付けたが、筆者にとっては、その理念も手法も他の種類の哲学対話と基本的に変わらない。それを講演では次のように説明した。

スピリット

・昔の哲学者たちの書いたことを学ぶのではなく、哲学的な問いを自分で考え、他の人々と共に考える。

・われわれ人間にとって大切なことをゆっくり、じっくり考えることによって、自己と自己をとりまく世界の意味を深く豊かにする。

・一つの答えは出なくても、自己と世界の見方を更新していく。

・新しい知識をたくさん獲得するのではなく、すでにもっている知（暗黙知）を掘り起こし、よりよく理解し、有意義にする。

手法

・輪になって座り、対話のルールを守って自由に、率直に話す。

・結論や解決を性急に求めない。

さて、「リーダー養成講座」は四つの大きなテーマを設定し、それぞれのテーマについて１日完結型の研修を実施する。参加者は

テーマを選んで参加することができる。各テーマの回を、ソクラテスの対話にちなんで「アゴラ」（ギリシア語で「広場」）と名づけた。

アゴラ A	アゴラ B	アゴラ C	アゴラ D
企業と社会 市場・競争とはなにか	個人と企業 働くということ	経営と意思決定 よい意思決定とは	人と組織のマネジメント 人を動かす
「市場」「競争」とは何かを出発点とし、「企業の役割」について考察する	自らの働き方・生き方に向き合いながら、個人と企業の関わりあいについて討議する	組織の成長のために必要な意思決定のあり方を討議する	どう人を動かし、組織を率いていくべきかについて討議する
【Key Words】 三つの公共圏：政治／経済／市民社会、市場原理：市場・自由・競争・ルールなど	【Key Words】 個人と会社の関係：資本家と労働者／経営者と従業員／管理者と被管理者など	【Key Words】 規定的判断力・反省的判断力、合理性と非合理性、イマジネーション（構想力）など	【Key Words】 人を動かすものとは（権力・権威、契約、信頼）、会社にはどんな「権力」があるのかなど
企業と倫理	幸福とは何か	責任とは	組織を成長させる
企業がかかわる社会問題について触れながら、倫理的な側面から事業活動について考察する	働くということを基点にして、自由や幸福、豊かさについて探究を深めていく	リーダーの意思決定に生じる「責任」について考察する	持続可能な組織をつくるために、いかに現状を打破し、成長し続ける組織を作っていくのかを探究する
【Key Words】 企業の責任とはグローバリゼーションの功罪など	【Key Words】 人間の生きる目的、個人の自由、幸福とは何か、物質的豊かさと精神的豊かさなど	【Key Words】 あなた−わたし関係のなかで生じる責任と義務、説明責任と応答責任、組織への責任など	【Key Words】 経営と労働者の協働を可能にするものは何か、自由との対比、学習する組織と持続的な成長など

　1 日のスケジュールは、10 時開始〜 17 時終了とし、4 時間を哲学対話に、1 時間をレクチャーに、1 時間をレポート作成、グルー

プ・フィードバック、全体討議、まとめなどに当てた。

　2015 年 9 月には第 1 回の「リーダー養成講座」を実施した。会場は東京都内の貸会場である。アゴラ A 〜 D を 2 セット用意して実施した。しかし、残念ながら、十分な集客をすることができず、「リーダー養成講座」は現在休止中である。プログラムを見直し、需要を開拓して再開する予定である。

　しかし、個別の企業の研修に組み込まれた「実践！哲学対話」は、引き続き実施している。次節では、その様子を紹介したい。

3.　企業研修に組み込まれた「実践！哲学対話」

　フェリックス・パートナーズ社の実施している研修のいくつかに「実践！哲学対話」が組み込まれているが、そのうち、先述の2015 年 2 月の哲学対話の様子を紹介したい。この研修は、企業の管理職を対象に、フィールドワークを中心に実施されるものである。厳しい経営環境の中、さまざまな戦略を講じて生き残り、地域の産業として貢献してきたある地方の中小企業（以下「M 工業」）でフィールドワークを行い、参加者のグループワークをもとに、経営改革案を提案し、その経営者からフィードバックをもらうという内容の研修である。その中で「組織の持続的な成長とは」という哲学対話を実施したのである。20 人ほどの参加があった。

　まず、哲学対話とはどのようなものかを話し、哲学対話の基本的な心得をとして、次の 3 点を提示した。普段哲学カフェで使っているものと同じである。

　　①人の話をよく聴くこと。「聴く」というところから、いい哲学的な

思考が始まる。

②自分の言葉で話す。私はどう考えるかが大事。評論家や経営者など他人の言葉をあまり使いすぎないこと。

③考えが変わるということを前提にして話す。考えが変わることを楽しんでほしい。それぞれいろいろな考えがあることを知り、自分の考えとほかの人の考え方の違いを吟味し、自分が考えていることの「前提」を吟味すること、それが哲学の面白さである。

そして、進行役の役割は、答えを示すことにあるのではなく、対話を促して参加者の対話が深まるようにすることにある、と強調した。

哲学対話に入る前に、ウォーミングアップとして、問答ゲームを実施した。対話の雰囲気をつくるのに有効だと考えて、企業で哲学対話をするときはいつも実施している。たとえば「一生食べていくに困らない財産が手に入ったら仕事をやめますか？」という問いに、「はい」「いいえ」で答え、その答えに対してさらに質問を重ねるというゲームである。

事前に、フィールドワークを通じて浮かび上がってきた問いを提出してもらっていた。その中から対話のための問いをいくつか選ぶと伝えてあった。次の 27 の問いが挙げられた。問いの形になっていないものもあるがそのまま掲載する。

1. 愛社精神を向上させるために社長は何をすればよいか？

2. 組織能力の向上とは？

3. 企業（M工業）にとってトップダウンとボトムアップのどちらが良いか？

4. 首都圏大企業と地域に貢献する中小企業において働くことの幸せとは？

5. 仕事のやりがいとは？

6. 「中小企業」というコトバ。

一見、単純な言葉で、定義云々に陥りがちそうなテーマですが、社会の中での役割、人間が営みをする上での存在意義などを考えると非常に深いテーマでもあるかと思いました。

7. 日本的経営について

今回経営改革案を策定するM工業は、大手ではなく、地域密着の中小企業ではあるが、多少なりとも影響はうけているはずであり今後のグローバル化、成長戦略を検討する中で知識として必要となると思われるため。

8. ES（従業員満足度）経営とは？

M工業の現場を見て、非常に厳しい環境で業務にあたっている印象を持ちました。その中で、せっかく育てた従業員を維持していくには、従業員が満足している状況を生み出さなくてはならないが、それは、

　　──労働環境の改善　（でも、会社にとって費用がかかる）

　　──処遇の改善　（でも、会社の経営に影響が出ることも）

　　──その他（福利厚生）の改善（やはり、費用）

　　──職場の雰囲気（風とおしのよい上下関係など→タダ）

　どれを、どうバランスを取って企業として成長していくべきなのか？

9. 企業における競争力とは何か？

10. 企業は何に対して投資を行うのがよいのか？

11. 目標に対し、どこで妥協するのか？

12. 人生の中で仕事とは何のために行うのか？

13. 自分がやると言うことと、やらせると言うことの意義の違いは？

14. 上司（社長）として部下（社員）に対する厳しさと優しさのバ

　　　　ランスは？

15.　仕事にやりがいを求めず生きるための糧と割り切るのは良いか？

16.　給料とやりがいのどちらを選ぶか？

17.　組織内での限界を感じた時、どう動くか？

18.　後悔しない組織人になるためには？

19.　経営者と従業員のしあわせは同じか？

20.　企業の規模拡大はどこまで追い求めるべきか？

21.　企業利益の適正な水準とは？

22.　中小企業におけるグローバル化の意味

23.　中小企業における安全について

24.　経営者の心の拠り所

25.　成長する組織のために自分が果たすべき役割は何なのか？

26.　成長する組織運営にあたって部下の「自由と規律」の範囲について、どこまで自由で、どこまで規律をもたせたらいいのか？

27.　イノベーションを生み出すために何が必要か？

　これらの問いを参加者全員と共有したうえで、次の三つを進行役が選んだ。ただし、問①に対話時間の大部分を費やし、問②、③については、意見交換をするにとどまった。

①　組織能力の向上とは？

②　人生の中で仕事とは何のために行うのか？

③　成長する組織運営にあたって部下の「自由と規律」の範囲について、どこまで自由で、どこまで規律をもたせたらいいのか？

　まず、「組織能力が向上する」ということについて、何がどうなったら組織能力が向上したことになるのか、について考えてみよう、と切り出した。それに対して、参加者から次の三つの論点

が挙げられた。いきなり「向上」に向かうのではなく、それを考える前提となる事柄に関する問いが出てきたのは、いい兆候である。

（1）組織能力はどうやったら測れるのだろうか（基準は何だろうか）。
（2）そもそも組織とは何だろうか。
（3）組織能力とは何を指すのか。

そこで、「組織とは何か」についてまずは考えてみることを提案した。それに対して、次のような意見が出された。

（1）1人では組織ではない。複数の人が分担をして役割を担っている状態である。
（2）目的があって、その目的が組織の人々に共有されていること。
（3）目的を果たすために、組織は形態を変えるものである。
　　①「長期的な組織」と「短期的な組織」がある。
　　「長期的な組織」：組織をよくしていこうという、組織のあり方そのものを考慮。
　　「短期的な組織」：プロジェクトのような目的を達成することによりこだわる。
　　②大きな組織の中に小さな組織をつくる

これらの意見に対して、「研修で集まったこのメンバーの集団は〈組織〉と言えるだろうか」「NPO・小規模企業・町内会・家族は〈組織〉なのか」「〈仲間〉と〈組織〉はどう違うのか」などの多様な観点からの問いが立てられ、それらをめぐって対話は進行した。哲学対話が初めての人々とは思えない進み方である。

　ここまでの対話の流れをまとめる形で、進行役が、では「組織に必要な要素は何だろうか」という問いを提示した。それに対し

て次のような答えが挙げられ、それをめぐって対話は進められた。

(1) 目的があること

(2) 役割分担をしていること

(3) (構成員が) 補完しあっていること

(4) 理念があること

(5) リーダーの存在があること

このうち、リーダーの存在について集中的に興味深い考察がなされた。

(1) (牡蠣加工の家族経営会社の事例から) 組織の規模が小さなうちはリーダーがいなくてもよいのではないか。

　①夫婦2人〜小規模の会社：リーダーがいなくてもボトムアップで回っていく

　②100人規模：トップダウンの指示が必要になる。

(2) しかし、加工・販売などの各場面で役割は生じるし、最終的な決断を下す人は規模が小さくても必要である。

(3) 組織が大きくなるにつれて、構成員の間で、責任や権限が生じてくる。

ここまでの対話を踏まえて、次のような組織の定義と付帯説明を共有した。

　組織とは、複数の人が、目的を共有して、役割分担をしている状態のこと。

　・組織の形態は、目的や規模によって変わる。

　・リーダーの存在や理念は付帯的なものである。

　このような定義を共有したところで、組織を「織物」のたとえ

を用いてイメージしてはどうか、という提案が参加者の1人からあった。その提案の趣旨は次のようなものだった。

・織物は縦糸と横糸、色々な糸が組み合わさり織り合わさって、最終的に反物ができる。それと組織は似ている。

・糸にはそれぞれ役割（縦・横・色）があって、それが一つでも欠けると完全にならない。

・部分は全体のためにある。様々な糸の一本一本が全体にとって大事である。

・バラバラではなく統一されている。多様なものの統一。その多様な部分が全体にとっては必要である。

　この提案は参加者の多くの思考を触発したようで、その比喩に沿って出発点となった問いをめぐる活発な考察が行われた。

（1）それぞれの糸は、単なる補完ではない。あなたがいないと組織が成り立たないという役割を与えなければいけないのかもしれない。

（2）「向上」とは、もっと綺麗なもの、柄の複雑なもの、さらに大きな布にするために、新しい能力（金糸・銀糸・機能）を持った人たちを入れていくということではないか。

（3）「向上」とは、全体ができるだけ美しくなるような構造にしていくことではないか。

　組織の向上に関する対話がひと段落した感があったこの時点で、「組織は存続（自己保存）を目的にしているのか」という問いが参加者から出され、考察は次のように展開していった。

（1）下位に位置する小さい組織や短期的な組織は変わっていくが、

　　　全体の組織は継続していく性質があるだろう。

（2）プロジェクトのように目的を達成すると解散するような短期的
　　　な組織では、自己保存は目的にしていないが、長期的な組織で
　　　は、その中で成長していくというのが結構重要になってくる。

（3）プロジェクトでも数年続くものもあり、その場合はメンバーの
　　　能力を最大限に発揮することが目標で教育も含めて成長の機会
　　　となる場合も多いのではないか。

（4）長期・短期で括るとグレーゾーンも多い。

　上の問いに関連する問いとして「組織は拡張を目的にする必要
はあるだろうか」という問いも立てられた。

（1）何を目的にしているかによるのではないか。

（2）企業での目的が拡張の方向（売上・利益の拡大）だから、必然
　　　的に拡張していく性質がある。

（3）ある程度まで成長すると、それ以上大きくならずにストップす
　　　ることが多い。

（4）拡張は形を大きくすることで、組織能力の向上とは別の側面で
　　　はないか。

（5）拡張もその組織の目的や形態によって変わる付帯的な条件であ
　　　る。

　組織の「存続」「拡張」という鍵概念が出てきたところで、ふた
たび「組織能力の向上とは何だろうか」という問いに帰ることを
進行役が提案した。

（1）構成している人の力がレベルアップしていく状態を指す。

（2）織物のイメージで、綺麗に整った織物では成長できないように
　　　思う。窮屈である。織物の比喩そのものに疑問がある。

（3）必ずしも均等に編まれる必要はなく、むしろ、一つずつが個性的だったり、抽象的だったりする方が向上するし発展性があるかもしれない。

（4）オンリーワンの糸だと、それがなくなったら組織として継続していかないのではないか。一つなくなっても、それでもしっかりと何かでつながっているという方が、組織として向上するのではないか。

（5）役割があって、補完しあいながら、その中で秀でたものを伸ばしていくのが向上である。

（6）1人が「これはいやだよ」と言いだしたら、上手くいかない。統制がされていて、その都度組織がどのようにして何を作るのかを決めることが必要。

（7）テニスラケットのガットは、一本でも切れるとボールを打てない。縦横がみんな揃っていないと組織が成立しない。

以上のような意見をめぐる対話から、組織能力の向上とは　①「個々の力の発揮」（個性の尊重）と②「全体の方向をまとめる力」の二つの要素を高めて全体の能力を上げることだ、という意見が出され、多くの参加者がこれに賛成した。織物の比喩に疑義も出されたが、多様な個の統一からなる全体という意味では、織物の比喩は有効だという前提で対話は続行した。非常に整然とした対話の展開だったと言える。

　では、組織能力の向上のために「組織をまとめていく（有機的につなげていく）」ものは何か。

（1）繋ぐのは、ビジョンや理念、コンセプトである。

（2）目的を共有し、目的でつながること。

（3）リーダーの存在（リーダーの力量以上に組織はよくならない）。

組織の定義においては、「リーダーの存在は、付帯的なものであると」いう前提があったが、どうか、という進行役の問いかけに対して、「組織力を向上していく」段階になると、まとまりをつくるための何かが必要となり、それが、目的・ビジョン・リーダーとい三つの要素であるという答えがあり、次のように考察は展開した。

（1）個が集まってくるだけではだめで、取りまとめる人（リーダー）がいて、目的を決める、あるいは目的が変わった場合などの方向付けが必要。

（2）目的を明確にもって、その目的のためにまとめる力が必要である。そのまとめる力が向上するということが組織能力の向上である。

（3）方向性や指針が必要である。

（4）向上は具体的な指針を実現する真の力を伸ばすというイメージ。

（5）個々の力をいかにマネージしていくのかが大切。

（6）異質なものが触れたり近づいたりした時に、全然違うものを生み出すには、協力して力を上げることが大事。それをマネージャーがきちんとやっていくことが必要。

（7）組織には全体としての目的はあるけれども、リーダーがいかに組織の構成員をそっちの方に仕向けさせるか。10％しかそっちの方に向いていないのであれば、残りの90％の1割でも2割でもこっち側に持ってきて企業目的に沿わせるリーダーシップ。そういうリーダーたちが集まって全体として向上していくことが、組織能力の向上を意味するのかもしれない。

以上の考察を踏まえて、組織能力を向上させることには組織の「風土」や「文化」が関わっている、という意見が出され、「その

企業が持っている風土や文化を向上させることが、組織能力の向上につながるだろうか」という問いをめぐって考察は進んだ。「会社の風土や文化というと、個を伸ばしていくという側面もあれば、個を全体に合わせていくという面もある」という意見に代表されるように、引き続き対話は、最終的に組織の構成員個々の向上と組織全体の向上との関係をどう考えるかに、明確な答えを与えられないまま終了時間となった。

　最後に進行役から次のような問いをまとめに代えて投げかけて、企業の向上に関する対話を終了した。

（1）目的が共有されているのが組織である、という話が前半にあったが、それが共有されていないという現実があるという話も出てきた。そうだとすると、それはそもそも組織ではないということになる。そうすると、まず、本来の組織になることが組織力の向上とも言えなくはないだろうか？

（2）同じように、企業という組織とは二つの部分に分かれているという話もあった。下の部分はそのままでは動かないから、上の部分がしっかり方向性を定め、あとは組織の目的に合うように動かすしかない、と。これは、個の向上と全体の向上の両方が組織の向上には必要だ、という後半の話からすれば、企業という組織は向上しようがない、ということにならないだろうか？

（1）、（2）いずれも、衝撃的な帰結ではないだろうか？

　最後に、他の二つの問いをめぐって簡単に意見交換をして「実践！哲学対話」を終了した。

4. 企業での哲学対話の可能性

　上に紹介した哲学対話は、きわめて質の高いものだったと思う。進行役の筆者も文句なしに楽しむことができた。発言は途切れることなく、時折対話の転換点となる意見や問いが提示され、考察が展開した。また「組織」と「織物」のような秀逸な比喩が全体の思考を触発し展開させる場面もあった。

　さらに、参加者の感想の中に次のようなものがあったことが印象的だった。「哲学的な思考とは〈引き留める〉思考だと感じた。普段われわれが素通りしている数々の問いに、時折〈引き留められて〉考えることは、忙しい企業人にとっても必要なことだ」。筆者はこの〈引き留める〉思考という表現がとても気に入って、その後、哲学対話の説明をするときによく借用させてもらっている。

　その後さまざまな企業研修で「実践！哲学対話」を試みたが、程度の差こそあれ、どの対話も質の高いものだったし、実施後の参加者の評価も総じて悪くはない。また、企業人の間にも哲学対話の潜在的な需要があること、企業人も参加し楽しむことができること、企業人も哲学対話に意義があると感じることにも確信を得ている。しかし、哲学対話を継続的に研修に取り入れる企業はまだ現れていない。

　その理由としては、ビジネスの課題とのつながりが見えにくいこと、具体的な成果が目に見えにくいこと、他のワークショップ手法との差異が見えにくいことなどを挙げることができるだろう。

　企業での哲学対話は、NPO 法人「こども哲学・おとな哲学・アーダコーダ」でも手掛けられるようになってきており、また、本書の執筆者による企業人向けの哲学対話研修として「問いを立てるワークショップ」という興味深い試みや、ある企業による企

業人も含めた幅広い読者層を想定する哲学雑誌[5]の刊行なども行われている。企業での哲学対話の意義を明確に伝える努力を続けていきたい。

---

5)　セオ商事『ニュー Q Issue 01 新しい問い号』ニュー Q 編集部、2018 年。

コラム

Philosophy for Adults
── 問いを持って暮らし、働くための哲学対話

今井　祐里・田代　伶奈

　私たちは、2017 年から 3 年ほど「自由大学」という表参道にある社会人向けのコミュニティスクールで哲学対話の講座を開講していた。自由大学は 2009 年に始まった大人のための自由な学びの場で、「レクチャープランニングコンテスト」という誰もが参加できるイベントに、オリジナル講義のアイデアが持ち寄られ、学びたいと賛同する人々が投票をすることで講義が誕生する。これまでに 2000 を超えるユニークな講義が開催されていて、その中で私たちは、自由大学では初めての「哲学対話」をテーマにした講義を開くことになった。

　週に一度、毎週土曜日に大人たちが集まって哲学対話を行う。参加者のほとんどが社会人で、教師や保育士、経営者や広告代理店のサラリーマン、デザイナーやアーティストなど職業はさまざまだ。年齢も 20 代から 60 代までと幅広く、立地にも恵まれて多様な人が集う活発な場となった。「今を生きるための哲学」というタイトルで第 1 期の講座を開始し、その後要望を受けて「未来を創るための哲学」や「過去に向き合うための哲学」と、時間軸をテーマにして講義をシリーズ化した。

　それまでにも小中高の教育現場や地方自治体、地域のコミュニティなどで哲学対話の実践を行ってきたが、現役で働く社会人が、自分自身のために休日を使い、それなりに高額な参加費を払って、

いわば習い事のようにして通う哲学対話の講座を準備するのは初めての経験だった。

　大人のための哲学対話。「時間の無駄だった」と言われたらどうしよう。自分たちで講座を開いておきながら、「哲学対話」という耳慣れないはずのワードに関心を持って集まってくる人々が、一体何に期待をしているのかさっぱりわからなかった。

　しかし、実際に哲学対話を行ってみると、私たちの恐れは杞憂だったことがすぐにわかった。もちろんこれは、参加してくれたすべての人々のおかげだ。彼らは、良い意味で本当に無目的に哲学対話に参加してくれていたのだ。「大人のための哲学対話」を考えるにあたって、むしろ私たちの方がどこかで、「仕事に役立つ」とか「新しいスキルが身に付く」とか、そういったわかりやすい効果をゴールに据えてしまっていたように思う。

　けれど本当は、身近な出来事に感じる違和感に立ち止まること、それを他者と共有して問いを立てること、対話をしながら問いを深め、誰のものでもない考えをゆっくり吟味していくこと、気がつけば自分の考えがまったく別のものに変容していること…こういった哲学対話の営みそのものが、他では得ることができない十分な価値だったのだ。私たちは普段、「会社で働く自己」や「家庭を営む自己」、「親としての自己」や「子どもとしての自己」など、場所や関係性によってさまざまな自分を持っている。そのどれでもあり、どれでもない自分。日常から少し距離を取って、ただ考えることに没頭してよい自分になれることを楽しむというのは、特に「大人ならでは」の要素かもしれない。

　「大人のための哲学対話」をすると、ほとんどの参加者にとって大きな関心が仕事であることはまず間違いがない。生活の大部分が仕事なのだから、当然仕事について日々思うことがたくさんあ

るのだ。よく「『好き』を仕事に」と言われるが、私たちの提案は「『問い』を仕事に」である。人生のうちでどうしても問いたいことがあり、それが仕事になっても良いし、仕事をする中で、考えずにはいられない問いを見つけるかもしれない。「問い」は、自分と仕事を繋ぐ。よそよそしい仕事も、切実に感じる問いさえ見つけられれば自分自身のものにすることができる。

　しかし現実では、仕事の中で問い続けることがとても難しい。問いに気づくこと自体が困難であり、気づけたとしても多くの場合それは孤独な営みになるからだ。また、この「仕事」にあたるものが、家事や子育て、介護である人もいるかもしれず、「問いを立てている場合ではない」という状況もあるはずだ。しかし、だからこそ「大人のための哲学対話」が、そこへ行けばいつでも、誰でもない自分になって、他者とともに問いと向き合うことができる外部装置としてすべての人に開かれていてほしいと思う。バーチャルな遊び場ではなく、暮らしや仕事から少し距離を取りながら、そこへとまた戻っていくための哲学対話。「役に立つとはどういうことか？」「評価とは何か？」「家族とは何か？」「わかり合うとはどういうことか？」「人生の生きがいとは何か？」…暮らしや仕事の現場でこそ生まれる大人たちの切実な問いを丁寧に扱っていくための"Philosophy for Adults"の実践を、私たちはこれからも続けていきたい。

第8章　いつから楽になったのだろうか？
―― 地域包括支援センターでの哲学カフェ

鈴木　径一郎

はじめに

　月に1回、地域包括支援センター付属のカフェスペースで哲学カフェの進行をさせてもらうようになってしばらくになる。

　地域に高齢者のための多様な居場所があってよい、という発想で、大阪府北部のベッドタウンエリアで営業している訪問看護ステーションと、地域在住の理論物理学者によって立ち上がった哲学カフェで、主にポスター等を見た近隣の地域高齢者が集まってくる場となっている。[1]

　私が発起人の1人に声をかけられて初めて参加したのは、試行開催を終えたあとの、公式の第1回となる2017年の7月、進行をするようになったのは定期開催となったその年の冬くらいからで、高齢者中心の哲学カフェということで、当初はいくらかの不安もあった。しかし、気づけば毎月あまり気負いなく、楽しみとしてその日を迎えるようになっている。

　これは、ある意味では巻き込まれて運営に加わった哲学カフェでもあり、とくにここで哲学対話の研究をしようと始めたもので

1）　開始当初の経緯については、「高齢男性が参加したくなる「哲学カフェ」とは」勝眞久美子、土岐博、鈴木径一郎『訪問看護と介護』24巻11号、医学書院、2019年11月、844-849頁を参照。

はない。

とはいえ、ベッドタウンの地域包括ケア拠点で開催し、近隣に暮らす高齢の方が継続的に集まる哲学カフェというのは、実践事例として特色あるものともいえるかもしれない。

また、個人的にも、この哲学カフェでの経験は、自身の進行役としてのあり方を考える上での一つのベースとなりつつある。

また、訪問看護や地域包括ケアに関わる運営スタッフとの、この哲学カフェについてのメタな対話を通じて、哲学対話を支える条件について、思考が深まった点も多い。

それに、この哲学カフェでの体験から考えたことや、わかってきたことだけでなく、それらの思考のもととなった対話そのものの記憶の側面というか、それぞれ個性ある参加者たちとひもづいた対話の風景が、そのまま薄れて消えてしまうのは惜しいという感覚もある。

そこで、甚だ不完全な記憶によるものであり、同時にまだまだ未消化の思考によるものではあるが、対話の断片のいくらかと、また、毎月の開催のあいだの個人的な思索も交えて、地域社会における哲学対話実践の一例として、この哲学カフェについて書いてみたい[2]。

1.　哲学カフェの様子

集まるのは十数名から多いときには 20 名以上だが、じつは 15

---

2)　なお、2019 年 4 月以降は、筆者も参加する大阪大学社会ソリューションイニシアティブ「一人ひとりの死生観と健康自律を支える超高齢社会の創生」プロジェクトも協力する体制で実施を継続している。

名でも、部屋はすでに狭いくらいである。しかし、場のしつらえ
としては、人数が多いときでもできるかぎり一重の円を維持して、
互いの顔が見えるような状態にしている。円が広くなるとテーブ
ルが遠くなってコーヒーやお茶が置きにくかったりもするのだが、
途中で誰か来られたときには、つど皆で円を拡げて対応している。

　参加者は、すでに述べたように近隣の高齢者が中心である。性
別はたいてい 4 : 6 くらいで、やや男性のほうが多い。席は、と
きにもよるが、性別で分かれがちである。

　と、まずはこういう説明をしてしまうのだが、このような書き
方に筆者としては抵抗があるのも事実である。今は進行役として、
毎月「高齢者たち」との哲学カフェを進行しているとはおもって
いない。説明として簡単であるし、会場に初めて来られた、とく
に地域の介護や福祉等の関係者は、「男性高齢者の積極的な参加」
にいつも言及されるのだが。

　筆者としては、継続的な参加者の多いのもあり、むしろ、ひと
りひとりの顔が浮かぶ。そもそも、高齢者という括りは幅が広す
ぎるということもある。たとえば、男性高齢者として括ってしま
うとして、退職したばかりの 65 歳の方と従軍経験のある 93 歳の
方では、過ごした時代にしてもぜんぜん違う。このような言い方
もまだまだ大雑把にすぎるのだが、均質なひとが集まる場という
より、日常の生活と比べて多種多様なひとが集まる場に来ている
という方が、むしろ実感に近い。

　とはいえ、この哲学カフェが「高齢者」に向けて企画された場
であるというのも事実である。一般の参加者を排除するものでは
ないし、実際に一般の参加者も参加しているが、この哲学カフェ
は始まった当初から地元の訪問看護ステーションが主催者であり、
毎月のポスターには「高齢者のみなさま　一緒に集いませんか」と

書かれている。

　最初に各人の希望を聞きながらコーヒーやお茶を用意してくれるのは、そのステーションの看護師と、会場の地域包括支援センターの運営スタッフである（ちなみに、飲み物付きにもかかわらず参加費は無料である）。そして、私たちは見学に来られた方にも、必ず円に入って対話に参加してもらうようにしているのだが、そのスタッフたちだけは円に加わらない。対話中は、ちょっと離れたところから、それとなく見守ってくれている。

　飲み物を準備しつつ時間が来ると ── これも、平日の 14 時から 1 時間半という、多くの就労年齢や就学年齢の方には厳しい時間設定である ── 進行役から「哲学カフェ」に初めて参加する方の確認をして、その上で全体に簡単なイントロダクションを行う（ありがたいことに、これまでは常に初めての方がいて、毎回イントロをする言い訳がたった）。

　そして、イントロの最後にその日の問い（あるいはテーマ）を発表して、だいたい進行役の向かい側あたりに座っている人から、円を一周するかたちで、順番にその問いに答えてもらう。問いは、後述のように参加者から出してもらったこともあるが、基本的には運営側で用意している。たとえば、「美しいと感じることは？」とか、「楽しむとは？」などで、配慮しているのは、特別な経験や専門性を要しない、誰もが同等に答えられるような問いにすることである。問いをこちらで設定しているにもかかわらず、事前には告知しないまま集まってもらっているので、参加者は、そのときようやくその日の問いを知ることになる（これは必ずしもお勧めする方法ではない）。

　ひとつひとつの回答について、進行役や他の参加者からの質問もときに入りつつ、回答は円をまわっていくのだが、その過程で、

進行役も一参加者として同様に問いに答える。一周してまだ時間があれば、たとえば問いに関連してフリーディスカッションをする。その際に進行役がするのは、複数箇所で話が始まってしまったようなときや、誰かの話が遮られてしまったようなときに傾聴を求めることくらいであるが、場はときにアンコントローラブルである。とはいえ、進行役が困ってあわあわいっていることには、参加者はいくらか気づいてくれる。最後に時間があれば、もう一周、考えたことを話してもらう。すると、たいてい時間になっている（あるいは少し超過している）ので、時間が来た旨を告げると、軽い拍手がおきて終わりになる。まとめ等はしない。最後に一周まわすようなときについても、進行役の回答がその哲学カフェの最後の回答にならないようにしている。

　終わると、わりと皆すぐに帰っていく。何人かで、お茶に行ったりするひともいるようである。

2.　いつから楽になったのだろうか？

　はじめに述べたように、この哲学カフェの開催については、当初はいくらかの不安もあったものの、気づけば毎月、気負いなくその日を迎えるようになっている。

　この哲学カフェの開催がいつから気負いのない、「楽」なものになったのかということは、私にとってのある種の転機と関連しているとおもわれるし、また、ある意味で「地域」社会における哲学対話のあり方を考える上でも材料となるとおもわれるので、ここで少し振り返っておきたい。

　これは別に、それまでが苦しかったというのではなく、ある時

から、ただ問いとカラダだけそこにもっていけば良いと、本当に気楽におもえるようになったということである。

それがいつだったかといえば、ひとつの言い方としては、進行がおおまかに今のような形に固まってきて、参加者もそれに馴染んできたあたり、ということになるだろうか。

哲学カフェのやり方は多様であり、これはとくにめずらしいやり方ではないだろうが、ある頃からここでは、円をつくってそれを一周する形で、事実上、全員に発言を求めるような形式をとるようになった。回ごとに細かな試行錯誤は続けているものの、この点についてはその後変えていない。

実は、毎月のポスターには第１回目から「話したくなければ話さなくて良い」と書かれていて、それは改定されないままである。ちなみに、当初メインで進行をしていたのは、いまも一緒に運営している「雑談大好き」な理論物理学者だったのだが、その頃は、できるだけ多くの方に振ろうと留意はしつつも、ポスター通りにというか、あえて全員に話してもらうということは考えていなかった。より進行役の負荷が大きい形態だった。

それがその後、なぜ、いくらか形式的に全員に回すようになっていったかといえば、とりあえず一度そうしてみたところ、意外と場にあっていたというのもあるし、なによりも、おもっていたより面白かったからである。

哲学カフェの魅力の一つとして、共通の問いに関して多様な答えを聴けるということがあるとおもうが、参加者全員が話せば、それだけ多くの視点からの答えが聴けたという、まずは単純な話である。また、それだけ意外性のある答えの出てくる確率も上がるわけだし、そういう答えはしばしば、「私の答えなど面白くない」と、遠慮しがちな方から聴けたものであった。

　そして、おそらく、このやり方を面白いとおもったのは、進行していた私だけではなかったとおもう。というのは、自分の生活のある意味「些細」と言っていいような経験や、他の人の答えとのちょっとした違いを安心して話す人が次第に増えていったからである。これは、ここに集まる人の「些細」な話をじっくり聴くことがわりと面白いということに、私を含めそれぞれの参加者が気づいたことにより、自分の些細な話をすることにも抵抗が減ったということではないだろうか。

　地域包括支援センターのスタッフさんから、ラジオ体操などセンターの他のイベントに来た参加者が、しばしば哲学カフェについて、「他の人の話を聴くのが楽しい」とか、前回のカフェを振り返りながら具体的に、これこれの答えが面白かった、というような会話をしていると伝えてもらったことも、このやり方を続ける理由になっている。

　これについてはむしろ、哲学カフェが聴くだけの参加にも開かれているということを示していると考えることもできるかもしれない。しかし、聴く楽しみが印象に残るということは、自分が共通の問いに一度回答してみることが、他の参加者の回答の輪郭をいくらか鮮やかにして、それを聴く面白さを増していることを示唆している、というような順序で考えることもできる。

　そして、ある人にとって哲学カフェが、いろいろな回答のそれぞれの視点や機微を楽しめる場になるということは、むしろ、自分のひとまずの答えのうちにも、共有して楽しむためのものを想定できるようになるということであり、自分が話す理由ができる、ということではないか。

　そして、私が楽になったのは、何回かこの形式を試しながら、ただみんなの回答を一度聞くだけでも、まずは十分に面白いはず

であるということ、そして、おそらく他の参加者もそうおもって
いるであろうことが、身体的なレベルで信じられるようになって
きたからではないか。

3.　中間的考察 1：楽(らく)であることと「地域」

　この哲学カフェの取り組みが地域社会における哲学対話実践の
一事例であると言ってみるとしても、「地域社会」という言葉で考
えられることは色々ありうる。そしてそれ以前に、「地域」という
言葉で考えられることが、また多様であるだろう。

　しかし本章で、ベッドタウンの地域包括支援センター内での、
それも、訪問看護ステーション ―― 在宅での看護を提供する ――
が主催する哲学カフェについて振り返りながら、一度考えてみた
いのは、「住み慣れた環境」としての地域である。

　もちろん、地域住民の誰もが、その地域に住み慣れているわけ
ではない。

　そしてむしろ、自分が自分の住む地域に住み慣れていて、それ
によって、ある種の楽(らく)さを日々刻々と享受しているのだというこ
とに私が思い至ったのは、あまり住み慣れてはいない人たちの話
を聞いたからだった。

　それは、毎月の哲学カフェの隙間にあった出来事なのだが、同
じ市の国際交流センターの催しで、留学生を中心とした外国人市
民たちと、災害についての対話をしたときのことだった。

　台風や豪雨が続いた時期で、慣れない環境でのさまざまな不安
について、それもとくに、空港 ―― 故郷へと逃げるための ―― ま
でを含めた「避難経路」にまつわる不安の話を聴きながら私が気

づいたのは、自分が自分の住む地域について知らぬ間に身に着けていた、空間的・方角的な知識だった。

　さまざまな種類の災害、たとえば雨で川が氾濫しそうであるとか、土砂崩れの心配があるとか、暴風が吹き荒れている、というような事態がおきたとき、小学校の途中から現在までを暮らすある一定の範囲にいる限り、状況ごとに、だいたいどちらの方向に向かえばいいか、どこに行けばなにがあるか、私にはよくわかっているのだ。避難経路の確認や、危険な箇所の確認を意識的にしておかなくても、その感覚が身についている。

　それはおそらく、いくらかは単なる思い込みでもあるのだろう。しかし、その思い込みも含めた身体的知識のおかげで、普段も、災害時も、必要以上に不安を感じて身を固くしないで、楽に過ごすことができているのである。

　そして、そのことに思い至ったことで、自分が中学生くらいのときに感じていたぼんやりとした疑問がようやく解けた気がしたのだった。その疑問というのは、当時は友人たちと自転車で何時間もかけて大阪市内に遠征する、ということをよくしていたのだが、いつも帰り道に、ある辺りまで戻って来ると、途端にカラダが楽になるのが不思議だったのである。

　自転車をこぎ続けてかなり疲れているのだが、ある辺りに入ると、路面状況が変わったわけでもないのに、急に道がなめらかになるような感覚があって、それが家に帰るまで続くのだが、おそらくそれが、「住み慣れた」場所に戻ってきたということだったのだ。

　もちろん、それはなんとなくはわかっていて、帰ってきたという安心感がカラダを楽にさせるのだろう、くらいにはおもっていたのだが、その安心感のいくらかや、カラダの楽さにはおそらく、

空間的・方角的知識の細かな蓄積が関係しているのである。

　疲れ切った帰り道には、筋力で誤魔化せる往路とは違って、細かな段差がカラダに響く。しかし、住み慣れた場所では、どこにどういうリズムで段差があるか、どこで力を入れたり抜いて地形を処理していけばいいか、カラダがわかっているのだ。そして、どこに人や車が出てきかねない路地や開口部があるのか、どの方向にどういう風に警戒すればいいのかもよくわかっていて、見慣れぬ土地でやるように、全方位に意識を張ってカラダを固くする、ということもないのだ。道がなめらかになったような感覚は、ずっとこわばっていたカラダが自転車の上で力を抜き、細かくやわらかく動くようになったからだったのだ。

4.　中間的考察 2：哲学カフェと楽(らく)さ

　哲学カフェが、身体的に安楽であったり、気楽であったりすることは重要なようにおもわれる。

　私はあるとき、哲学対話の実践者の友人が「私は哲学カフェの"カフェ"の部分を大事にしたい」と言っているのを聞いて、彼がどういう意味で言ったのかはよくわからないまま勝手に感銘を受け、それ以来、哲学カフェが、まちのお気に入りの喫茶店(カフェ)のように、店のスタッフや他の客などの他人とともにいる場でありつつ、同時に、リラックスできる場、ふらっと気楽にやってこれるような場であること、味わったり、楽しむための場であり、望んでそこにいる場であること、日常の忙しい時間を少し離れて、ゆっくりする場であることにこだわりたいとおもっている。

5. 対話の記憶1

　その日のテーマは「わたしと宗教」だった。イントロのあと、攻めすぎたテーマかと不安になりつつ向かいの方に最初の回答をふってみる。ずっと参加してくれている93歳の方である。すると、「宗教は勘弁してください」と、いきなり断られる。しかし、すぐには退かず、なぜかときく。「中学校の先生にもっとも凄惨な戦争は宗教戦争であると教わった」からとの答え。なるほど、これもひとつの回答かな、とおもう。そう感じたことを、進行役として発言したかは覚えていない。

　後半になってからだったとおもう、「見学希望」とやってきていた参加者のひとり —— あとで聞いたところ、医療系の大学の学生とのこと —— が、「いま、この空間にみなさんと一緒にいてしゃべっているということ自体が、現実味がない、夢のような感覚である」というような発言をした。

　それを聞いて、たしかに不思議かもしれない、とおもう。「高齢者」を中心に20人ほども集まって、宗教と自分の関係について真面目に話している。その対話がどれだけ「哲学」であるかについては、自信はない。これは私も含めてなのだが、自分に見えていること、わかっているつもりのことを問い直そうというよりは、それをただ無反省に述べているに過ぎないのではと感じることもあった。しかし、いつの間にか、なかなか稀有な、そして、のどかでもある時間が過ぎているようでもある。私は、この「現実味がない」という発言を、その日の哲学カフェ自体への、ポジティブな発言として受け止めていた。

6.　対話の記憶2

　その問いがなんだったか、どうしても思い出せないのだが、私にいつも「あなたの若さを吸い取るために参加しているのよ」と、自分を高齢者扱いしてみせる方が、その日の問いに回答するなか、空襲にあう大阪の街を妹を背負ってデパートの建物へ走っていたときの話をしてくれた。そして、「はじめてこの話ができた」と言った。

　なぜこれまでは話さなかったのかを問うと、「思い出すだけでも動悸がしていた」という。いつまでのことかと訊くと、1、2年前、80歳を超えたくらいの頃はまだそうであったとのことだった。さらに、何で変わったのだろう、とたずねると、歳をとって鈍くなったんじゃない、と笑っていた。

7.　対話の記憶3

　参加者の1人が出した「どんなふうに死にたいか？」という問いで対話をした日だった。いつもいくらか遠慮しながら、しかしチャンスが有ればヒトダマの話（それは戦友の魂の話なのである）をしようとする方が、こういうふうに答えた——本当は、仏壇の前にじっと座って、静かに死にたい。だが、そうして座っていても、戦友の声が、自分の話をしてくれ、自分の話をしてくれと、うるさく語りかけてくる。だから、そういうふうに死ぬことはできないのだろう、と。

　私はそれで、その人がある種の義務感からヒトダマと慰霊旅行の話を繰り返していたのだと思い至った。そういえば、その人は、

自身の関心のあるテーマは三つだと宣言したことがあったが、それについて、「話さなければならない」「考えなければならない」というような言い方をしていたのだった。

その人が、その後、全く別のテーマでいくらか積極的に話していたのは、「体罰」が思いがけず議論になったときだった。本来は「驚き」がテーマだったのだが、当時の報道の話から、いつのまにか白熱してしまったのだった。その人は帰り際、めずらしく「今日は面白かった」と話しかけてくれた。そして、ひとこと、「感情に支配されてはならない」と言い残して帰っていった。わからないが、その日は場の議論に巻き込まれながら、いつもの問題からは、いくらか解放されていたのかもしれない。

8. 哲学カフェの現状を支えているものはなにか？

会場となっている地域包括支援センターのあるスタッフは、この哲学カフェについて「うちのキラーコンテンツです」と言っているのだが、センターの狙いは、地域住民に健康なうちに、センターに足を運んで親しんでもらうことである。

そして、この哲学カフェが地域の参加者にとって楽しみとして定着しつつあるとして、ここで行われているのは、基本的にはごく単純に、ある問いに対する参加者全員の回答を聴くというだけのことである。しかし、そこでは、興味深い多様な回答を聴くことが期待できるのである。

ところで、このごく単純な形式は、どこでも簡単に実施できて、また、一定の質で機能するものであるかといえば、おそらくそうではない。そして、それは必ずしも進行役の進行の技術の問題で

はない。

　ここで、この哲学カフェについて、現状の対話のあり方を支えて可能にしていると考えられるもののうち、とくに重要とおもわれたことを、いくらかでも示しておきたい。

1）自由参加の単独開催のイベントであるということ

　この哲学カフェでは、参加者全員に発言してもらうような形式をとるようになっているが、これが最善のやり方であるかどうかはさておき、この形式が選択可能であるのは、自由参加の単独のイベントとして開催しており、その人が会場にいる時点で、他の目的ではなくこのイベント自体に参加したくてやって来たということが、一応は想定できるからである。

　また、このために外出して来たということで、身体的・精神的に、他人との対話の輪に加われるほどには健康であると自認していることも想定できる。

　もちろん、このイベントを目的に来たのだとしても、初めての参加者の場合、ポスター等の情報だけでは、「聴くだけのつもりで来た」というようなこともあるだろう。また、常連の参加者にしても、事前に問いを告知していない以上、問いが発表された時点で、その問いに関心がない、答えたくない、考えたくないというようなこともあるだろう。これらについては、良い方法を考えなければならない、ともいえるが、しかし、根本的には、本当に参加したいか、どのように参加したいか、どのようになれば参加したいかというようなことは、対話的にしか、つまり、その場の状況の進捗のたびにしか確認できないものであるともいえる。

　そして、その対話を始めるためにも、会場にいる参加者につい

て、少なくとも、今日はこの場に来て他の哲学カフェ参加者と時間を過ごそうとおもったのだとまずは想定できる、ということは大きな意味をもつ。

2）参加者の一定の継続性による知の蓄積環境があること

　この哲学カフェの回答の質に多様性がある程度保証されるとすれば、むしろそれは、継続的な参加者が一定数いるからでもある。それらの参加者は、ここで何が起こっていくのかを身体的に承知していて安心しており、場に余裕をもたらすことに貢献しつつ、また、新たな参加者が対話を楽しむために、これまでに蓄積された知を暗黙的かつ多声的に伝達する環境でもある。

　哲学カフェにおける進行の仕方やコツ、対話の楽しみ方といったものが蓄積され、伝えられる経路としては、いまのところ大きく四つくらいを想定しているのだが、列挙すれば1）イントロ、2）ポスター・チラシ等（書かれた資料）、3）場のしつらえ、4）参加者のふるまいである。

　ところで、この哲学カフェで進行役を続ける中で、筆者の進行の基準として明確になってきたのは、年齢等に関わらず「友人として失礼でないか」ということである。友人として、対等な存在としての振る舞いにおいては、相手にただ丁重であるだけでなく、相手から期待するところもなければならない。

　相手に期待する姿勢を保つという観点からすると、たとえばイントロで進行役が長々と話すことや、細かな資料をつくり配布するようなことは、むしろ、予防的で統一性を志向する振る舞いとして、逆のメッセージとなりかねない。それが、自由に話してくださいね、という内容でもおそらくそうである。まずは「とりあ

えず当人の美的感覚にまかせる」という構えをとることが必要である。

　そのときに重要になる知の経路が、環境としての、場のしつらえ（現在のやり方ではたとえば一重の円）であり、また、なによりも、他の参加者のふるまいである。

　円を回答が回っていけば、全員が同じ問いに答えるのだということはすぐにわかるし、状況がわかりやすければ、参加者は無駄な警戒もしなくてよい。そして、進行役としても、継続的な参加者が、それぞれに個性的なスタイルで答えてくれるだろうと期待できれば、イントロで、たとえば「専門的な言葉は使わないで」とか、「報道や他人の受け売りではなく、自分の経験から」というようなことをいう必要も減るだろうし、それぞれが多様な語り方、楽しみ方をしているのを見ることができるならば、どこに対話の楽しみがあるのかをあえて進行役１人が語る危険を冒す必要もないだろう。

　また、対話の最中の「注意点」を無駄に増やすことは、むしろ対話の内容や、他の参加者、そして自分自身の思考への配慮を減らしてしまうおそれがあるという意味でも、対話を楽しむための経験的な知は継続的な場や参加者の身体に、あまり意識に負担をかけない形で蓄積されていることが望ましい。

3）健康面等はスタッフが見守ってくれていること

　そして、これは、この哲学カフェの最大の特徴かもしれないが、対話の円に加わらない看護師と会場スタッフによるそれとない見守りということがある。

　これは、進行役を含め対話のうちにいる参加者にはほとんど意

識されない。しかし、対話中について言えば、参加者の健康や場の安全を預かるこれらのスタッフは意識されないこと自体が重要であり、それは、健康や安全が、それが意識されないでいるときにだけ、自由な活動のための余裕をもたらしていることと同様である。

　看護師さんたちと運営について振り返った際、この哲学カフェにおいては高齢者が「弱者」として扱われていないこと、それに対して、看護師は高齢者を過度に配慮して扱ってしまいがちであることが、まずは看護師側からの一種の反省のように示されもした。しかし、看護師がある意味、そのような視線を引き受けてくれているから、他の参加者は一時的にでも身体的な健康や安全の問題は無視することができ、各人の個性や対話の内容だけに集中することができているのだともいえる。

おわりに —— 毎月ごとの非日常性

　この哲学カフェの毎月の開催は、継続的に集まる参加者にも恵まれて、進行役として、ある意味で気楽なものになってはいる。しかし、そこには、いつも、いくらかの非日常性がある。

　それは、生活や健康の問題の切迫感をいくらか離れて、ゆっくり耳をすますことができる時間だからでもあるだろう（ただ、話題自体には老いや健康問題が頻出する）。そして、それを可能にしているのは、一種の知の蓄積であり、裏方のスタッフの支援であり、安心感である。そこが何度も来た場所であること、そこになにがあるかわかっていること、予想できること、気にしないでいられること、そこが「住み慣れた場所」になっていくこと。それ

が、他のことに集中するための余裕をもたらす。

　その一方で、おなじ地域の住民とはいえ、ここに集まる他の参加者とは哲学カフェでしか会わないという場合も多い。これも非日常性と関係しているだろうか。毎月ごとに、お互いについての知識が増えていくとしても、その人とは哲学カフェだけでの友人なのである。

　ところで、この哲学カフェで「行ってみたい場所はどこか？」という問いで話したとき、一番盛り上がったのは、会場のすぐ近くにあるが、下ったことがない、どこに通ずるかがわからない坂道の話だった。慣れていたはずの場所に、裂け目を見つけることもある。

　それぞれの参加者が話すのに耳をすませていると、同じようなことが起こる。知っているつもりになってきていた人の、新たな側面にふれて、ヒンヤリとするような感覚が起こる。話の続きが予測できなくなる。友人について、よりわからなくなってから、その日は別れること、そこには、一種の清々しい感覚がある。

　自分の住む地域に、皆と一緒に住み慣れた環境をつくり、そこで静かに見守られて、一方で安心しきっているのは、むしろ、もう一方で、あるいは見慣れてしまった自分や友人を見なおすためであるかもしれない。

　ここでの哲学カフェの後には、友人たちとの距離は、むしろ広がっているともいえるが、だから毎月続けることができてもいるのだろう。

第9章　原発禍の町で問う

辻　明典

> 戦争のない国なのに町や村が壊滅してしまった
> あるいは天災だったら諦めもつこうが
> いや天災だって諦めようがないのに
> 〈核災〉は人びとの生きがいを奪い未来を奪った
>
> 若松丈太郎「不条理な死が絶えない」より
> 『若松丈太郎詩選集一三〇篇』, ユールサック社, 2014.

　思い描くことできるだろうか、放射能と共にある暮らしを。見ることも、触れることも、嗅ぐことも叶わぬ、理解し難き存在が、我々の傍（かたわ）らにあり続けるというのは、誠に想像しがたい。しかしながら、想像力を精一杯に働かせていただきたい。もし自信がないのであれば、小論を読む前に、想像力を鍛え直すことをお勧めする。まずは目を瞑（つむ）り、山川に映える花々の美しさと、放射能が共存する風景を、思い浮かべていただくことからしか、小論を始めることはできないであろう。

　福島県相馬郡飯舘村。2011 年 3 月 11 日の東日本大震災に伴う福島第一原子力発電所の事故を受けて、全村避難を経験した村である（嗚呼、もう 10 年近くの月日が過ぎようとしている）。

　これは、2019 年 7 月現在も帰還困難地域に指定されている、長泥地区へと続く、峠の一本道の傍（かたわら）に、精一杯に佇（たたず）でいる紫陽花（あじさい）たちの写真である。たとえ、誰も住んではならぬ土地になったとし

ても、季節まで奪うことはできない。きっと何方（どなた）かが、せめて美しさだけでも愛でてはくれぬかと、ここに紫陽花を植え、道を飾りたてたのであろう。この先は、まるで国境のように封鎖されており、一般人の立ち入りは固く制限されている。

　ここに立つと、森の奥から、木々のざわめきが聴こえてくる。雲一つとない空は、吹き抜ける風の強さを教えてくれる。初夏に吹いた、涼を運ぶ風も、なぜかここでは、異なる性質を伴って感じ取られてくる。首筋を通り抜けていく風が、なんとなく気持ち悪い。放射能が身体を取り巻いている気がする。長居はしたくない。ついつい、そう思ってしまう心境に、我ながら嫌気がさす。ここには、放射能と花の美しさが共存している世界がある。

1.　原発禍での対話

　小論を読まれて居る方々のなかには、相馬、南相馬という地名を、一度は耳にした方もいらっしゃるであろう。2011年3月11日に発生した東日本大震災と、それに伴う東京電力福島第一原子力発電所事故という、人類史の汚点と言っても差し障りない原子力災害の影響を色濃く受けた土地であり、津波に襲われた沿岸部では、いくつもの集落が浚（さら）われた。かつてこの地域には、津々浦々の地形が字義通り連なり、白砂青松と山紫水明の風景が広がりを

見せていた。相馬地方には、松川浦、新沼浦、八沢浦、金沢浦、井田川浦、といった汽水の浦々が点在していたが、明治以降の殖産興業、食糧増産といった近代化の波に押されて、干拓が急激に進められたのであろう、現在はただ松川浦が残るのみである。儲光羲の詩に、「蒼海変じて桑田となる」との一節があるが、現実には桑田が蒼海に変じる、つまり大津波が一夜にして約百年前の風景に我々を連れ戻した。大津波は近代百年の営為が生み出した田園風景を浚い、一瞬にしてかつての潟や浦の姿に戻したのである。

　そのような地域で私は2012年から、「てつがくカフェ」という活動を始めた。さまざまなテーマや作品について、集った人たちとともに、東日本大震災や原発事故などの出来事を遡及的に捉え直し、対話しながら考える場をひらいている。

　対話を拵えている会場についても考えてみよう。たとえば図書館には、知の自由がある。そして、てつがくカフェをよく開くスペースは、ガラス張りということもあり、通り行く方たちに、対話の様子を存分に見せることもできる。対話をしている姿を見せていくことは、場を育てていく上でも大切なプロセスだ。参加者は、いつも少数だ。震災と原発事故当時からこれまでの思いが、語られていく。テーマについて言葉を交わすだけではなく、語られた言葉に反応しながら、自分たちが留め置かれている状況について、それぞれが少しずつ話をしていく。ただそれだけのことで、あっというまに時間が過ぎていく。

　朝日座という、大正12年に開館した元芝居小屋、元映画館をお借りして、映画を見た後に、てつがくカフェを開催したこともある。

　朝日座は、地域に娯楽を提供し続けてきたが、平成3年に惜しまれつつ閉館した。現在は、地域の有志の方々が結成した「朝日

座を楽しむ会[1)]」によって保存され、上映会、寄席、コンサートなどが開催されている。この町に住む人たちの、たくさんの思い出を吸い込んでいる建物だ。子どものころに、両親に連れられて。恋人とデートにでかけて。人生初の映画は、朝日座で…。いくつもの記憶が交差する場所。

　地域には、地域の文脈がある。それは、人々が積み重ねてきた、小さな歴史と言い換えられるだろう。歴史の潜みに入り込みながら、私たちは問うていくのだ。地域での哲学という営みは、根を張ることと、物事を根本から問い直すこととが、同時に行われる。そういった意味でも、南相馬でのてつがくカフェは、ラディカル radical だと言えるだろう。radical とは、ラテン語で「根」を意味する radix が語源である。まさに、地域に根差し、物事を根本から捉え直そうとすることが、同時に為されているのだ。

2.　放射能と暮らし

　これは、私が丹精を込めて生けた花なんです。でも、ある人に、

---

1)　朝日座については、以下のウェブサイトをご覧いただきたい。「朝日座を楽しむ会」http://asahiza.blog.shinobi.jp/Entry/1/、「朝日座の夜明け」http://asahiza-yoake.sakura.ne.jp（2019 年 12 月 8 日閲覧）

こう言われたんです。「この花には、セシウムは含まれているんですか？」って。なんてこと言うの…そう思いました。ただただ、悲しかった。その人は、花ではなくて、セシウムを見ていたのでしょうね。花は、心の叫びです。いや、叫びではないかもしれません。花は、私の心のささやきなのです。きっとあの人には、私のささやきなど聴こえなかったのでしょうね。花よりも、セシウムを見ようとしていたのですから。

　セシウムというものは、放射能というものは、暮らしのなかに、まるで墨で黒々と、上塗りされていくかのように、入り込んでいるのではないか。放射能は、しばしば、Sv や Bq といった単位を用い、数値化されて表される。また、交通事故や病気のリスクと比較されることで、その危険性が表現されることもある。だが、数値でも、リスク比較でも、捉えきれない側面が、有りはしないだろうか。

　この地域での対話には、生の感触がつきまとう。会を重ねるたびに、必ずと言っていいほど「生きる」ということが話題に上る。この感触は、当然のことながら、各地のモニタリングポストで表示される放射線量のように、数値化するなど不可能な注文である。

　原発事故が、知らず知らずのうちに、みんなを哲学者にしてしまった。哲学的に考える機会をくれた。そういうふうに、ずっと思っているんですよ。震災が起きてから、ずっと。震災前は、普段だったら当たり前のように、買い物に仙台に出掛けていました。東京に遊びにいくこともできました。そんな生活をしていました。でも、震災がありました。原発事故がありました。知り合いが亡くなりました。住めない地域があります。入れない地域があります。放射能の心配があります。だから、

「ここで生きるって、どういうことなんだろう？」

って、知らず知らずのうちに、つい考えてしまう。

でも、正解があるわけじゃない。正解なんて無いって、ずっと思っている。絶対に正解なんてないと思う。正解なんて無いんだけれども、現状の中で、一番いい方法を、選択肢を、探さないといけない。そんなことを考えるようになったのも、原発事故が起こったからかな。考える機会が、与えられたから…。

「原発事故が、知らず知らずのうちに、みんなを哲学者にしちゃった」という言葉。考えずにはいられなくなった、ということを意味していた。他者にではなく、自分自身に向かって、問いかけずにはいられなくなってしまった。どうにもならない現実を目の前にして、何を大事にして、どこで、誰と、ともに、生きていくべきなのか…。原発事故は、私たちにいくつもの「問い」を投げかけたのだ。

「なぜ、生き残ったのか？」

「なぜ、私たちは避難しなければならなかったのか？」

「私たちは、原発について、何を知るべきだったのか？」

「低線量被ばくを避けるために、避難するべきなのか？」

「この町で、暮らし続けるべきなのか？」

「どうして、見えないものは怖いのだろうか？」

「先が見えないことは、将来の展望をえがけないことは、どうしてこんなに不安なのだろうか？」

きりがない。いくつもの「問い」が、この地域には埋もれている。この原発禍には、あまたの「問い」が、ひっそりと沈み込んでいる…。

私たちは、問いかけられているのかもしれない。それに気づかされてから、私は「問い」と向き合っている人たちの語りに、努めて耳を澄ましはじめた。密やかな声。か細き声。声にならぬ声。

小さな声。耳を傾けることからでも、私たちは大震災、原発事故という出来事について、考え始めることができるのではないだろうか。

　スペインの哲学者、オルテガ・イ・ガセットは、自問についてこう述べる。

　　もしかりに大地がわれわれを支えることをやめ、したがってその通常の利便をわれわれに拒んで、震撼（しんかん）すれば、われわれはこう自問する。大地とはなんであるのか？　太陽が真っ昼間に突然、人間にとってありがたいいつもの照射を拒めば、人間はこう自問する。太陽とは何であるのか？

　　だから、この存在への問いは、われわれの環境への信頼が消失してしまったことによってひきおこされている。それはわれわれがあるモノをまえにして、何をすればいいのか、どう振舞えばいいのか、どのような行動をとればいいのかがわからなくなったときにすることである[2]。

　環境は、私たちの周囲にあるものであり、それは信頼によっても成り立っている。言い換えるならば、「当たり前」とみなされているために、普段は疑問に附されることはない、そのようなものである。私にとって、福島第一原子力発電所は、私が生まれる以前から福島県双葉郡双葉町と大熊町にあるものであり、其れ以上でも其れ以下でもなかった。原子力発電所の安全性を宣伝する冊子が学校で配られていたことも、同級生が福島第一原子力発電所に就職したことも、日常の一部でしかなかった。むしろ私たちは、原子力発電所への就職を祝福していた。双葉郡のいくつかの町が、

[2]　オルテガ・イ・ガセット（杉山武訳）『形而上学講義』晃洋書房、2009年、110頁。

交付金で潤い、その影響で真新しい施設が次々と建てられていっても、それも当たり前の風景の一つでしかなく、かつての私にとって、疑問を付す対象ですらなかった。

　原発事故が起こってから思った。私は、生まれも育ちも旧原町市。学生時代は、「へー…、原発って、事故が起きたら危ないんだ」くらいにしか感じてなかった。そして、原発事故が起きたら、「私って、こんなに原発の近くに住んでいたんだ…」って思ったんです。ここは、原発から25キロぐらいのところですからね。

　それで思った。原発事故が起こるまで、原町には、原発の存在を意識して住んでいた人って、一体何人いたんだろうかって。原発の危うさを感じていた人って、何人いたんだろうかって。避難しているときに、そう考えた。

　放射能に対する恐怖も、原発に対する恐怖も、比べられない。一人一人が感じている恐怖は、比べられない。若いお母さんたちのお話を聴くとね、自分のなかでね、情報をこなしきれなくなっている。テレビや、インターネットや、新聞や、雑誌や、本や…、いろんなところから情報を仕入れているんだけど、咀嚼しきれなくなっている。だから、どうしていいかわからなくなってる。そんな状態のときに、誰かから恐怖感をあおられたりしたら、それこそパニックになると思う。

　やっぱり、今までね、原発の存在を意識して生きてこなかったんだなって思う。双葉郡の人たちは、私たちよりも原発を身近に感じていたから…。涙を流して苦しんでいたけれど…。常々原発を意識していたんじゃないかな…。そう思う。普段は当たり前すぎて問われなかったことが、私自身にとって当たり前ではなくなったとき、そして、私たちに「問う」という可能性が意識されたとき、私たちは自分自身に問いかける。事故が起こったが故に、こ

れまでは気に留めることもなかった、原子力発電所という存在や、放射能への恐怖を、強く意識させる。

　　人間の生が有する真正なる現実には、自己自身の孤独の深みにひんぱんに退却しなければならないという義務がふくまれている。われわれがその中に生きているところの真実らしきもの（たとえ魅惑的なものや幻想だけでない場合でも）に対して、真正なる現実からの信任状を見せるように要求するためのこうした退却こそ、常套的でこっけいで混乱した名称で呼ばれている哲学である[3]。

　どこに退却するのか。自分自身の内部に。では、退却して何をするのか。自分自身に問いかけるのだ。自分自身に問いかけ、自分自身を自分自身に対して、曝(さら)け出す。

　しかし、原発禍で、原発禍について、たった1人で問いつづけることは、誠に苦しい作業である。想像するに、艱難辛苦(かんなんしんく)の極みであろう。不条理な現実に浸りながら、孤独に哲学をすることは、悲痛ですらある。だから、共に考えるための、伴走者が必要だ。問いをわけあうこと、共に問うこと、そのような時間も必要だ。私は、そう思うのである。

3. 早すぎる復旧と、置き去りにされていく「問い」

　一方で、「問い」と向き合うための時間も、気持ちの余裕も、徐々に失われつつもある。復旧が進んでいく。それは、追い立てられるような日々である。急速に日常を取り戻すことは、時に残

---

3)　オルテガ・イ・ガセット（佐々木孝、アンセルモ・マタイス訳）『個人と社会　人と人びとについて』白水社、1989年、125頁。

酷でもある。「問い」と向き合うための時間を、私たちから奪い去っていく。「今更考えても、仕様がない」といった雰囲気が生まれていく。

　急かされれば、「問い」とは向き合えない。「余裕」が無ければ、「問い」を見つけることすら難しい。多くの人たちは、「対話」のための時間と場所を拵えなければ、簡単にはできないのだ。私たちは、理不尽な惨状を問わなくてもいい状況に、どっぷりと浸っている。

　それは一体、どのような状況なのであろうか。まずはここで、震災後の学校の機能に注目してみよう。学校は、「震災」と「原発事故」の影響を受けながらも、被災地で最も復旧を急いだ場所である。この学校の機能から、「問い」が置き去りにされている日常を提示してみたい。苅谷剛彦は、震災後の学校の「復旧」の早さに注目し、そこに生の意味づけを回避する機能があることを指摘した[4]。震災前と同じ制服、震災前と同じ運動着、時間割に基づいた授業、毎日の宿題、クラブ活動…震災直後から、学校は、震災以前と同様のルーティンを、急速に取り戻した。震災直後、多くの学校は避難所になった。家を失った人たちが、学校にやってきた。しかし、避難所が閉鎖し、学校がルーティンを取り戻すのも早かった。

　　日常への復帰は、説明の免除、意味づけからの解除を意味するというのである。特別の説明なしに、毎日行っている状態に復することで、生への意味づけから逃れられる。いや、別の生への意味づけが覆い被される。学校という制度は、皮肉なことに、考えずにいられ

---

4)　栗原彬、テッサ・モーリス－スズキ、苅谷剛彦、吉見俊哉、杉田敦、葉上太郎『3・11に問われて──ひとびとの経験をめぐる考察』岩波書店、2012年。

る日常が満ちあふれている。しかも、そこで行われている日常の行動には、ドリルであれ部活動であれ、学校行事であれ、それ自体に教育的な価値があるという意味づけが、個人の意味づけを超えて、すでに制度的に与えられている。そこに復することは、社会的にみれば意味がある事柄への正当な回帰でもあるのだ[5]。（傍点は引用者）

　ここでいう「生への意味づけ」とは、震災という経験を、自分自身で捉え直し、自分自身の中に位置づけようとすることであろう。しかし、学校は、震災という経験を意味づけなくてもよい日常にあふれている。さらに、ここで注目したいのは、日常に回帰することが、「別の生への意味づけ」とみなされていることである。苅谷は続ける。

　大人たちを感動させる言葉やイメージがそこで選ばれ、表現され、残される。そのとき、その場で好ましいと思われる言葉が、経験を記述する言葉として残る。何かが前景に引き出され、学習のための素材となる一方で、別の経験は後景に退いたまま、学びの対象とはならない[6]。

　「別の生への意味づけ」が覆い被されることは、「大人たちを感動させる言葉やイメージ」が選ばれるということ、そういった言葉を発することが奨励されることなのだ。これを、私自身の日常に即して説明してみたい。「がんばろう福島」「福島は負けない」「風評被害払拭」といった言葉に、私たちの生が回収されてしまっている。地方テレビ局や、地方紙では、こういった言葉を語る子どもたちの姿が、毎日のように映し出されている。逆に言うと、

---

5)　前掲書 73 頁。
6)　前掲書 74 頁。

大人たちを感動させない言葉やイメージは、ほとんど取り上げられることはない。そういった言葉やイメージは、苅谷が指摘するように学びの対象とはならないし、簡単には顕在化しない。

　「なぜ、生き残ったのか」「なぜ、わたしたちは避難しなければならなかったのか？」「わたしたちは、原発について、何を知るべきだったのか？」「低線量被ばくを避けるために、避難するべきなのか？」「この町で、生き続けるべきなのか？」「どうして、見えないものは怖いのだろうか？」「先が見えないことは、将来の展望をえがけないことは、どうしてこんなに不安なのだろうか？」…こういった「問い」は、置き去りにされていく。

　そして徐々に醸成されていく、震災や原発事故が語りにくい雰囲気。つまり、私たちの生の中に、震災や原発事故を意味づけにくい雰囲気。それは、「とりあえずは、問わない」という雰囲気である。誰かから強要されたわけではないが、とりあえず、原発の是非や、原発事故の影響などについては、問わない。

　しかしながら、たったの一度も、ふと頭をよぎることすら、ないのであろうか。原発事故によって拡散した放射性物質は、家屋を、田畑を、里山を、山川の恵みを汚し尽くし、町から温もりを奪った。私の友人たちは、故郷を奪われた。しかし、その故郷は、警察官たちがたたずむ境界線の向こう側に、確実に存在している。家があるのに、帰れない。集落の姿は見えるのに、そこに住むことはできない。あの山では、かつてと変わらず山菜が取れるはずなのに、今はそれを口にすることができない。

　故郷の喪失。しかし、本当に故郷を喪失したのかが、どうもはっきりとしない。人の姿は消えたものの、かつてと同じように家々が並ぶ。町にただようはずの「におい」は消えてしまった。しかし、町の「かたち」は残っている。帰れるのか、帰れないのかが、

はっきりとしない。低線量被曝が人体に及ぼす影響は、まだはっきりとはよくわからない。わたしたちは、このような「曖昧な」感覚にまとわりつかれている。

　原発事故に起因する喪失体験は、この「曖昧さ」と切り離して考えることは、どうも難しいようだ。「曖昧」とは、はっきりしないこと、ぼんやりしていること、確かではないことを意味する。私たちは、故郷を喪失したのかがはっきりしないという状態に、とどまり続けている。いや、より正確に言えば、とどまらざるを得ない状態に置かれ続けている。

　誠に不条理極まりない。しかしこの状況について、語りあう場所もなければ、考えるための余裕すらもない。大震災、原発事故、戦争といった出来事の後に、さまざまなことを根源から問い直すことができる〈風穴〉や〈裂け目〉が開いたはずなのだが、それは徐々に閉じ始めているのではないか[7]。読者諸氏は、そういった感覚を得たことはないだろうか。私自身は、これを強く感じている。だからこそ私は、対話の場をひらき続ける。そしていくつもの声に耳を傾ける。小さな声で、ひっそりと、影で、語られていく声にだって、意味はある。大勢の前で、威勢を張る言葉でなくとも、言葉にすることで、この出来事を、考え続けていくことが

---

7)　『敗北を抱きしめて』の著者であるアメリカの歴史学者ジョン・ダワーは、東日本大震災と東京電力福島第一原子力発電所の事故直後、朝日新聞のインタビューでこう答えている。「個人の人生もそうですが、国や社会の歴史においても、突然の事故や災害で、何が重要なことなのか気づく瞬間があります。すべてを新しい方法で、創造的な方法で考え直すことができるスペースが生まれるのです。関東大震災、敗戦といった歴史的瞬間は、こうしたスペースを広げました。そして今、それが再び起きています。しかし、もたもたしているうちに、スペースはやがて閉じてしまうのです。既得権益を守るために、スペースをコントロールしようとする勢力もあるでしょう。結果がどうなるかは分かりませんが、歴史の節目だということをしっかり考えてほしいと思います。」（朝日新聞 2011 年4 月 29 日朝刊）

できるはずだ。

　　探すこと。ときどきふと、じぶんは人生で何にいちばん時間を使っ
　てきたか考える。答えはわかっている。いつもいちばん時間をつかっ
　てきたのは、探すことだった。
　　探すというのは、いまここにないものを探すということ。ただそ
　れだけのことなのだが、ただそれだけどころか、実際はきわめて不
　条理、不可解。

長田弘「さがすこと」より

『最後の詩集』, みすず書房, 2015.

第10章 哲学対話とマジョリティ／マイノリティ

——哲学カフェ in とよなか国際交流センター—

川崎　唯史

はじめに

　「哲学カフェ in とよなか国際交流センター」は、2009年に始まって、2020年9月の時点で53回開かれてきた。最初の進行役は本書の共著者でもある中川雅道さんで、私は2010年9月に進行役デビューした少し後から、同期の学生だった金和永さんとともに、この哲学カフェの進行役や開催時期を決める役回りを中川さんから引き継いだ。色々な事情で、2018年ごろからは私が主にそれらの作業を担当している。

　10年というのはそれなりの歴史だ。哲学カフェだけでなく、それを運営してきた私たちも、とよなか国際交流センターも、その運営母体（管理者）であるとよなか国際交流協会（以下、とよなか国流）も、さまざまな変化を経てきた[1]。ここでは対話の内容よりも、それらの変化について振り返ってみたい。そこに、哲学対話と市民教育の関係について考えるヒントがあるように思うからだ。ただし本章は、センターでの哲学カフェに関わってきた人たちとの共著を模索したものの、いくつかの制約から最終的に私1人で書いたものである。多くのことが目に入らないマジョリティ

---

[1]　以下、両者を区別する必要があるときにはそれぞれ「センター」「協会」と略記するが、特に区別しない場合は「とよなか国流」と呼ぶ。

の 1 人が場所を占めて振り返っているにすぎないことを念頭に置きながら、つまり眉に唾を付けながら読んでいただかなければならない。

　どんな哲学カフェであれ、進行する側だけでなく、場所を貸してくれる側にも何らかの意図や期待がある。そのあたりを確認することから始めよう。

1.「持続可能なひとづくり事業」として

　全国に 500 程度あるとも言われる国際交流協会は、設置根拠となる法律がないこともあって多様な体制をとる。日本人の国際理解や姉妹都市交流を重視する協会もあるなかで、とよなか国流は人権尊重をベースとして、「多文化共生と福祉をつなぎ、重ねる」[2] ことに軸足を置いている。多様な事業のなかでも、外国人のための多言語相談サービス、外国にルーツをもつ子どもの居場所づくり、日本語交流活動が「3 本柱」として位置づけられている [3]。

　哲学カフェも事業の一つだ。とよなか国流は、曼荼羅のような図によって事業体系を示している（図を参照）。この体系図のなかで、哲学カフェは、「多様な人びとが尊重される地域づくり事業」のなかの「持続可能なひとづくり事業」の一つに位置づけられている。

---

2)　とよなか国際交流協会（編）『外国人と共生する地域づくり　大阪・豊中の実践から見えてきたもの』明石書店、2019 年、4 頁。
3)　前掲書、4 頁。

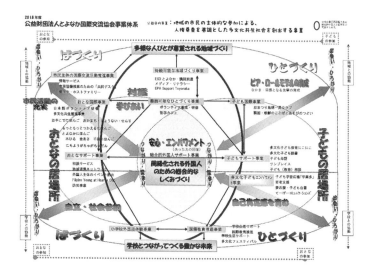

図　とよなか国際交流協会事業体系[4]

　この位置づけの意味について、経緯を辿りながら説明していこ
う。私の理解では、とよなか国流の側から哲学カフェに期待して
いたものは二つに分けられる。

　まず、センターを公共空間として市民に開くこと。とよなか国
流で哲学カフェが始まったときの中心的な職員だった榎井縁さん
によれば、2004 年以降、協会は「外国人問題そのものを地域で社
会化していかなければならないという側面をもつようになる」[5]。
外国人や外国にルーツをもつ子どもたちの文化が認められ、安心
して暮らせるような地域をつくるためには、協会に持ち込まれる

4)　http://www.a-atoms.info/about/pdf/enterprise.pdf（2020 年 11 月 4 日最終閲覧）
5)　前掲『外国人と共生する地域づくり』、27 頁。

問題を解決する以上のことが必要だった。一般市民にも外国人問題を地域の問題として捉えてほしいとの思いが、対象者を限定しない哲学カフェには込められていたと思われる。最初に進行役を引き受けた中川さんは、当時の思いを次のように述べている。

> さて、どんなことで、協力できるだろう。答えはいたって簡単だった。地域に根ざした交流活動を推進し、実践している協会にとって、「哲学」という言葉に惹かれて、毎回異なった人々が集まってくることが重要なのだ。これまで、国際交流、地域活動という言葉で協会を訪れなかった人々がたくさん集まってくる。そして、集まった人たちが、協会の活動にも興味を持つようになる。[6]

その後も、「ふだんセンターに来ない人が来ること」は、哲学カフェをセンターで開く意味としてしばしば職員から挙げられることになる。

　公共空間という面については、2010 年にセンターが移転したことも大きく関わっている。豊中市の施設統廃合という波を受け、閑静な住宅街にあるビルから阪急豊中駅隣接の大きなビルの 6 階に移転する計画が 2008 年に発表された。移転前後に開かれた哲学カフェのチラシには、「"移転" という課題を抱えているとよなか国際交流センターという怪しげな場所で」（第 1 回）、「移転して新たになった、とよなか国際交流センターという場所で」（第 6 回）といった言葉が記されている。アクセスのいい駅ビルという場所に移転することで、今までセンターを知らなかった市民も哲学カフェをきっかけにセンターを訪れるかもしれない。チラシを作ってくれた榎井さんのそんな思いが想像される。

---

6)　中川雅道「僕はこうして進行役になった」、カフェフィロ（編）『哲学カフェのつくりかた』大阪大学出版会、2014 年、156 頁。

　哲学カフェにはもう一つ、協会職員やボランティアの「学びほ
ぐし（unlearn）」の場になることも期待されていた。「これまで
に身に付けてきた常識や価値観を批判的に見つめ、脱ぎ捨てるこ
と」を指すこの言葉は、とよなか国流にとってキーワードの一つ
であり続けてきた[7]。その代表的な実践が 2008 年に始まった「「学
びほぐし」シリーズ〜「あたりまえ」に対抗する"ばづくり・ひ
とづくり"実践者セミナー」で、大阪大学臨床哲学研究室の教員
のほんまさんがその講師をしたことが、とよなか国流での哲学カ
フェの前史をなしている。「持続可能なひとづくり事業」は「研修
の場の提供」と説明されているが[8]、この「研修」は知識を増やす
のではなく常識や固定観念を解きほぐすことを狙っていると言え
る。榎井さんは「学びほぐし」の必要性を次のように語っている。

　　マジョリティ側がほぼ無意識に持ち得ている力や権力について、活
　　動者や活動を支える組織が、常に自分自身を検証する場を持たなけ
　　れば、安い労働力としての外国人が導入され人権を無視するような
　　管理統制を強化するこの社会の中で、知らない間にかれらを搾取す
　　る側に立ってしまう危険性は大いにある。日々の活動が継続する中
　　で、その危機感を持つことができる「節目」として、unlearn は位置
　　付けることができよう。[9]

2011 年ごろから、「当たり前とされていることについて自分や他
人の考えをゆっくり見直す」ということが、とよなか国流での哲
学カフェの核をなすコンセプトとして共有され、繰り返し確認さ
れることになる。

7)　前掲『外国人と共生する地域づくり』、6 頁。
8)　http://www.a-atoms.info/about/whatdoing.php（2020 年 11 月 4 日最終閲覧）
9)　前掲『外国人と共生する地域づくり』、31 頁。

　しかし、哲学カフェの運営を引き継いだ当初の私は、職員やボランティアの学びほぐしの場という側面をそれほど強く意識できていなかった。そもそも私は当時、とよなか国流の事業のボランティアになったという自覚すらもてていなかった。その理由は――私が鈍感だというのもあるが――、哲学カフェを進行する側の事情にある。

2.「進行役デビューの場」として

　とよなか国流での哲学カフェを初めて知ったのは、大阪大学でのほんまさんの授業「対話技法論」で紹介されたときだったと思う。さまざまな種類の対話を実際に行うこの演習は、その延長線上に大学の外での対話を置いていた。特に、ほんまさんの所属する臨床哲学研究室の院生や倫理学専修の学部生は、対話技法論を受講した上で、学校や医療機関での哲学対話、あるいは各所での哲学カフェに参加したり進行役を務めたりすることが多かった[10]。

　とよなか国流での哲学カフェは、少なくとも最初の 4 年ほど、院生・学部生にとって進行役としてデビューする場として認識されていた。ときどき「登竜門」と呼ばれることもあったが、能力や資質が試されるわけではない。反対に、進行役のハードルがもっとも低い場と考えられていたために、まずはとよなか国流で進行役をしてみないかと声をかけることができたのだ。医療機関などでの対話と違って専門的な知識が必要ないこと、中之島哲学コレージュでの哲学カフェなどと比べて参加者が少なく進行しやすいこ

10)　詳しくは、本間直樹「哲学者のカフェ――わたしが哲学するところ」、前掲『哲学カフェのつくりかた』、242-245 頁を参照。

となどがハードルを低くしていたように思う。

　進行役デビューに向いているとみなされたもう一つの理由は、進行役自身の関心で哲学カフェの問い（テーマ）を決めていいとされていたことにある。初回と第2回は協会職員と中川さんで話し合って「マイノリティとはだれか」をテーマにしたが、第3回以降は、「自分から考える自分と他人から見た自分はなぜ違うのか？」（第5回）、「生活が充実しているとはどういうことか？」（第12回）、「「ひま」っていいこと？わるいこと？」（第17回）といったように、とよなか国流という場所をあまり意識せず、進行役の気になっていることや考えてみたいことを問いに設定している。

　対話技法論の熱心な受講生が進行役にトライすることを決め、自分の関心に基づいて問いをつくるという体制には、大学の外で哲学カフェを定期的に開ける場をもちたいという臨床哲学研究室／カフェフィロのメンバーの意図がそのまま表れている。私たちはしばらくの間、「ふだんセンターに来ない人が来ること」への協会側の期待を、こうした体制で哲学カフェを実施することを正当化するものとして受け取っていた。つまり、センターを公共空間として市民に開けていれば、それだけで哲学カフェはとよなか国流に貢献できていると考えていた。

3. 「ボランティア研修」として

　2011年度の終わり頃から、もう一つの期待が前面に出てくることで、センターでの哲学カフェは少しずつ変化していく。職員の間で協会における哲学カフェの位置づけを見直した結果、協会の職員やボランティアの研修の場という役割を改めて伝えられたよ

うに記憶している。私たちにとっても、哲学カフェをきっかけに
とよなか国流の子ども事業でもボランティアをしていた金さんが
次年度から有期雇用で協会職員になったように、この頃にはセン
ターは単なる哲学カフェの開催場所ではなくなっていた。年度末
に作成した「事業評価シート」には、「哲学カフェがボランティア
にも参加しやすい、参加したい場になるには、テーマ設定も含め
てどういう場づくりをすればいいか、わからない」、「テーマを協
会職員やボランティアからも募ることによって、とよなか国際交
流協会の関係者の関心のあることについて、公共の場で意見を交
わし、考えを深めることができるだろう」と記されている[11]。

　そこで次の年度は、「より協会の事業内容・協会という場所で行
うということに目を配りながら大テーマを設定し、そのもとで問
いをつくった」（2012年度事業評価シートより）。具体的には、「居
場所」というテーマのもとで「居心地のいい場所って、どんな場
所？」（第20回）、「ホッとするってどういうことだろう？」（第
21回）という問いを、「国際」というくくりで「外国語を学ぶっ
てどういうこと？」（第22回）、「外国で暮らしたい？」（第23回）、
「なぜカルチャーショックをうけるのか？」（第24回）という問い
を立てて対話した。

　2013年度以降は、毎回明確にとよなか国流に関連するテーマで
対話したわけではない。しかし、進行役の関心も聞きながら、「と
よなか国流的なもの」に関係する問いを設定することが多くなっ
ていった。運営していた私たちに、哲学カフェをボランティア研
修にしようという意識があったことも一つだが、問いを決めるミー

---

11)　とよなか国流では、毎年度末に、職員やボランティアが集まって各自の事業
　　評価を共有する「事業評価会」が開かれる。これに向けて各事業で事業評価シー
　　トを作成する。

ティングをセンターで職員と一緒に行うようになったことも大きい（経緯は後述する）。その結果、固定観念や常識のなかでも特に抑圧的なものを考え直すような問いや、安心できる居場所についての問いが出てきた。「強くなりたい？」（第 28 回）、「「甘え」ってどんなときに使う言葉なんだろう？」（第 29 回）、「心細いってどんなこと？」（第 37 回）、「「安心」ってなんだろう？」（第 44 回）などなど。また、ボランティアを念頭に置いて「ひとの力になるってどういうこと？」という問いで対話したこともあった（第 38 回）。こうした対話のなかで、普段は自明視している事柄について、異なる集団に属する人の見方や同じ集団内での意見の多様性に触れることは、うまくいけば「学びほぐし」という形のマジョリティ教育になりうるだろう[12]。

　進行役とのミーティングのなかで、とよなか国流の特徴や「学びほぐし」について説明しているわけではない。センターという場所や職員の方々の雰囲気によって、センターでの哲学カフェがどのような性格のものなのか、それとなく進行役に伝わっているように感じる。また、年度末の事業評価のために振り返ることで、職員と私たちで一緒に次年度の方針を立てる機会が与えられていることもあって、「哲学カフェ in とよなか国際交流センター」らしさを維持できているように思う。

　もちろん、ボランティア研修を意識した問いを立てたとしても、他の事業でボランティアをしている人たちが参加してくれるとは限らないし、対話の内容も進行役がすべてコントロールできるわけではないから、実際に哲学カフェがボランティアの人たちの学

---

[12]　ダイアン・J・グッドマン、出口真紀子（監訳）、田辺希久子（訳）『真のダイバーシティをめざして　特権に無自覚なマジョリティのための社会的公正教育』、上智大学出版、2017 年、201 頁。

びほぐしの場になっていたかどうかはわからない。反対に、特に
ボランティア研修を意識していない問いの哲学カフェが学びほぐ
しの機会を提供したこともあったかもしれない。哲学対話の本性
からして、哲学カフェには明確な目的を確実に達成することは難
しい。

　ありがたいのは、こうした「効果の測れないもの」を受け入れ
てくれるとよなか国流の価値観だ。臨床哲学研究室で企画したイ
ンタビューのなかで、榎井さんは、「誰が周縁化されていくのか」
という問題意識のなかで、効果を測定して「仕分けしたら一発」
で廃止されるものも「すき間や余白」として残しておくことが、
学校や社会に居ないことにされている人たちに「居ていいよ」と
いうメッセージを出したり、「居続けるために必要な力」を取り戻
せるようにしたりすることにつながると述べている。こうした考
えが協会で共有されているおかげで、「「これ国流でどういう意味
があるの」とかっていわれると、うっ、て詰ま」るような存在で
ある哲学カフェも、「〔参加者の〕人数の問題ではぜんぜんなくっ
て、でもつづくよね」というように存続が認められているのだろ
う [13]。

4.「さんかふぇ」との比較のなかで

　2011 年度から 2015 年度までセンターで行われた「さんかふぇ」
も、とよなか国流での哲学カフェが変化していく大きな要因となっ
た。新自由主義的な施策の一環として指定管理制度を導入した豊

---

13)　「榎井縁さんインタビュー　居場所は場所ではない」(聞き手 : 金和永、井筒怜)
　　『臨床哲学のメチエ』第 21 号、2014 年、35-36 頁。

中市に対して、協会は他の応募団体より低い予算を提示し、2011 年度からの 5 年間、センターの管理者に指定された。2015 年に再び行われる競争入札に向けて、協会は「様々な課題を乗り越え、活動や協会をいっそう活性化するためのプロジェクト」として、「みんなでデザインする協会（組織）・活動（人びと）・センター（公共空間）の 5 年」、通称「デザイン 5」を立ち上げた。さんかふぇはその一つとして、臨床哲学研究室と協力しながら実施された[14]。

　同じ対話型の活動とはいえ、さんかふぇは哲学カフェとはかなり異質だった。2011 年 1 月にハワイの p4c（philosophy for children、こどもの哲学）と出会い、その「魔法」にかけられたほんまさんは、「セーフな探究のコミュニティ」をキーワードとする p4c ハワイのスタイルを日本でも実践しようとしていた[15]。さんかふぇは、その最初期に属する活動だった。円になって座り、誰でも簡単に答えられる質問をいくつか出し合い、毛糸のボールを回しながら全員ができるかぎりこれに答える。他の参加者の答えを聞いて気になったことや感じたことを話したり、別の問いかけをしたりして、さんかふぇは進んでいく。金さんや私はほぼ毎回参加していたが、哲学カフェの進行役のような動きはせず、最初の質問を積極的に出したり、探究を深めるための質問を比較的多くしたりする程度だった。とよなか国流全体のプロジェクトとして始まったため、特に初年度は職員やボランティアが多数参加し、とよなか国流の大事にしていることや、とよなか国流への思いを

14）　さんかふぇについては以下で報告した。本間直樹、金和永、高橋綾、川崎唯史、菊竹智之、安谷屋剛夫「哲学相談のコミュニティ・アプローチとしてのフィロソファー・イン・レジデンス」、『philosophers』第 1 号、2016 年、6-32 頁。

15）　p4c ハワイについては、高橋綾、本間直樹・ほんまなほ『こどものてつがく──ケアと幸せのための対話』大阪大学出版会、2018 年、第 2 部第 3 章を参照。

話す場になった。

　p4cハワイに倣って、さんかふぇでも「身体的、感情的に脅かされておらず、リラックスして対話に参加できること、「これを言わなければならない」「これを言ってはならない」「わからない、違うと言えない」という発言の知的バリアがないこと」[16)]を大切にした。多様な文化的背景をもち、必ずしも英語の得意でないこどもたちが安心して対話できるように発展してきたp4cハワイのスタイルは、居場所や安心を大切にするとよなか国流に自然と受け入れられた。

　他方の哲学カフェは、ある音が前後の音とつながることで別の印象を与えるように、さんかふぇとの比較で新しい見方を受けるようになっていった。2011年度の末にさんかふぇについてとよなか国流の職員やボランティアの方々と振り返ったとき、職員の阿部和基さんは次のように語った。

　〔哲学カフェで〕「男らしさ、女らしさ〔って？〕」で話し合ったときなんですけど、テーマが決まっていて、誰でも自由に発言したらいいという…さっきネルソンさんも、誰でも自由に発言できるっていうのを履き違える人がいるのがこわいって言っていたんですけど、その履き違えるっていうのはその場にいる人を傷つけてしまうようなことではないのかなと思っていて。例えば一つのテーマについて全員が話していたら、その人がいないものだと思って発言しちゃうから、女性がいるのにあたかも女性がいないかのように発言してしまうっていうことが起こりうるのかなと思って、簡単に言えば危うさを感じていて。さんかふぇは哲学カフェと違ってテーマがない分、人と人との会話の中で発展していくから、人が必ず目の前にいて、そ

---

16)　前掲『こどものてつがく』、102頁。

の人と話しているわけじゃないですか。だからバトルも話が逸れず
に投げ合いでできるのかなと（笑）。さんかふぇでも危うい場ってい
うか、自由に発言することを履き違える人はやっぱりいるとは思う
んですけれど…。哲学カフェとの違いは、人とのコミュニケーショ
ン、人との間が深いなっていう風に感じますね。[17]

　「男らしさ、女らしさって？」という問いで 2011 年 11 月に行っ
た第 16 回の哲学カフェは、ひどくショッキングな事件になってし
まった。相互に知り合いの男性数名が、代わる代わる長時間にわ
たって発言したり、他の参加者の発言に大きな相槌を打ち続けた
りして、実質的にその場を支配した。彼らは周りの人、特に女性
がいないかのように振舞い、当初参加していた女性たちはどんど
ん去っていき、車椅子ユーザーで退出の難しかった女性だけが残っ
た。彼らが「女性の意見も聞きたい」と求めた彼女の発言は、まっ
たく関係のない彼らの発言によって押し流された。進行役だけで
なく他の参加者も話の流れを変えようと何度か試みたが、どれも
うまくいかないままにその場は終わってしまった。その後、セン
ターでの振り返りに加え、臨床哲学関係者の参加するメーリング
リスト上でも、ほんまさんが相談をもちかけ、この回について多
数のやり取りがなされた。そこでも、さんかふぇと対比しながら、
従来通りの哲学カフェでは誰もが安心して話せる場をつくれない
のではないか、セーフなコミュニティのやり方を取っていればよ
りよく対応できたのではないか、といった思いがつづられた。
　引用した阿部さんの発言にも表れているように、私たちはその
後、マジョリティがマジョリティである自覚もなく発言権を握り

17）「「さんかふぇ」のこれまでとこれから──とよなか国際交流協会の方々と考
える──」、『臨床哲学のメチエ』第 18 号、2012 年、5-6 頁。

かねない場として、女性を含めてさまざまな背景や事情をもつ人が安心して自由に話せるとは限らない場として、哲学カフェをイメージするようになった。そして、同じような事態がなるべく生じないように、問いなどの設定を進行役任せにせず、センターで職員の方と一緒に考える、進行役の雰囲気や思いの伝わるようなチラシを進行役自身で作成してもらうといった運営上の変更を行った。

5.　女性のための哲学カフェ、若者のための哲学カフェ

　回を重ねるにつれ、哲学カフェと「公共空間」や「市民」との関係についても考え直すことになった。

　哲学カフェを開くと、確かにふだんセンターに来ない人たちが来てくれる。しかし、彼らがそこから外国人問題に関心をもったり、協会の他のイベントに参加したり、協会ボランティアになったりしたかというと、残念ながらそうしたケースはかなり稀だった。目立ったのはむしろ、インターネットなどで把握した哲学カフェに都合がつくかぎり参加する人たちだったり、「若者がどう思っているか知りたい」と他の参加者に発言を要求する高齢の男性たちだったりした。

　哲学カフェを居場所のように思う人がいること自体はすばらしいことだ。しかし、「男らしさ、女らしさって？」以外の回でも、対等で安心できる対話にならず、社会におけるパワーや発言権の不均衡が再演されてしまうことは少なくなかった。発言ごとに進行役が強く介入して流れをコントロールするパリ風のスタイルなら話は別だろうが、学部生や院生が進行役を務めるとよなか国流

の哲学カフェでは、対話中のアドリブの動きによってすべてに対応することは難しい。

　この社会は偏っていて、中心にいるという自覚を迫られることもなくのびのびと生きている一握りの人たちと、周縁化されて力も声も奪われ、安心して暮らせないたくさんの人たちがいる。何か一つでも違えば前者のまま暮らしていただろう私に、そのことを背中で教えてくれたのは、他でもなくとよなか国流の人たちだった。月に何度もセンターに通い、彼ら彼女らと知り合い、対話や会話を重ねるなかで、従来通りのやり方で哲学カフェを続けるという選択肢は自然と消えていった。

　センターで行うことを意識して問いを立てるようになったと書いたが、その他にも職員や進行役と相談しながら試行錯誤した。前述の経緯もあって、まず女性が安心して話せる回をつくりたいと考え、2015 年度から基本的に毎年一度は「女性のための哲学カフェ」を開催することにした。進行役をお願いした育児中の院生の方の提案で、女性が参加しやすいと思われる時間帯（土曜の 10 時 30 分から）を選び、協会の予算で保育ありにしてもらい、話したい人が全員話せるように定員を設けた。「女性のための」が付かない回でも、同様の時間帯に開催したり、乳幼児連れでも参加できる旨をチラシに書いたり、定員を少なめに設定したりと、女性のための哲学カフェをモデルにして工夫する回が増えた。

　会場についても見方が変わった。長らく利用してきたセンターの「コミュニケーション・コモン・スペース」（通称 C.C. スペース）は、広くて壁もなく、大きな窓もある開放的な空間で、開かれた対話の場としての哲学カフェにはぴったりの場所だと感じていた。しかし、安心して話せることに重心が移ることで、音が拡散しやすい点や非参加者が横を通る点などが気になってきた。そ

こで、2018 年の女性のための哲学カフェ以降は、ある程度広いが開放的すぎない場所として団体交流室（通称 B.B. ルーム）を使い始めた。まだ数回だが、手ごたえはある。会場は対話の雰囲気を大きく左右するから、この変更はとよなか国流での哲学カフェの変容を象徴するものだと言えるだろう。さんかふぇとの並走を経て、哲学カフェもその場のセーフティを重視するスタイルにかなり近づいた [18]。

　女性のための哲学カフェを定期的に開催するようになって、男性から「自分は参加できないのか」という問合せもあった。排除されていると感じた人がいたら申し訳ないと思う。しかし、公共空間とは、現実の社会状況をそのまま反映することでつくられるべきものだろうか。ふだん声を出しにくい人、言葉を聞き取られていない人のための場を設けることは、哲学カフェそのものにとっては重要ではないかもしれない。だが、とよなか国流の事業として哲学カフェを続けるなかで、それはほとんど必然的な流れだった。上述の回で男性たちが発言し続けて女性たちが去っていったことと、女性のための哲学カフェに男性が参加できないこととは、現実の社会との関係を鑑みれば、質的にまったく異なると私は思う [19]。

　最初期からの課題として、日本語が得意でない人が参加しにくいということがあった。センターを利用する人だけでなく、他事業のボランティアにも、日本語を母語としない人が多くいる。問

18）　ただし、哲学カフェの本性上、始まるまで誰が参加するかわからないこと、継続的な参加を求められないことなど、学校のように探究のコミュニティをじっくり育てていくには不向きな特徴がどうしても残る。

19）　なお、「女性のための」という言葉が MtF トランスジェンダーの人たちを除外するように見えるのは私たちの本意ではないので、2018 年度からはチラシに「じぶんが女性であると思う方のみ」参加できると表記するようにした。

いに対する答えを共同で練っていくという一般的な哲学カフェの流れでは、終盤になればなるほど議論が細かくなり、抽象的な言葉も増えるため、日常会話以上の言語能力を参加者に求めることになってしまう。センターでの哲学カフェが問いを答えやすいものに設定するようにしてきたのは、机上の問題ではなく自分に関わりのあることとして問いを捉えてほしいという面もあるが、日本語がそれほど得意でなくても参加しやすくしたいという思いもあった。しかし、それで参加してもらえているかと言えばまったく不十分のままだ。

　2019年度に初めて行った「若者のための哲学カフェ」では、協会が行っている外国にルーツをもつ若者向けの事業[20]と時間を合わせてもらい、彼らにも身近なテーマである「労働」や「お金」を念頭に、「936円で何する？」を問いとした（936円は当時の大阪府の最低労働賃金）。労働に強い関心をもつ若者も来てくれて深い対話になったが、進行役だった私の気遣いが足りなかったこともあって、何人かの参加者には難しかったことを後に教えられた。全員の理解を確かめるための介入を丁寧に行ったり、やさしい日本語で話すよう参加者に頼んだりする必要がある。ボランティアに学びほぐしの場を提供するためにも、外国にルーツをもつ人たちが抱える問題を一般市民と分かち合うためにも、センターでの哲学カフェはまだまだ未完成だ。

20)　詳しくは、黒鳥トーマス友基「若者支援——職員だって悩む」、前掲『外国人と共生する地域づくり』、84-93頁を参照。

コラム

問いに集うということ —— まちづくりと哲学対話

永井　玲衣

　哲学は人を選ばない。大学の偉い先生にも、たばこ屋のおばあさんにも、黄色い帽子を被った幼稚園生にも、立派な役職に就いているビジネスマンにも、哲学はすぐそばにいる。

　哲学は場所を選ばない。学校の授業中、企業での会議、観光に立ち寄ったお寺、作品を鑑賞しながらの美術館、どんな場所でだって哲学は始められる。人と一緒に哲学する哲学カフェは、カフェという名前がつけられているが、同じくどこでだって始めることができる。特別な機材や照明はいらないし、紙やペンだって必要ない。古代ギリシャの都市にあったアゴラで、人々が身一つで議論をしたように、哲学カフェも人と場所さえあれば始めることができる。

　わたしはここ数年、複数のまちづくりの協議会に関わり、住民を集めて哲学カフェを定期的に開催してきた。まちづくりの場で哲学、というと不思議に聞こえるかもしれないが、先のアゴラの例を取ってみれば、その地域に住む人たちで集まって話すということは、そこまで変なことでもない。それに、まちづくりの場というのは、都市計画者や建築家、行政、そしてそこの住民たちが広く集まって対等に話すという対話を意識したものであり、哲学対話が行われる土壌は十分に整っている。だが、なぜわざわざ、まちづくりの場で哲学なのか。

　哲学対話は、主張を構築していくというよりも、前提を共有していく試みである。わたしたちの主張は実はみんな似たり寄ったりだ。安全なまち、安心のまち、よいまちに住みたい。幸せに生きていきたい。だが、その前提は人それぞれ人の数だけ異なっている。その「よさ」とは何なのか、何が「安全」なのか、「幸せ」とは何か。抽象的で非効率的な対話のように見えて、この部分がしっかり発露されていないと、皆が納得いくまちづくりは不可能だ。だからこそ、哲学対話の中で、問いを重ね、互いの前提を明らかにし、探究を前進させていく。しかし実のところ、そこだけがまちづくりの場での哲学対話の魅力ではない。

　都市計画者たちは首をかしげるかもしれないが、まちづくりの場での対話は「よいまちとは何か」だけでなく「自由とは何か」「人間に固有の価値はあるか」などのいわゆる哲学的なテーマも扱う。そうすることによって、わたしたちは利害を絡めることなく、探究者として対等になることができる。相手が何を考えているか知ることができる。理解しようとすることができる。

　たとえば、あるまちでのイベントのこと。主にそのまちに住んでいるひとが集まり、哲学対話を行った。中には建築家や協議会のメンバーも混じっている。主催はまちづくり協議会なので、まちに関するテーマをあらかじめ設定しようかと一瞬頭をよぎったが、やはり参加者に問いを立ててもらうのがよいと思い、10分ほどまちを歩きまわってもらってから問いを聞くことにした。最初は緊張した面持ちだった参加者は、身体を動かしてきたせいか、柔らかな表情になり戻ってくる。どんなことを考えたいですか、と尋ねると、参加者は「時を共有するとは何か」「正すとはどういうことか」など、一見すればまちづくりとは遠く離れた問いを提起してくれた。だがこれはすべて、彼らがまちを歩き、その景色

に誘発された結果生み出された問いなのだ。

　わたしたちは、互いにこのまちにどんな人が住んでいるのかを知らない。集まって住んでいるのに、隣の人の名前も知らない。そんな中でまちづくりの話し合いに集まると、曖昧な微笑でもって、雑駁な共感が重なり合い、議論が上滑りしていく。そうですね、そうかもしれません、わかります。わたしたちは似たり寄ったりの言葉を使って、主体なき「空気」に歩調を合わせ、誰も望まぬ結論へと歩みを進めてしまう。

　だが本当はわたしたちは、とてもばらばらで、そしてこの一つのまちに集まっている。全く異なる人間が一つのまちに集うように、わたしたちは一つの問いに集う。答えがすぐには見つからない問いが、わたしたちを対等にしてくれる。そこでは、身分や立場は差しあたり問題ではない。わたしたちは主張し合うというよりは、ばらばらの存在として問い合う。こうして、わたしたちは「共に考える」という体験を共有する。そしてまた、それぞれの人生に戻っていく。哲学は人も場所も選ばない。

第 3 部

哲学対話と教育

第 1 部では小・中・高等学校、大学などの教育現場での哲学対話の実践を、第 2 部では広く社会の現場での哲学対話の実践を、それぞれ報告して考察した。そこでは、狭い意味・広い意味での教育において哲学対話がもちうる意義とともに困難も報告され、考察されていた。最終章となる本章では、哲学対話と教育の決して単純ではない関係を考察したい。複眼的な考察をするために、教育現場における哲学対話に携わってきた、2 人の世代を異にする臨床哲学研究者（寺田俊郎、中川雅道）の論考を並列し、最後に「往復書簡」の形で論じあうことにしたい。

第11章　それでも哲学対話を教育に生かす

寺田　俊郎

1. 教育の基本としての哲学対話

問いを問いあう文化をつくる

　第1章の「こどもの哲学との出会い」の節で書いたように、ぼくがこどもの哲学に出会った当初抱いた期待は、こどもの哲学は、問いを問いあう文化、自分で考え、他の人々とともに考える文化を学校につくることに役立つのではないか、というものだった。その期待は、今も変わっていない。そのような文化が育てば、これまでの学校の息苦しい不幸なあり方は、変わるだろう。それが、20年の歳月を経て、変化の兆しはみられるものの、相変わらず期待のまま留まっていることには、悄然とせずにはいられない。しかし、とにかく、希望を込めて哲学対話のこれからを語ろう。

　学校は息苦しい不幸な場所だ──それは、数十年前に表面的には何の問題もなく小・中・高等学校に通い続けた（あるいは通い続けることのできた）ぼく自身の経験からも、20数年前に中・高等学校の専任教員をしていた経験からも、まず込み上げてくる感慨である。

　もちろん、ぼくの学校経験は否定的なものばかりではない。否定的なものばかりだったとすれば、教員免許状を取得したり、実際に学校の教員になったりはしなかっただろう。学校の教員を志

257

す人々の大半は、自分自身が学校で何らかの好ましい経験をした人々であろう。そのこと自体が学校をめぐる問題の一つでもあると思われるが、それはここでは措く。小学校、中学校、高等学校を通して、教員、児童・生徒、同僚とのさまざまな出会いがあり、楽しく嬉しいものであれ、辛く悲しいものであれ、さまざまな学びの経験があり、そのなかには今思い出してもありがたく、かけがえのないものが多くある。しかし、振り返ってみるとき、そういった肯定的な思い出が多くあるにもかかわらず、ぼくは学校という場を全面的に肯定的に語る気にはなれないのである。

　学校が息苦しい不幸な場所になっていることを象徴する事象が、校則をめぐる喜悲劇である。学校は、往々にして、理由のよくわからない校則が氾濫する場所であって、こどもも窮屈だろうが、それを守らせようとする教員の苦労も並ではない。校則をすり抜けようとする児童・生徒と守らせようとする教員との間で繰り広げられる、文字通りのいたちごっこは、喜悲劇としか言いようがない。その結末は、教員を蝕む徒労感と教員とこどもの間にわだかまる不信感である[1]。

　しかし、ほんとうに深刻な問題は、校則をめぐる悲喜劇そのものにあるのではなく、その背景にある、問いを問いあわない文化、問いを封じる文化にこそあるのではないだろうか。なぜそのような規則があるのか、なぜそのような規則に従わなければならないのか、というまじめな問いは、教員によっても生徒によっても、まず問われないし、問われたとすればたちまち封じられる。

---

1)　校則問題の解決は、児童、教員、保護者ら学校教育の当事者が自ら考えることによってしか解決できないという、1900 年代の時点での小学校教員の報告がある。永山彦三郎『学校解体新書――世紀末ノ教育現場カラノ報告』TBS ブリタニカ、1999 年、第 4 章。2020 年を迎えた今日も、この状況はそう変わっていないように思われる。

　しかも、問いを問いあわない文化は、学校の生活指導を支配しているだけではなく、学習指導をも支配している。問いを問うことが知的活動の基本であることからすれば、驚くべきことだが、授業中の教室にすら、問いを問いあう文化は希薄である。大学の初年次の哲学の演習授業で、毎年聞かれる感想の一つは次のようなものだ。「こんなに問いを問いあい、意見を交わしながら考えるのは初めてだ」。1970 年代に高等学校に通ったぼくの世代ならばともかく、学習におけるコミュニケーションの重要性が説かれ、総合的な学習の時間が導入されて久しく、さらにアクティブ・ラーニングなどの教育手法が注目を浴び始めた 2010 年代の高等学校の生徒の感想である。問いを問わない教室の文化は、何十年も変わっていないのである。これは驚くべきことである。

　そして、問いを問わない文化、問いを封じる文化が招く息苦しさは、学校だけではなく日本の社会全体を覆うものであるように思われる。中島義道は、問いを封じ、「優しさ」と「察し」を美徳とする文化が、感受性の異なるマイノリティを抑圧する様を見事に描き出している [2]。問いを問わない文化、問いを封じる文化と、高い同調圧力、「空気を読む」風潮との間には密接な関係があると思われる。中島は 1990 年代の日本社会を踏まえて論じているのだが、2020 年代を迎えようとしている現在も、事情はそう変わっていないようだ。

　こどもの哲学をはじめとする哲学対話は、学校だけでなく広く社会に問いを問いあう文化を創り出し、息苦しさを和らげることに貢献するのではないだろうか。この意味では、ぼくがこどもの

---

2)　中島義道『〈対話〉のない社会――思いやりと優しさが圧殺するもの』、PHP 新書、1997 年。

哲学に期待することは哲学カフェに期待することと重なる[3]。学校を中心としてこどもたちと共に行う哲学対話が、教育現場に対話の文化を創り出すとすれば、街角を中心としておとなたちと共に行う哲学対話は社会のさまざまな現場に対話の文化を創り出すのである。その意味でも、哲学対話は狭く学校教育に限定されない教育の手法なのだ。

こどもとする哲学対話の「効用」

　その後、ぼくは哲学対話をさまざまな場所で試み、また、さまざまな人々がさまざまに試みている哲学対話の実践を知ることによって、当初漠然としたものにすぎなかった哲学対話に対する期待は次第に明確になり、確信のもてるものに変わっていった。哲学対話は次の三つの点で、学校教育に貢献すると期待することができる。

　第一に、道徳性の基礎（自他に対する尊敬、他の人の立場に立つこと、非暴力的な問題解決や異質な人々の共存の技法と作法）を養い育てること、第二に、市民性の基礎（民主的・共同的意志決定や熟議の技法と作法）を養い育てること、第三に、学力の基礎（自分で考え、かつ他の人々とコミュニケーションをとりつつ共に考えること）を養い育てることである[4]。

　これら三つのことを養い育てるには、他にもいろいろな手法が考えられる。そのなかで、なぜ哲学なのか。その答えは、言うま

---

3)　哲学カフェの多様な展開については次の文献を参照。鷲田清一（監修）、カフェフィロ（編）『哲学カフェのつくりかた』大阪大学出版会、2014 年。

4)　哲学対話の効用については、次の文献をも参照。河野哲也『道徳を問いなおす──リベラリズムと教育のゆくえ』ちくま新書、2011 年。

でもなく、哲学対話というものの本性と大きく関わっている。さ
しあたり、哲学対話の本性として次のものをあげることができる
だろう。

（1）哲学の方法は対話しかない。つまり、自分で考え（自律的思考）
　　　かつ他の人と共に考える（共同的思考）しかない。

（2）当たり前とされていることを問い直す。つまり、自他の意見の
　　　前提や自己の生や社会の基盤を問い直し（批判的思考）、よりよ
　　　いものへと改訂していく（創造的思考）。

（3）理由・根拠・前提を問う。つまり、異なる考え方に対する「理」
　　　解を求める。

（4）意味・価値・文脈を問う。つまり、事柄を自分の生のコンテキ
　　　ストのなかに位置づけると同時により広いコンテキストのなか
　　　に位置づける。

（5）人の生にとって重要だが簡単に答えの出ない問いを問う。つま
　　　り、答えが出ないからといって簡単に問いを手放さず、問いを
　　　保持し続ける（「宙づり状態に耐える」[5]）。

（6）客観的すなわち第三人称的に思考するだけでなく、主観的すな
　　　わち一人称的にも、相互主観的すなわち二人称的にも思考する
　　　（全人称的な思考）。

（7）既存の学知・常識・おとななどの権威によっては答えられない
　　　哲学の問いは、比較的平等で自由な空間を生み出し、そこでは
　　　おとなも教え導く者ではなく共同探究者となる（自分たちが無
　　　知であることを認めあう状況すなわち「ソクラテス的状況」）。

---

[5]　森秀樹『〈市民性教育〉としての〈こどものための哲学〉』（平成20〜22年度
　科学研究費補助金（基盤研究（C）、課題番号205308530002）研究成果報告書）
　2011年。

このような本性をもつ哲学対話から見て、哲学対話には、道徳性、市民性、学力の基礎にかんして次のような効果が期待される。

　道徳性を養い育てると一口に言っても、いろいろな側面がある。ここでは、三つの側面を明確にしておきたい。一つは、相互人格的な態度というべきものである。自他の考え方・感じ方の違いを認めつつ自由で平等な人（人格）どうしとして聴きあい・話しあう態度である。このような態度を育てるためには、権威関係から相対的に自由な、自由で平等な対話空間が必要であるが、哲学対話はそのような空間を開くのに適している。

　二つ目は、価値観（大切なもの）の明確化と深化である。自己の生にかかわるさまざまな事柄の意味と価値を問い、考え、その過程を他の人々と共有することによって、自他がすでにもっている価値観を明確にするとともに、多様な価値観があることを知り、新たな価値あるいは新たな意味に気づくことができる。そしてこの価値・意味の感覚は人の尊厳と不可分であり、人の尊厳が道徳の基底をなすことを考えれば、哲学対話は道徳性のもっとも基本的な部分を育てるということもできる。

　三つ目は、道徳的規範の意味の明確化である。批判的思考と文脈的思考とによって、善悪・正邪の意味、通常の道徳的規範の意味が明確化するとともに、道徳的規範をないがしろにするのでも、それに杓子定規に従うのでも、いずれでもなく、変化する状況の下にあって自分で考えて道徳的判断を下す力が養われるのである。

　市民性を育てることについては、二つの側面を指摘したい。一つは、哲学対話と民主的意思決定の基礎としての熟議の技法・作法との関係である。熟議の技法・作法の基礎になるのは、多様な立場を尊重しつつ聴きあい話し合う対話的態度であることは言うまでもない。これは、先ほど道徳性について述べたこととも重な

る。

　時間や資源の限られたなかで、有益・有効な意思決定をするためには、言うまでもなく、説得、妥協、交渉などの政治的技法が必要である。だが、本当によい民主的意思決定をするためには、それだけでは足りない。自己の目的を達成するための手段としての政治的技法に終始するのではなく、場合によっては自己の立場が変わることも辞さず、事柄に即してよりよい答えを求めていく態度が必要とされる。そのためには、哲学的な対話と政治的な討論（ディベート）との相違を理解した上で、両方の技法を身につける必要がある。哲学対話は、最近の市民社会論に引きつけて言えば、市民社会（政治社会から相対的に独立したコミュニケーションをメディアとする生活世界[6]）を生きる技法なのである。

　もう一つの側面として、現代社会における価値観の多様化、科学技術の発展、グローバル化などによって生じる新たな問題が、民主的意思決定を「ソクラテス的状況」の下に置かずにはいないことをあげることができる[7]。それらの問題は、たとえば科学技術などの特定の分野の専門家ですら解決に確信をもてないものであることが多いだけでなく、われわれの人間観、世界観、価値観に深く関わるものであり、しかも伝統的な思考様式や行動様式のみによってはもはや解決できないことが多いからである。そのような「ソクラテス的状況」において、あらゆる市民が自ら考え、意思決定をすることが求められる。その技法を養うには、哲学対話が最も適しているように思われる。

　学力の基礎についても、二つの側面に注目したい。一つは、自

---

[6]　中岡成文『ハーバーマス』講談社、1996年、第4章。
[7]　ギデンズのいう「再帰的近代」における意思決定の状況と言ってもいいだろう。森秀樹の前掲報告書参照。

律的・共同的探求の技法と作法であり、もう一つは、「学校知」と
「生活知」の乖離を埋めることである。自律的・共同的探求が学力
の基礎であることをあからさまに否定する人はあまりいないだろ
うが、それが学校教育に欠けていることは繰り返し指摘されてき
た。そして、この欠陥が学校のあり方そのものから生じているこ
とも、さまざまな論考によって裏づけられる。たとえば、「学びか
らの逃走」の背景には「じぶんの頭で考えさせない学校のシステ
ムがある」という学校現場からの報告である [8]。また、この欠陥は、
「学校知」と「生活知」の乖離という現象にも、密接に関係してい
るように思われる。

　学校教育における「学校知」と「日常知」との乖離は、形を変
えて繰り返し議論されてきた [9]。学校での科学や数学の教育は、一
定の公式を与え、それを応用して問題を解くという「一般的手続
き重視」型教授になりがちであるが、そのため生徒はその公式を、
その公式が意味をもつ文脈から切り離して憶えることになり、そ
の知識の生かし方がわからないのである。こうして多くの学生が
「役に立たない」知識を蓄えることになるだけでなく、「学校知」
と「日常知」が乖離したまま学校教育を終わり、そのまま「学校
知」の方は忘れてしまう。自然科学や数学は「難しい」「自分の生
活にはかかわりがない」「一部の専門家に任せておけばよい」もの
になってしまう。湯浅正通によれば、「学校知」と「日常知」との
乖離を解消するためには、問題が文脈（物語）の中で与えられる

---

8)　永山彦三郎、前掲書、第 4 章。

9)　中岡成文『臨床と対話 —— マネジできないもののマネジメント』大阪大学、
　2003 年所収の高橋綾「対話のインセンティヴ —— こどもたちとの『楽しい』対
　話のために」に基づく。高橋が引いているのは、湯浅正通「こどもによる『科学』
　が本当の科学となるために」、岡田猛ほか編『科学を考える　人工知能からカル
　チュラル・スタディーズまで 14 の視点』北大路書房、1999 年。

ことに加えて、「こどもたちが自ら課題または目標を発見すること」、クラスの仲間との関わり、共同の探究活動によって科学的知識を習得することが重要である。

　自分で考え、他の人とともに考えることを唯一の方法とし、物事が自分たちにとってもつ意味・価値・文脈を問う哲学対話は、学力の基礎を培うに不可欠なものを養うのである。

　このように、こどもとの哲学対話には、いくつかの「効用」がある。しかし、最後まで忘れずにいたいことがある。こどもが発する哲学的な問いをおとなが受けとめ、大切にし、こどもとともに考えること自体の価値である。マシューズが細やかで温かい筆致で描き出しているように、こどもは哲学的な問いを問い、それをめぐる対話を楽しむことができる。そして、おとなたちもこどもとの哲学対話を通じて多くを学ぶことができる。こどもたちは真の哲学の問いを問うし、それをめぐって理性的に考えることができるのであり、おとなは、こどもを、真理を探究する仲間として認めるべきなのである[10]。

哲学対話の一般的効用

　以上のようなこどもとする哲学対話の効用は、すべておとなの哲学対話にも当てはまる。道徳性を涵養すること、市民性を涵養することは、そのままおとなの課題でもある。特に民主主義社会の政治が健全であり続けるために必要な熟議の技法と作法の涵養は、民主主義社会に絶えず付きまとう永遠の課題である。

　では、学力はどうか。「学力」と言えば、学校教育が思い浮かべ

10)　ギャレス・マシューズ（鈴木晶訳）『こどもは小さな哲学者』、新思索社、1996年、および同（倉光修、梨木香歩訳）『哲学とこども』、新曜社、1997年。

られるのはもっともだが、自律的かつ共同的な探求の技法と作法、「学校知」と「生活知」との乖離を埋めることは、職業生活においても、社会生活においても、われわれが生きるあらゆる場面で必要とされることである。それをもっとよく表すためには「専門知」と「生活知」の乖離、あるいは「専門知」と「実践知」の乖離、と言い換えたほうがいいかもしれない。

　哲学対話には「学校知」や「専門知」が「生活知」や「実践知」に変わるのを促す働きがある。先ほど「学校知」と「生活知」との乖離を埋める働きを論じたときは、哲学対話の特徴（4）のみを引き合いに出したが、実は（1）から（7）までのすべての特徴がこのことに関わっている。それら一つ一つに即して検討することはしないが、まとめて言うと次のようになる。哲学対話においては、既存の専門知によっては答えられない問いが問われるのだから、各自が自分で考え、対話を通じて他の人とともに考えるしかなく、各自が対等に「非専門家」の立場に置かれるからこそ、各自の生活や実践に即した探求が可能になるのだ。

　それは、別の言葉で言えば、哲学対話の場では、参加者は自分の「専門性」、つまり、身分、職業、役割などから解放されて、1人の人として考えることができるようになる、ということである。このことを、ぼくは哲学対話の「リハビリ効果」と呼んでいる。「リハビリ」という表現は、もともと哲学の専門研究者が哲学の非専門家と哲学対話をすることによって、本来の哲学、つまり哲学する営みを取り戻す、という意味で用いていたものだった。ところが、『哲学カフェのつくりかた』の座談会で、そのようなリハビリは哲学の専門研究者のみならず、あらゆる参加者に起こりうることだと指摘されたことがきっかけで、広い意味で使うようになったのである。

　同じことは、さらに、自分の「党派性」から解放されて、1 人の人として考える、と言い換えられるかもしれない。ここでいう「党派性」とは政治的党派性だけでなく、ひろくある特定の集団の立場を取ることを指すが、もちろん、政治的な党派性に特定して考えれば、先述の熟議の議論に当てはまることになる。

学校における哲学対話の困難

　問いを問いあう文化があってこそ、学校は道徳性や市民性を養うのにふさわしい場になることはもちろんのこと、学力を養うのにふさわしい場にもなる。そして、それとともに、学校は息苦しく不幸な場であることから解放されていくだろう。しかし、学校自体がそのように変容することは、絶望的に困難であるようにも思われる。それは、現行の学校制度を変革することにまつわる難しさだけではない。近代の学校制度が内包する根本的な難しさでもあるように思われるのである。

　こどもの哲学と理念を共有する教育実践は、他にもいろいろある。たとえば、20 世紀の代表的な教育構想である、ロジャーズの教育論、フランスの制度主義的教育論、ドイツの解放教育学、コールバーグの道徳教育論に共通の要素として、「討論の場」と「自己決定の場」が認められ、「自由な語りの場であること」「メタ・コミュニケーションを含んでいること」「こどもたちが運営の権限と責任を与えられるなかで、協働と合意形成の能力を育むこと」といった共通点が認められる[11]。これらの特徴は、ほぼそのままこどもの哲学に当てはまる。

---

11)　岡田敬司『コミュニケーションと人間形成』ミネルヴァ書房、1998 年。

　しかし、それらの教育実践は一般に普及しなかった。なぜだろうか。その理由は、こどもの哲学にとっても見過ごすことのできない、ある根本的な問題に根をもつように思われる。それは、こどもの哲学は、利害関係や権力関係に拘束されない自由な空間ではじめて成立するが、学校とは本質的にそういうところではないという問題である[12]。こどもの哲学は教室に入ることによって、教員の権威の下で行われ、評価の対象になる、不自由な活動になってしまうのではないか。こうした問題意識に基づいて、こどもの哲学の場は学校の内ではなく学校の外につくられるべきだ、という見解が出てくるが、それはもっともなことである[13]。

　学校におけるコミュニケーションは、評価を基本にしており、「設問―応答―評価」という形態をとる。そして、「設問―応答―評価」というコミュニケーションは、個々の教室におけるコミュニケーションを規定しているだけでなく、教員―生徒関係、「教える―学ぶ」という関係の根底にあって、近代の学校教育のあり方を規定している。というのも、授業で課題を与えそれに対する応答を試験で評価するという「設問―応答―評価」のコミュニケーションこそが、学校を成り立たせているからである。そして、ルーマンによれば、学校教育にとって本質的なことは、評価可能で選抜の材料となるということであって、何が教育されるかは付滞的

---

12)　この問題については、道徳教育との関係ですでに論じたことがある。拙論「カントの道徳教育論の現代的意義」『哲学科紀要』第37号、上智大学哲学科、2011年。

13)　イリイチの脱学校論によれば、学校というものは、反復練習によって技能を習得するには能率が悪く、創造的・探求的に学ぶために必要な自由な人間関係の場でもなく、結局どちらにも向かない。技能習得は自動車教習所型の施設で、創造的・探求的な学びは、人格形成とともに、自由な人間関係のなかで行われるべきであって、そのいずれをも学校教育が独占しているのは間違いである。イヴァン・イリッチ（東洋・小澤周三訳）『脱学校の社会』東京創元社、1977年。

なことでしかない[14]。

　これは、日本に限らず、近代の学校一般に当てはまることであるが、日本ではこのような学校の性格が、「受験体制」という際立った形で固定化されてきた。そこでは、単純で一面的な評価の尺度が共有されており、その尺度に従って、あらゆる生徒の序列を決定することが可能であり、また、生徒が進学する学校の序列を決定することが可能である。そういった尺度の一つとして定着したのが「偏差値」である。「偏差値〜の学校」という言明は、それ自体をとってみれば無意味な言明だが、日本の学校文化の中では単純で一面的な尺度の代用として通用しているのである。その尺度による序列を内面化した生徒たちは、自ら進んで自分を「受験生」と見なし、その序列に従って自分を評価し、その中で少しでも高い位置を得ようと自分を「規律・訓練」する。日本の「受験体制」という選抜システムは、さながらフーコーのいう「パノプティコン（一望監視装置）」であるかのようである[15]。

学校の「内」に学校の「外」をつくる

　このような事情を踏まえれば、学校制度のなかでこどもの哲学を推進することは難しいだけでなく望ましいことでもない、という見解はいっそうもっともなものに思われてくる。前掲書でも、高橋さん、本間・ほんまさんは、長年学校現場でこどもの哲学を試みてきた経験と、そこから得た哲学および対話というものに関

14)　今井重孝「ルーマンの教育システム論」原聰介ほか編『近代教育思想を読みなおす』新曜社、1999 年、239 頁。
15)　竹内洋『日本のメリトクラシー──構造と心性』、東京大学出版会、1995 年、第 3 章：ミシェル・フーコー（田村俶訳）『監獄の誕生──監視と処罰』、新潮社、1977 年。

するそれぞれの独自の理解に基づいて、こどもの哲学を教育手法として普及させることに反対している。ぼくは、高橋さん、本間・ほんまさんがこどもの哲学の実践を通じて到達した哲学および対話の理解におおいに共感する。しかし、学校制度の内にこどもの哲学の場を開くことを、そう簡単に断念したり否定したりするべきではないとも思う。学校というものが、たんに評価し選抜するためのものではなく、こどもたちが何か学ぶべきことを学ぶ場であるとすれば、そして、その学ぶべきことのなかで道徳性、市民性、学力の基礎が最も優先順位の高い事柄だとすれば、それに比類ないしかたで貢献しうるこどもの哲学は、学校教育のなかにもその場をもつべきだ、と考えるのである。

　それは、制度的空間としての学校のなかに自由な空間をつくるという矛盾、いわば学校の「内」に学校の「外」をつくるという矛盾を犯すことになるかもしれない。だが、森田伸子がデリダを援用しつつ言うように、それこそ哲学教育が引き受けなければならないアンティノミー（二律背反）なのではないだろうか[16]。そして、そのアンティノミーを引き受けて学校の内に自由な対話的・哲学的探求の空間をつくることによって、逆に学校を変えていく道が開かれるだろう。

　哲学対話が、学校教育を始めとする狭い意味での教育だけでなく、おとなも含めたあらゆる人々が生きていくさまざまな場面で、互いに学びあう広い意味での教育にも通底することを本書では論じてきた。こうして哲学対話を推進していく先には、学校の「内」と「外」とが相対的に無意味となる社会が待っているかもしれない。

---

16)　森田伸子「道徳教育の基礎としての哲学教育」第52回教育哲学会、2009年。

2. 哲学対話の共同体性

「探求の共同体」と共同体主義

　リップマンは自らの哲学対話の手法を「探求の共同体」と呼び、現在も多くの実践者たちがその名称を受け継いでいる。第 1 章のリップマンの思い出の中で、「共同体主義」という語をめぐって行き違いがあったことを書いた。リップマンが自分は「共同体主義者」だと言うのに対して、ぼくが「共同体主義」と「自由主義」との論争を思い起こして質問したところ、要領を得なかった、という話しである。これは一つの挿話にすぎないが、実は重要な問題を含んでいる。

　ぼくが「共同体主義」という語に敏感に反応したのは、それがふつう、歴史的に形成されてきた、特定の言語、文化、慣習などの共通性に基づく共同性を最優先する立場であり、多くの点で哲学対話と相容れないからである。哲学対話にとって共同体が重要であるとすれば、その「共同体」とは、たんに歴史的に形成され、特定の言語、文化、慣習などの共通性に基づく共同体のことではありえないだろう。

　実際そうであって、リップマンは、少なくとも原理的には、たんに歴史的に形成された特定の共同体のことを言っているのではない。哲学的な問いを共有し、それを共同で考える態度ないし技法と作法とを共有する人々の共同体のことを言っているのである。その意味で「探求の共同体」は、哲学的な問いが立てられる度に成立する共同体と言ってもよいだろう。

歴史的な共同体と哲学対話

とはいえ、歴史的に形成された既存の共同体に対する顧慮は、哲学対話と無関係ではありえない。その関係は大きく分けて二つ考えられる。

一つは、対話が実施される社会の特性である。たとえば日本で哲学対話を行う場合、おとなの対話であれこどもの対話であれ、日本社会によく見られる傾向性に支配されがちである。一つ挙げれば、一般にいわゆる「空気を読む」傾向が強い。そのため、発言を控えることが多い。また、意見に対する批判を人格に対する批判と解する傾向も強い。そのため、他の人の意見に対して異論を唱えたり批判をしたりすることを避けることになる。どちらも哲学的対話を妨げる要因である。哲学対話を実施するにあたっては、そのような既存の共同体の特性に対する顧慮が必要である。

ぼく自身は、先述のように、そのような傾向性を和らげ、率直に物言いをする文化を醸成していくことは、日本社会で哲学対話を推進する意義の一つでもある、と考えている。しかし、哲学対話を推進するためには、やはり既存の傾向性に対する顧慮が必要であり、その負の影響を和らげるためのさまざまな工夫が必要なのである。

だが、「空気を読む」ことや異論を唱えることを避けることは、哲学対話に求められる態度、技法や作法とまったく無関係だというわけではない。たとえば、リップマンは「探求の共同体」に求められる態度として「批判的（critical）」「創造的（creative）」「協働的（collaborative）」の他に「ケア的（caring）」を挙げている。ともに探求する仲間たちに対する「ケア」つまり「気遣い」は必要なのである。日本社会で重視されがちな「空気を読む」態度と「探求の共同体」で重視される「ケア」との違い、あるいは、

異論を唱えることを避けることと「ケア」との違いを見極め、それに応じて対話を続けることは、実はたいへん難しい課題である。

　さて、率直に物言いをする文化を醸成するということは、その文化を共有する共同体をつくるということでもある。対話的な態度は一朝一夕に身に付くものではない。対話的な態度を共有する文化の中で、一定の時間をかけて、形成されなければならないものである。それは新たな共同体をつくるということでもある。

　これが、哲学対話と歴史的な共同体のもう一つの関係である。「探求の共同体」も歴史的に形成され、その共同体の文化は継承されなければならない。だが、特定の歴史的共同体としての「探求の共同体」には、他の共同体と異なる特徴がある。それは、自らの共同体のあり方に対する反省的な視点ないしメタな視点をもっている、あるいはもちうる、と言うことである。「探求の共同体」では、対話の文化が無反省に継承されるわけではない。そのあり方が絶えず反省され、その意味が絶えず問われ、必要があれば修正が加えられる。

3.　世界市民の教育としての哲学対話

哲学することの意味

　こどもの哲学は、哲学カフェなど市民の哲学とともに、そもそも哲学とは何かをあらためて考え直すことをわたしたちに迫る。こどもたちやおとなたちとさまざまな場所で哲学対話を繰り返すなかで、ぼくも考え、学び、変わっていく。そして、毎回ではないにせよ、哲学とは本来このようなことであった、と感じさせられることがよくある。それは、こどもの哲学や市民の哲学に出会

う前には、哲学の理念として言葉では知っていながら、けっして
生き生きと感じることのできなかった何かである。たとえば、イ
マヌエル・カントの「世界概念の哲学」という概念をぼくは知っ
ていたし、その理念に共感してもいた。しかし、その意味をほん
とうに理解することができたと実感したのは、市民の哲学やこど
もの哲学に携わるようになってからである。こどもの哲学は、市
民の哲学とともに、カントのいう「世界概念の哲学」の実践の一
つの形なのである[17]。

　本書は哲学史を主題とするものでも、特定の哲学理論を主題と
するものでもないが、せっかくカントの「世界概念の哲学」とい
う概念が登場したので、この概念とその周辺のカントの思想に触
れておきたい。そうすることによって、本書で論じてきた哲学対
話が、哲学の専門的研究と無関係ではないことをあらためて示す
ことができ、また、哲学対話の意味についてさらに深く考える手
がかりが得られると考えるからだ。

　「世界概念の哲学」とは何か。カントは、この世界に生きる人々
が関心を抱かずにはいられない大切な事柄に関する知（「知恵」）
を専門家（「理性の技術者」）に頼らず、1 人の市民として探究す
る営みを「世界概念の哲学（世界概念による哲学）」[18]と呼んで、
「学校概念の哲学」（「学校概念による哲学」）に対置した。「世界概
念の哲学」への道は、他の人に教えてもらうことはできず、自分

17)　この点についても、前掲の拙論ですでに論じた。
18)　イマヌエル・カント『純粋理性批判』A839/B867。イマヌエル・カント『論
　　理学』IX 2。イマヌエル・カントの著作からの引用は、『純粋理性批判』につい
　　ては第一版・第二版の頁、それ以外については、プロイセン・アカデミー版の
　　巻（ローマ数字）と頁（算用数字）で示す。数多くある日本語訳の多くに、こ
　　れらの頁が示されているため、その方が特定の日本語訳の頁を示すよりも、読
　　者にとって便利だからである。原典のドイツ語を逐語的に和訳すると「世界概
　　念による哲学」だがここでは簡潔を期して「世界概念の哲学」とする。

で考え、他の人々の立場に立って考え、納得しながら考えること、つまり「哲学する」ことを通じて、各人が自ら歩むしかない。「人は哲学を学ぶことはできない、ただ哲学することを学ぶことができるだけだ」[19]というカントの有名な言葉は、それを示唆するものである。そして、カントは、少なくとも道徳教育にとっては、こどももまたそのような意味で「哲学する」ことが不可欠だと考えていた。

　哲学するとはまさにそのようなことではないだろうか。そして、人が生きる限り出会う切実な問い、自分自身とそれを取り巻く世界に関わる切実な問いを、自分で考え、他の人々とともに考え、答えを探究していくこと、それこそが哲学することであり、哲学することの意味なのではないだろうか。それは、こどもであれおとなであれ、同じことなのだ。

世界市民の哲学

　さて、「世界概念の哲学」はカントのいう「世界市民の哲学」（「世界市民的意味での哲学」）と同じものを指すと言うことができる。今日「世界市民」ということでまず思い浮かべられるのは、普遍的な道徳的義務と権利を自覚し、国民国家の枠にとらわれず、国境を越えて思考し行動する市民たちである。カントもこの意味での「世界市民」を語り、永遠平和を実現するための手段としての国民国家の連合（国際連合）の先に、「世界市民体制」を見据えている[20]。しかし、カントの「世界市民」の概念はそれにとどまらない。カントは、個人が帰属する集団の枠にとらわれず思考し、

---

19)　イマヌエル・カント『純粋理性批判』A837-838/B865-866。
20)　イマヌエル・カント『世界市民的見地から見た普遍史の理念』VIII 22-23。

言論によって自分の意見を公表することを「世界市民の立場」で
思考し行動することと見なし、それを「理性の公的使用」と呼ん
だ[21]。つまり、「世界市民」とは理性を公的に使用する人々のこと
でもあるのだ。

理性の公的使用

　カントのいう「理性の公的使用」とは次のようなことだ。たと
えば、国家公務員が国家の政策に従って国政に当たることは「理
性の私的使用」であるが、同じ国家公務員が国家の政策の欠陥を
指摘し、それに関する意見を公表することは「理性の公的使用」
である。同じように、聖職者が教会の教義に従って信者に説教を
することは「理性の私的使用」であるが、同じ聖職者が教会の教
義の欠陥を指摘し、それに関する意見を公表することは「理性の
公的使用」である。一見して多くの読者が疑問を感じるだろう。
言葉の使い方が逆ではないか、と。その通りであって、カントは
明らかに通常の言葉遣いとは逆のことを言っている。通常、公務
員が国家の政策に従うこと、聖職者が教義に従うことこそ「公的
な」ことであり、国家の政策や教会の教義に関して自分の意見を
述べることは「私的な」ことである。

　だが、これに関するカントの言い分を聞くと、もっともだと頷
くことができる。国家公務員は、自分の国家の政策に従って仕事
をするとき、ある特定の国家のために理性を使っているにすぎな
い。また、聖職者は、自分の教会の教義に従って仕事をするとき、
ある特定の教会の教派ために理性を使っているにすぎない。いず

---

21)　イマヌエル・カント『啓蒙とは何か、という問いの答え』VIII 36-37。

れも、自分が属する特定の集団のために、その集団の内部で理性を使っているにすぎないのだから、たとえば、自分の家族のために、家族の内部で理性を使っているのと、本質的に同じことだ。国家はたしかに家族よりずっと大きな集団だが、ここでは集団の大きさは関係ない、そうカントは説明する。

　すると「理性の公的使用」を次のように理解できるだろう。自分が属する集団の立場にとらわれずに考え、自分が属する集団の外部に向かって意見を公表するとき、われわれは理性を公的に使用していることになる、と。それは、少々逆説的なことだが、1人の個人の立場に戻って考え、世界に向かって発言するとき、われわれは理性を公的に使用していることになる、ということである。言われてみれば、その通りではないだろうか。

　このような「理性の公的使用」の自由は無制限に認められなければならない、とカントは言う。それは、人々の間で啓蒙が促進されるためである。ここで少し歴史的な背景を説明する必要があるだろう。カントの生きた 18 世紀のヨーロッパは、「啓蒙（主義）の時代」と呼ばれている。啓蒙（主義）とは、中世以来ヨーロッパを支配してきたキリスト教の権威に代表される古い思想や社会のあり方を脱して、理性の力によって社会を改善していこうという思想のことである。

　カントもそうした時代を代表する啓蒙思想家の 1 人だった。カント自身は、「啓蒙」を、人々が「未成年状態」から脱して「成年状態」に入ること、言い換えれば、それまで他人の権威に従い、それに頼って考えていた人々が、自分で考えることができるようになること、と理解していた[22]。カントにとって、啓蒙とは、広い

---

22)　イマヌエル・カント、前掲書。VIII 35。

意味での教育だったと言ってよい。そのためには「理性の公的使用」の自由が、つまり人々が公共の場で自由に考え発言する自由が、必要だというのである。

反省的判断力

「理性の公的思考」は、カントが「啓蒙とは何か、という問いへの答え」の中で論じていることである。他の三つの著作の中でも、カントは世界市民的な思考様式の心得として、次の三つを掲げている[23]。(1) 自分で考えること。(2)(人々とコミュニケーションしつつ)他のあらゆる人々の立場に立って考えること。(3) いつも自分と一致して考えること。(3) は (1) と (2) の両方から帰結すると考えていいだろう。自分で考え、他の人の立場に立って考えたならば、再び自分自身に立ち戻って自分が納得できる考えを求めること。

　これらの心得が掲げられるのは、『判断力批判』『人間学』『論理学』の三つの著作であるが、カントがこれらの心得を世界市民の哲学と関連させて考えていることは、明らかである。ここでは『判断力批判』の文脈に注目しよう。そこで、カントは三つの心得を、彼が「反省的判断(力)」と呼ぶものに関連させて考えている。

　「反省的判断(力)」とは、カントが「規定的判断(力)」に対比して用いる概念である[24]。規定的判断とは、すでに一般的原則が与えられているときに、その原則を個別的な事例に適用する判断のことである。たとえば、消化器の専門医は、十二指腸潰瘍の患者

---

23)　三つの著作の一つ『判断力批判』の頁付のみ記す。イマヌエル・カント『判断力批判』V 294。
24)　イマヌエル・カント、前掲書。V 179。

をどのように処置すべきかに関する一般的原則を知っている。そして、ある患者が十二指腸潰瘍を患っていると確認したら、その原則に従って処置すべきだと判断するだろう。医療の専門家だけでなく、どの分野であれ通常専門家と呼ばれている人々は、このような判断を下す。それが規定的判断である。

　しかし、われわれが判断を下さなければならない状況において、いつも一般的原則が与えられているとは限らない。判断を下すことが迫られる状況には、一般的原則が与えられていない場合、つまり、反省的判断を下さなければならない場合の方がむしろ多いだろう。そのような状況において、反省的判断を下す際の心得として、カントは先の三つの心得を挙げるのである。

　個別的事例のみが与えられていて一般的原則が与えられていない状況で判断を下すこと、それは先述の「ソクラテス的状況」と同じことである。哲学の問いも、政治の問いも、そのような状況で問われる。そのような状況に対処するには、共同の探究を行うしかない。その探求の心得こそ、先の三つの心得だと考えられる。

　こうして見ると、哲学対話とはカントのいう反省的判断の実践だと言ってもよいだろう。

世界市民の哲学としての哲学対話

　さて、カントのいう「世界市民」の意味に戻ろう。この語には三つの意味があることになる。世界市民の法・権利もつ人としての世界市民、世界市民的な思考・行動様式をもつ人としての世界市民、そして世界市民的意味での哲学に携わる人としての世界市民、である。これら三つの世界市民の概念は相互に密接に連関しあっていると理解することができる。つまり、国民国家を含む既

存の集団の枠にとらわれずに思考し行動することが世界市民の精神であり、「世界市民の哲学」はその精神によって実践されるのである[25]。

　「世界市民の哲学」は、自らが帰属する集団の枠を超えて思考し行動することによってのみ、つまり理性を公的に使用することによってのみ、成立する。これは「世界市民の哲学」が、専門家集団の枠を超えて思考し行動することによってのみ、成立するということでもある。「世界市民の哲学」の道は、専門家に指導してもらうことはできず、各自が自ら考えることによって進まなければならないのも、そのためだと言うことができるだろう。あらゆる専門性を解除することが「世界市民の哲学」の条件なのである。

　ここで、本章の最初の節で述べた、哲学対話の「リハビリ効果」のことが思い出されて当然である。哲学対話のリハビリ効果とは、哲学対話の場では、参加者は自分の「専門性」、つまり、身分、職業、役割などから解放されて、1人の人として考えることができるようになる、ということだった。カントも、それによく似たことを語っていると言ってよいだろう。

　このことは哲学の専門家にも当てはまる、いや、哲学の専門家にこそ当てはめるべきである。なぜなら、哲学の専門的研究も、哲学であるかぎり、「学校概念の哲学」に留まっていては真の「哲学」の名に値せず、つねに「世界概念の哲学」に立ち返らなければならないからである。哲学の専門家は、真の意味で「哲学」に携わろうとするかぎり、つねに自らの専門性を解除して理性を公的に使用し、哲学の探求に臨む態度をもたなければならないのである。こどもの哲学は、市民の哲学と並んで、哲学の専門家も1

---

25)　この点については、次の拙論を参照。石川求・寺田俊郎編著『世界市民の哲学』晃洋書房、2012年。

人の考える市民として参加する「世界市民の哲学」の実践の場であり、「世界市民」の自己教育の場なのである[26]。

ユネスコの「哲学の権利宣言」

　以上「世界市民の哲学」について述べたことは、国連が哲学教育に関して示している見解とも一致している。国連教育科学文化機関（UNESCO）が「哲学のためのパリ宣言」（1995 年）で「すべての個人はどこにいても、あらゆる形の哲学の自由な研究に…それが実践されているすべての場所で、参加する権利を有するべきである」[27]と宣言している。その「宣言」の前提となる認識には次のものが含まれている。

　　…哲学教育は、自立心に富み深く考えることができ、さまざまな種類のプロパガンダに抵抗できる人々を教育することによって、現代世界の大きな諸問題、特に倫理の領域にある諸問題に関して市民各人が責任を負うことを教える。
　　…教育と文化生活において哲学的討論を進展させることは、いかなる民主主義国家においても基本となる市民の判断能力を鍛えることによって、市民の教育に大きく貢献する[28]。

民主主義的な市民社会が健全に機能するためには、哲学の探究と教育があらゆる場所で実践される必要がある、と言うのである。

---

26)　哲学対話が哲学の専門家を含むあらゆる専門家の専門性の解除という側面をもっており、あらゆる専門家にとって「リハビリ効果」をもつことについては前掲の『哲学カフェのつくりかた』参照。
27)　UNESCO Executive Board, 171 Session, 2005.
28)　Ibid.

第12章　そういえば、結局のところ、
　　　　　対話するってどんなことだろう？

中川　雅道

はじめに　哲学対話って、どういうものだろう

　学校で働きながら、哲学対話に関わることって、けっこう大変なことだ。

　私たちが仕事をしている、ほとんどの組織では、哲学する時間や、対話する時間はあまり歓迎されていないように思える。社会ではますます効率が求められるようになり、成果をあげればあげるほど、より大きな成果が求められる。学校もそうだろう。どの学校も世の中からの厳しい評価にさらされ、学校を存続させるための競争に明け暮れている。どの授業にも、主題とねらいがあって、この授業を受けていれば、こんなことができるようになる。これと、これと、これと、この能力を身につけることができれば、社会に出た時に活躍できる、というメッセージを送り続けている。（しかし、学校を存続させることや、社会に出て活躍することは、そんなに大切なことだろうか？）

　そういう生き方が支配的となっている世の中で、哲学することが大切であると主張することや、教室の中で対話することは、たぶん簡単なことではない。理由は、とても簡単だ。私たちの生活のほとんどには目的があるけれど（あるいは、そのように見えるけれど）哲学や対話には目的がないからだ。そのことをゆっくり

と考えてみたい。

　そういえば、哲学対話って、どういうもののことだったかどうか。哲学を学んでいる大学生や、大学院生だった時には、あまり意識せずにこの言葉を使っていた。まだ、学問としての哲学を学んでいたときには、なんとなく都合のいい言葉だった。大学では哲学を学びながら、ほとんど渇望しているかのように、何か世の中で役に立ちたいと思っていた日々があった。そんなとき、学校や、病院や、街中のカフェに行って、集まった人たちと、「愛するとはどういうことか」というようなことについて話すとき、対話という言葉が使いやすかった。それも、単なる対話ではなく、哲学対話と言ってみると、なんとなく自分の学んだことを生かしているような気になっていた。

　しかし、本当のところ、哲学や対話として表現されるものごとは、とてもたくさんある。私は、何が哲学であるかということや、何が対話であるかということにはあまり関心がない。おそらく、多くの人は、すでに哲学や対話を体験しているという強い確信があるからだ。だから、何が哲学でなかったり、何が対話でなかったりするのかということにも関心がない。ただ、たまに哲学対話をやってみたいと言ってくれる人や、面白いことしてますねと言ってくれる人にとても関心があると思う。同じくらい、あなたのやっている哲学対話なるものは、わけがわからないという人にも関心がある。どうしてなんだろうか。

　もうひとつ、関心を持っていることがある。理想の教育とはどんなもので、どんな教育がより良いのかということだ。私の理想の教育には、対話があると思う。教育に対話があるということは、後で説明することになるが、目的がないということを認めることになるはずだ。私たちはだれしも、何らかのかたちで認められる

ことを望んでいるわけだが、学校の中に目的がないことを認める場所を作ることは、とても大切なことではないかと思っている。

　しかし、そうだからと言って、私の主張は何かを排除するものではない。目的のない活動を認めることができない人に対して、それは間違ったことだと指摘するような姿勢はきっぱりとやめることにした。それは新たな争いを生むだけなのだ。教育の場に争いを持ちこむことは、教育の理念からもっとも遠いと思えないだろうか。

1.　哲学対話の意味の広さ

　授業を始める時には、いつも糸を巻くことから始めるようにしている。

　教室の中で、話す、聴くという対話のための関係をつくるには、いつも通りの席では難しいことが多いはずだ（できる人もいるだろうけど）。教室は、先生が話して、子どもたちが聞くためにデザインされているからだ。私はいつも、机をどけて椅子だけを持ってきて、全員で輪になって座ることにしている。すると、話している人は、その他大勢の人たちに向かって話す形をつくることができる。

　筒状のものに毛糸を巻きつけていきながら、自己紹介をしていく。好きなことは何ですか、気に入っている場所はどこですか、嫌いな食べ物は何ですか、最近はまっているものは何ですか……。どんなことでも大丈夫。そう、もちろん私も、質問に答えながら糸を巻いていくことになる。

　私はこういう人です。聴いてください。そして、あなたはどん

な人ですか。聴かせてください。そういう対話的な関係を教室の中につくっていく。

　一周してみんなの話を聴き終わった頃には、毛糸が手元に戻ってくる。毛糸を一箇所でまとめて、ハサミで切るとボール状のポンポンが完成する[1]。これがコミュニティボールだ。

　ボールの使い方はとても簡単だ。ボールを持っている人が話す。他の人たちは、話している人のことを聴く。とてもシンプルだ。

　こういうやり方を、ハワイの実践者トーマス・ジャクソン（彼は Dr. J という愛称で子どもたちから慕われている）から教わった。Dr. J はこんなことを言っている。「哲学が扱う内容は、私たちが信じているたくさんの信念です。私たちはみな、世界を理解しようとして、さまざまなことを信じます。そして、哲学の活動は、そのようにして信じこんでしまったものを、もう一度考えなおすプロセスのことです[2]」。私たちは生きていく中で、さまざまなことを信じるようになる。私たちが問いを立てるのは、生きていく中でつまずいたときだろう。愛とは何かと問うときは多くの場合、愛についてつまずき、愛について考えなおしたいときだ。つまずき、と言ったけれど、つらい経験だけではないだろう。宇宙はどこまで広がっているのかと問いを立てることは、純粋な知的好奇心でもある。ひとりの頭だけでは物事を十分に考えつくすことができずに、つまずき、問いを立てて考え始める。対話の場では、そのようなさまざまなものごとについての再考を、多様な人たちとともに行うことになる。

---

1)　詳しい作り方については、以下の授業集が参考になる。ジャクソン，トーマス他「スタートアップキット：初心者のための子どものテツガク授業集第 3 版」中川雅道訳、『臨床哲学』第 16 巻、2015 年。

2)　Jackson, T., "Home grown" in *Educational Perspectives*, Jounrnal of the College of Education, University of Hawai'i at Mānoa, Vol. 44, 2012, p. 5.

　同じクラスの人でも、話し始めてみると、話の内容だけでなく、話し方や聴き方、周りの人たちへの反応が、まったく異なっていることがわかる。「大切なのは、哲学の内容は、ひとりひとりに固有のものであるということです。そのことは、それぞれの人が特別であることの帰結です[3]」。そうなのだ、とても大切なことは、私たちがまったく異なっていて、どんなことを問い、何を答え、他の人たちの答えをどう聴くのかということは、私たち一人一人にまったく固有であるということなのだ。

　哲学対話は、いつも考えていることをもう一度みんなで考えなおすことだ、と言うことができるだろうか。この言い方では、広すぎて、いろんなことが含まれそうだ。でも、それでいいと思う。厳密に、あるものごとだけが哲学対話だという言い方は、排除の上に成り立っている。対話をしたいという姿勢は、相手を排除した上で成り立つものではないはずだ。だから、さまざまなことを含みうるようなものの方が、望ましい。

2.　先生たちが感じた居心地の悪さ

　さて、本題にはいろう。

　ある年に、学校全体の道徳の担当に任命されたことがあった[4]。その中で、当時の中学校３年生の学年の道徳の手伝いをすることになった。私は別の学年の生徒たちを教えていて、授業を担当し

---

3)　同上。
4)　ここからの考察は次の論文をもとにして、新しく書きかえたものである。中川雅道「本当に私たちには道徳について語る準備があるのだろうか？」『研究紀要：神戸大学附属中等論集』第 2 巻、2018 年。

たことのない学年だった。学年の先生たちとお話して、哲学対話の形式で授業をやってみようかということになった。冬休み明けから始めてみようということで、次のような授業を考えた。体育の単元と関連させながら道徳の授業をつくっていくという発想だ。

- 「国際的なスポーツ大会について調べる」という冬休みの宿題から問いを立てる。
- 生徒たちが書いた問いから一つを多数決で選ぶ。
- 各クラスで、クラス担任がコミュニティボールを用いて対話を行う。
- 最後の５分程度で生徒たちは振り返りシートに記入を行う。

　選ばれた問いはクラスごとに次のとおりだった。

- スポーツは過程と結果どちらが大切か？
- 逆境を越えるにはどんな力がいるのか？
- スポーツにおいて最も重要なことは何か？
- オリンピックは本当に必要か？

とても興味深い問いばかりだ。私は「逆境を越えるにはどんな力がいるのか？」という問いが選ばれたクラスの対話に参加することになった。その他のクラスの様子は正確にはわからない。私自身はとても対話を楽しむことになった。

　そのあとに、それぞれのクラスに入っていた担任の先生たち、学年に所属している先生たちとの学年会議が開かれた。そのときに次のような質問が出された。

- 輪になったら子どもたちが話しにくいようです。どうすればいいですか？

- 別のやり方に変えてはいけないんですか？
- ファシリテートのやり方を教えてください。
- 子どもたちが、次の発言者に迷って隣の人に次々とボールを渡して、嫌な雰囲気になっていました。どうすればいいですか？
- どんな発言をするか先読みできない生徒がいて、発言が周りに受け取られるかどうか、わからないのですが、どうすればいいですか？

その時の質問した先生たちの落ち着きのない様子からも、居心地の悪い時間を過ごしたのだということがわかった。もちろん、それぞれの質問について私自身は丁寧に答えたつもりだった。しかし、どの質問への答えもうまくいかなかったと記憶している。時に、そういうことを経験することがある。先生がたも真剣に質問されていたことだろう。私も真剣に答えていた。しかし、あまりにも共通の地盤がないことによって、言葉がうまく伝わらないわけだ。何か中心的な物事が伝わっていないことだけは理解できた。

　ある別の機会に、その学年主任の先生がポロリと一言を漏らされた。「先生たちはもしかして、哲学対話というものが、他の授業と性質を異にするということ、そのものを知らないのではないですか？」

　なるほど、そうなのかもしれない。

　しかし、本音を言うなら、そうなるだろうことは、わかっていた気がする。先生たちが対話を学ぶ時間が必要だという考えは、あるにはあった。しかし、その発想そのものが対話的ではない。もし対話というものが他のさまざまな教育上の手段、チョークアンドトーク、グループ学習、アクティブラーニングと同じ性質のものであるなら、学ぶことはできるだろう。まさに文部科学省が

推し進めているように AI が支配する将来の社会への不安を煽り、新しい社会に対応するためにはこれまでのような授業ではうまくいかないことを指摘し、それらの課題を一挙に解決できる方法として「主体的で、対話的な学び」についての研修を繰り返していくわけだ。しかし、そのような研修が山のように入れば入るほど、私たち教員の時間は奪われていくことになる。

　いや、よく考えてみよう。そのようにして教育は産業化されているだけのことなのだ。新しい方向性が示されれば、そのために研究者たちが動き、巨大な教育産業が形成される。そのようなものと同じようにして、多くの先生たちの時間を奪うことで「対話」を先導せよというのだろうか。

　私が驚いたのは、先ほどの会議で私に向けられた質問のほとんどが、私の答えの内容を聞けば、その場ですぐに新しい「対話」ができるようになる、そういう性質の質問、技術的な質問であったということだった。その会議の中で、子どもたちが興味深い発言をしたという言葉や、自分自身の新しい側面を見つけたといった内容はなかったように記憶している。いや、もちろんそういったことだけが対話の魅力だというわけではない。しかし、それくらい、私たちの社会は早く成果を出すことが求められ、ある一定の目的のために動いていく社会になりつつあるのだ。

　学校にはあまりに時間がない。ゆっくり昼食を食べたり、美味しいコーヒーを飲んだりする時間もなければ、先生たちとお話する時間も本当のところほとんどない。（しかし、本当にそれでいいのだろうか？昼食を食べることや、コーヒーを飲むこと、職場の人たちと話すことより優先すべき仕事とは、そもそもどんなことなのだろう？）

　それでは、考えてみよう。学校に対話を持ちこむとは、本当の

ところどういうことなのだろうか。

3. そういえば、学校には目的があるような

　カントは「啓蒙とは何か」の中で、興味深いことを論じている。カントは、理性を私的に用いることと、公的に用いることを区別した。私的／公的という言葉の使い方が、私たちの通常の用い方とは異なっていることに気をつけよう。

　　理性の私的な使用とは、ある人が市民としての地位または官職についている者として、理性を行使することである[5]。

私たちがある学校の教員として振る舞うことは、通常は公的に振る舞うことだと言われる。しかし、カントは、実はそのようにある身分についている者として振る舞うことは、私的に理性を使っていることだと言うのだ。なぜだろうか。

　私たちが市民として、ある官職についている者として思考しているとき、実は頭の使い方に限界があるのだ。(明示的にせよ／明示的でないにせよ) 職場で振舞っているとき、私たちは各種の就業規則や、その学校の目的に縛られていることになる。無数の指令が私たちの理性に課され、その中でしか思考することができない。私たちは職務を全うする機構(マシン)の一部であり、機構(マシン)を構成する歯車になっている。

　公的な利害がかかわる多くの業務では、公務員がひたすら受動的に

---

5)　カント（中山元訳）『永遠平和のために／啓蒙とは何か』、光文社古典新訳文庫、2006 年、15 頁。

振る舞う仕組みが必要なことが多い。それは政府のうちに人為的に意見を一致させて、公共の目的を推進するか、少なくともこうした公共の目的の実現が妨げられないようにする必要があるからだ。この場合にはもちろん議論することは許されず、服従しなければならない[6]。

学校には公共の目的が課されていて、その実現が課されている。その場合には、実は議論は許されていない。求められているのは、公共の目的の実現のために（明示的にせよ／明示的でないにせよ）指令に服従することなのだ。

　学校のさまざまな決定について、議論せよと言われるときの違和感のほとんどはここにあるように思う。実は議論の余地などないのだ。いや、目的のためにより良い方向を提示するような議論は可能なのかもしれない。しかし、それは議論なのだろうか。学校教員にとっての答えは、たった一つしかない。だから、職員室では自由に思考することが、原理的にはできない。理性の私的使用が必要になるのは、実は当然のことなのだ。特定の共同体にとっての目的を実現するためには、指示に服従せねばならないのだから。この時、各人に生じるのは、相互の目的にとって、その人がどれくらい役に立つのかと言う利害にしか過ぎない。私たちはお互いの話を聞くときに、その話が、どれくらい自分に役に立つのかを考えながら聞いている。誰かの話を聞くことは、単に手段に過ぎないわけだ。私たちは、そのような社会に生きている。

　そのようにある組織の機構の一部として生きることは、生を断片化させることになる。なぜだろうか。私は学校の先生としてだけ生きているわけではないからだ。また、特定の教科を教えるこ

とだけを目的にして生きているわけではないからだ。一般に、私
たちは何かのために生きるわけではない。生の全体がある一つの
目的のためにあるとしたら、私たちは最も効率的にその目的を達
成するためだけに生きればいいことになる。仕事をするために生
きていたり、誰かを愛するためだけに生きていたり、お金を稼ぐ
ためだけに生きているわけではない。しかし、ある目的を効率よ
く達成することができる人たちは、公共の利益を上げることにな
る。仕事をすることに効率を上げる人は、組織の中では評価され、
重宝される。誰かを愛することだけのために生きている人は、愛
されている人からは評価されることだろう（愛はそんなものでは
ない？また、どこかで議論しましょう）。お金を稼ぐことは日本経
済に有益であることだろう。学校における教科という考え方も、
能力を分類する上では意味があったかもしれないが、いつしか生
の断片化に大きく寄与するようになった。現実の問題は、果たし
て、数学や国語の問題として登場するだろうか。生きることを学
ぶ学校で、教科教育が先鋭化すればするほど、子どもたちの生が
効率化と断片化のサイクルの中に入っていく。

　さて、私的使用の対立概念である「理性を公的に使用すること」
とは、いかなることなのだろうか。

　　さて、理性の公的な使用とはどのようなものだろうか。それはある
　　人が学者として、読者であるすべての公衆の前で、みずからの理性
　　を行使することである。……みずからを全公共体の一員とみなす場
　　合、あるいはむしろ世界の市民社会の一人の市民とみなす場合、す
　　なわち学者としての資格において文章を発表し、そしてほんらいの
　　意味で公衆に語りかける場合には、議論することが許される[7]。

---

7)　同上。

理性を公的に用いるとは、自分の共同体の目的から離れ、相互の利害から離れて、自分の言葉を、すべての共同体の人々に語りかける言葉として、語ることなのだ。あらゆる場合に、すべての共同体に語ることは難しいかもしれない。それゆえに、カントは私的に用いることがあるということを認めるのだ。

　自分自身をすべての共同体の一員と考えることはできるのだろうか。これは、私には一つの思考のトレーニングであると思える。自分が語っていることを、すべての人たちが聞いていると仮定した時に、あなたの言葉は変容するのかどうか。このことを考えながら、何らかの共同体に属する者、教員であること、親であること、カウンセラーであること、これらの身分から離れた者として思考するのだ。その時に、私たちの語る言葉はどのように作用するだろうか。多くの子どもたちが、なぜ学校の教室で語ることを拒むようになるのかというと、それはあなたが教員や、親、カウンセラーとして尋ねるから、ではないだろうか。私たちは、私的なものとして語られた言葉、ある目的に叶うように操作された言葉と、何者としてでもなく語られた言葉の間の微妙な差異を理解する。守られる者として生きる子どもは、まずは、語っている大人が信頼できるかどうかを、言葉の微妙な差異や機微、肌理から理解する。おそらく、自分を守るために、そのようなことから学ぶのだろう。

　みずからを全公共体の一員とみなす、つまり世界市民として語ること、そのことを哲学と呼んでもいいだろうか。また、同時に、そのような哲学はすべての人を受け入れると言えるのだろうか。

4. 哲学対話には目的がない、たぶん

　先生たちからの質問が、対話についての不安を表したものだと断定するのは簡単だ。しかし、その道はできれば避けて通りたい。

　田中美知太郎が「ミソロゴス」として注目したものに焦点を当てたい。

　　いまミサントローポスを「人間嫌い」と訳すならば、ミソロゴスは「言論嫌い」と訳すことができるであろう。プラトンによれば、この二つのものは同じような仕方で生ずるのである。人間嫌いというのは、不用意にすべての人間を信じることから生まれて来る。つまりそのような信頼は、当然予期され得るように、たびたび裏切られなければならない。そして自分が最も親しく思っている人々のうちにさえ不誠実を発見しなければならない時、ひとはついに何人をも信じ得なくなり、一切の人間を悪むこととなる。ちょうどそれと同じように、あまり容易く言葉を信ずることによって、ひとはかえってミソロゴスとなる。本当だと思った言葉が、また別の話を聞くと、どうも嘘らしく見えて来るというような経験が度重なると、どのロゴスも初めから信用出来ないもののように思われて来る [8]。

多くの人たちを信じ、そして裏切られることによって私たちは人間嫌いになる。そして、それと同じように、言葉を簡単に信じ、言葉によって裏切られることによって、言論嫌いになる。人間を嫌い、言論を嫌うことによって生まれてくる姿勢は、言論を拒み、

---

[8] 田中美知太郎『ロゴスとイデア』文藝春秋、2014 年、192-193 頁。田中美知太郎のミソロゴスと教育のつながりを論じた論考としては次のものがある。菊地健至「学生と教員が道徳的に考える機会や場を作り続けるために」『倫理学研究』第 45 巻、2015 年。

人々と付き合うことを拒むことだ。この言論嫌いの難しいところは、意図せずに、言論嫌いになってしまうことにある。完全に信じてしまうことと、完全に疑うことの間に、さまざまな言論を吟味する関係を作る余地がある。しかし、私たちは、一度は人間や言論を完全に信じ、そして裏切られた手痛い経験から、人間や言論そのものを嫌うようになり、人間の裏側には、その場で話された言論以外の理由があると考えるようになる。

　誰かが、何かを話すときに、話された言葉の理由や対話以外の要素を見ることは、大人によくある態度だ。話されたこととは別の理由を持ち出して、話した人を嫌うようになるのは、自分自身のミソロゴスを見逃して、私たちは次々と言論から逃れ去ることになる。そのように、私たちは公的な活動から逃れ去ることはできるのだろう。しかし、そのような態度は、対話や哲学から遠いと言わざるをえない。先生たちの発言に、さまざまな意図があり、不安が隠れていることは、それらの質問に答えない理由にはならない。まさに、そういった隠された意図によって、相手を即断するのは、対話から、言論から遠い態度だと言えそうだ。

　　彼（ソクラテス）はあらゆる談話のかげに何か醜い個人的動機を見
　　出そうとするかのミソロゴスとは正反対であった。彼はロゴスのか
　　げにある語り手の心理を充分に知っていたけれども、常にロゴスを
　　ただロゴスとして受取り、相手の美しい言葉や正しい言葉に対して
　　は賞讃を惜しまなかった[9]。

ロゴスに隠れる語り手の心理をよりよく知りつつ、ロゴスそのものの正しさや、美しさに注目すること。このことが対話の中で最

---

9)　同上、198頁。括弧は引用者による。

も大切にされなければならないことであると思われる。

　ロゴスの正しさや美しさを理解すること。その時に、私たちは世界そのものが変化する始まりを聴くことになる。私たちが人間嫌いと言論嫌いに留まらないためには、たった一つの方法しかない。ロゴスを吟味する感動を知ることだ。私たちが普段生きている世界は、あまりにも目的に縛られて、目的を達成する手段として互いを見すぎている。そして、言論さえも、目的を達成する手段に過ぎず、その裏には私的な感情が渦巻いている言葉として、受け取ることになる。ロゴスそのものの吟味に私たちが立ち入る時、日頃から手段に縛られている物事の別の側面を見ることになる。

　その感動は筆舌に尽くし難いと私には思える。多くの子どもたちが哲学対話を経験した後に話す言葉「他の人たちの意見を聞けて楽しかった」には、そのような喜びが込められている。

　　すなわちわれわれは何ら「ためにする」ところのない談話を楽しみ
　　得る者なのである。我を忘れて一切をロゴスにまかせるという、か
　　のディアレクティケーの精神は、ちょうどこの種の談話のうちにそ
　　の現実的な基礎をもっているのである[10]。

私たちはそろそろ目的から解放される必要がある。対話の精神の最も重要な部分は「何のためでもない」ということなのだ。それゆえ、言論の進む方向に私たちは進んでいく。対話と談話の関係はとても近いはずなのだ。談話のように「何のためでもない」関係が、私たちには必要なのかもしれない。

---

10)　同上、198頁。

5. 哲学や対話が大切だって言い続けることは、あまり対話的ではない

　対話を社会の中で実践したいという考えがあって、それを信じたいと思い、学校の中で実践しているが、対話をしたいと願っている私自身が、その願いに邪魔されて、同僚たちと対話できないというジレンマの中に停滞してしまうことがある。これまで、話してきた同僚からの質問は実は、私への質問という形をとった拒絶だったのではないかと思う。そして、私の悪い癖は、そういう拒絶に出会うと、そういう態度は対話的ではないという理由で、私自身もそれらの質問を拒絶する時があるということなのだ。

　しかし、ふと思う。この状況そのものが対話ではないなと。

　対話について論じた物理学者、ボームも同じようなことを論じている。

> だが、この問題（コミュニケーションの崩壊という問題）を解決しようとする努力を観察すれば気づくだろうが、同じ試みをしているはずの異なったグループ同士が、実のところ互いの話に耳を傾けられずにいる[11]。

同じ組織に属している以上、本当は同じような動機でその場に集まっているはずだ。しかし、それぞれの人たちが想定している自分自身が働く意味は別々なのだ。私たちが話し始める時、会議の場では、ある決定をするためにさまざまな想定がすでに用意され

11）　デヴィッド・ボーム『ダイアローグ　対立から共生へ、議論から対話へ』英治出版、2007 年、36 頁。括弧は引用者による。ボームと対話について注目した論文には次のものがある。永井玲衣「探究の共同体における脆さと自己受容感覚」『思考と対話』第 1 巻、2019 年。

ている。その中で、すべての利害を一致させるために妥協して、決定を行っていくわけだ。

しかし、ある決定が行われる時、それが想定と相容れない場合、私たちは自分を攻撃されていると感じ、さまざまな主張をブロックする。

> 集まって話し合いをするときや、何かを共同で行うとき、自由に耳を傾ける能力を「ブロック」しているかすかな恐怖心や喜びを、一人ひとりが自覚できるだろうか？[12]

私たちは、誰かの意見を聞けない時がある。しかし、重要なのは、意見をブロックしている自分自身を自覚するということなのだ。

> 対話の目的は、物事の分析ではなく、議論に勝つことでも意見を交換することでもない。いわば、あなたの意見を目の前に掲げて、それを見ることなのである[13]。

対話の場では、争いは目指されない。誰の、どんな意見であろうが、意見そのもの以外は括弧に入れて、意見の意味を吟味する。他の人たちを恐怖し、失敗するかもしれないという不安から、何かをブロックしようとする自分自身を認めることが、背景にある。

この考えをなぞっていると、思い出す場面がある。

いつかの夏休み明けの授業だった。いつもの通り、コミュニティボールを教室に持っていって、問いを考えてみましょうという投げかけをしていた。その日の問いは「大切なものを守りためなら、戦争をしてもいいのか？」。ある生徒が、夏休みに『図書館戦争』（有川浩、角川書店、2011年）という本を読んで面白かったので、

---

12)　同上、41頁。
13)　同上、79頁。

この問いについて考えたかったようだ。どうも『図書館戦争』の中でも、子どもたちが大切なものを守るために戦争を起こすらしい。

　大切なもののためなら良い、と話す人が多いようだった。それを聞いていた時に、私が考えていたのは、まさに対話のことだ。私にとっては対話をすることはとても大切なこと。ところが、対話をしたくないという人ももちろんいる。その人たちからすると、不必要なものを持ち込まれているわけだから、不快なのだ。そんな時にあなたなら戦うだろうか。

　ふと、ある考えが浮かんだ。ちょうどボールが回ってきたので、話してみることにした。

　「実は、戦争を生み出しているのは私ではないでしょうか。議論を戦わせて勝ちたいほどの大切なもの、戦争を起こしてまで守りたいと思う大切なもの、戦争とまでいかなくても、ケンカをしても良いと思えるほどに大切なものを、つくってしまった時点で、もう戦いは始まってしまっているのかもしれません。どうすれば良いのか、私にはわかりませんが、争いを起こしているのは、実は私なのかもしれない。なぜ、私たちはそんなにしてまで大切なものを考えるんでしょうか」。

　こういう話をしたことを、とてもよく記憶しているのには理由がある。その授業が終わった時に、S君が私のところに駆け寄ってきた。S君は人懐っこく、優しいけれど、授業中はいつもソワソワしているので、いろんな先生から目をつけられるような人だった。その対話に至るまでの数年間で、何度か担任をしたことがあった。S君のお母さんは、どうしてもS君が起こすさまざまなトラブルだけは受け入れることができないのだ。対話の中では、たまに話すこともあった。いつもの授業のソワソワした感じではなく、

どちらかというと自信なさげに、自分の意見を少しだけ話す様子が印象に残っている。さて、そのＳ君が駆け寄ってくる。たった一言。「先生、本当にすごいですね」。何か言いたそうなそぶりもあったが、Ｓ君はそのままグランドの方へ走り去って行った。

　その時は、へえと思って、嬉しかった気がする。学校の先生が、やや感情的になりながらも、自分のことを吟味している姿が不思議だったのだろうか。Ｓ君は私のことを賞賛してくれた。Ｓ君が何を思い、何を感じたのか、今となってはわからない。誤解かもしれないが、その時に、何か理解されたような感じと、Ｓ君の何かを理解したような感じがした。

おわりに　争いのない対話をつくるためには

　さて、もう一度、会議で出された質問の一つに答えてみたいと思う。考えを推察しながら、しかし、言葉をその通りに理解して。そして、その後に、私がどんな風にして対話を楽しんでいたかということをお話しして、この稿を締めてみたいと思う。新しい対話が始まることを期待して、会議で出された質問に口語体で答えてみよう。

―― 輪になったら子どもたちが話しにくいようです。どうすれば
　　　いいですか？

　確かに、子どもたちが話しにくそうにする瞬間があります。どんな時でしょうか。
　まずは、周りの人たちの顔色を伺いながら話そうとする時です。

答えないといけない質問が簡単なものであっても、どう答えていい
かわからない時です。もしかしたら、輪になって周りの人たちに見
られることで、緊張して身体が硬くなっているのかもしれません。

クラスの人たちにどう受け取られるのかが気になるのかもしれ
ません。先生から優秀な人だと見られたいとか、問題のない人だ
と見られたいとか。あるいは、普段のキャラクターを演じるため
に笑いを取らないといけないとか。色々なことを考えると、正し
い答え方が何だかわからなくなって、どんどん、どう答えたらい
いかわからなくなっていきますね。すると、誰かが答えた時に、
ああうまく答えることができなかった、みたいな話し方をします。
周りの人たちは、そういう話し方を聴いていても、面白くありま
せんね。そこで、その「うまくいかない」かんじが、不思議なも
ので伝染していきます。

でも、そんなこととは関わりなく、楽しそうに話す人が出てき
ます。そういう時には、全体の集中力が上がって、自然と対話が
動き始めていくはずです。そのような自然な対話の流れを、うま
くいかないな、という先生の表情がとどめてしまうことはしばし
ばあります。楽しそうに話す人を認めてあげましょう。

「逆境を越えるにはどんな力がいるのか」という問いのクラスに
私は参加していました。

普段はあまり関わりのない私がいたので、初めは少し緊張した
様子でした。

「粘り強い精神力」といった単発の答えが続いていました。確か
に、発言した後に別の発言者を選んでいくのですが、あまり楽し
くはなさそうです。粘り強い精神力という発言はあっても、実は
逆境というのがどういうものなのか、発言する人はいません。た
ぶん、模範的な回答をしておけばいいとみんな思っているのでしょ

う。そして、自分がプレイヤーとしてスポーツを体験しているという経験も話されていませんでした。

　あんまり、面白くなかったので、こんな発言をしてみました。

　「私は今でも格闘技の試合に出ています。最近も試合に出ました。まあ、勝てるだろうなと甘く見ていたら、タックルをかけられてしまいまして。タックルはかけられてからの展開がいくつもあって、どちらかというと、得意な展開なのですが。タックルの角度を変えられて、そのまま負けてしまいました。試合に出るたびごとに新しい状況に出会い、新しい技をかけられますよね。自分ではタックルをかけられるという逆境は超えたつもりになっていたのですが、本当は超えていませんでした。逆境って、越えたと思っているけれど、本当は越えることができないものではないでしょうか」。

　明らかに空気が少しだけ変わりました。

　私の発言に対して、ある女の子が答えました。

　「逆境は壁ではなく円のようにぐるぐる回ってくるので、何度も来ます。でも越えられないわけではないと思います。先生も次の試合ではその人に勝てるようになるかもしれないですよ」。

　この応答によって「逆境を越えるために必要な力」から「逆境とはそもそも何か」へと対話は移りかわっていきました。とても、とても楽しい経験です。

　なぜ私は楽しんで参加することができただろうか。私には答えは、たぶん、ない。

　どうすれば、教育の中に対話を持ちこむことができるのだろうか。私には、同じように答えはない。自分のこだわりを抱えたまま、そのこだわりたちと付き合って、争いのない対話の場を学校

に作りたいと今でも思っている。できないかもしれない。しかし
まあ、それでもいいか。もう少しだけ、この活動に取り組んでみ
たいと思っている。

終章　往復書簡

寺田　俊郎・中川　雅道

—— 中川雅道さま

　心惹かれる論考「そういえば、結局のところ、対話するってどんなことだろう？」をお送りいただき、ありがとうございました。引き込まれて楽しく拝読しました。学校という場で長い間哲学対話と向き合ってきた人にしか書けない文章ですね。哲学対話をするってどういうことか、ぼくもあらためて考えを巡らせずにはいられませんでした。

　正直言って、編者としてはちょっと困ったな、とも思いました。中川さんの論考は、直前のぼくの論考と、一見したところ、対立するような印象を与えるからです。それどころか、それは本書の趣旨そのものをひっくり返しかねないとすら見受けられます。読者はきっと困惑するだろう、と思ったのです。

　ぼくは、哲学対話が何かの「効用」をもつこと、何かに「貢献」することを語っています。「目的」という言葉こそ使っていませんが、実質的に哲学対話が何かの役に立つこと、つまり哲学対話にさまざまな「目的」があること、を語っているのです。それに対して、中川さんは、哲学対話は何かの役に立つものではない、対話には「目的」がないときっぱりと主張されています。

　しかし、実のところ、ぼくは中川さんのこの魅力ある文章全体の趣旨にも、個々の論点の多くにも賛成できます。実際、まったくその通り、と頷きながら、そして、日頃ぼくの考えていることがもっと魅力的な表現で語られていることを羨みながら、読み終えました。ぼくの論考と中川さんの論考を並べてよく読めばわかることですが、二つともそれほど対立することを述べているわけではありません。

　にもかかわらず、困惑を覚える読者は少なくないでしょう。その辺の事情を解きほぐしておくことは、読者の困惑を解消するというだけでなく、ぼくたち自身が哲学対話のことをもっとよく考えるために、大切なことだろうと思い、手紙をやりとりすることを思いつきました。これも一つの対話ということになるでしょうか。

　中川さんの主張の中心は、対話には目的がない、ということだと読みました。まずは、その点についてぼくなりに考え、いくつか問いを投げかけることにします。

　ぼくは「効用」「貢献」という言葉を使って、哲学対話が教育や社会のさまざまな場面で「役に立つ」と主張しました。しかし、「目的」ではなく「効用」という語を使ったのは、その「役に立つ」ことが哲学対話の副産物であって、本体ではないことを言い表したかったからです。哲学対話には哲学対話それ自体の意味がある。哲学対話には、何か他のもののためにではなく、それ自体のために営まれる価値がある。そして、そのように営まれることがまったくなければ、その意味や価値は失われる。ぼくはそのように考えます。

　その意味や価値を、ぼくはこどもの哲学に関するギャレス・マ

シューズの考えを引きながら、真理を目指してともに対話することの価値とその喜び、と言い表しました。中川さんはソクラテスの対話に関する田中美知太郎の考えを引きながら、ロゴスをロゴスとして大切にすることの意味と見なしておられます。ぼくもまったく異論ありません。ぼく自身、哲学対話を「ロゴスが行き交う場」と表現することがあります。「言論」のみならず「理（ことわり）」「理性」「理由」をも含む「ロゴス」という語の広い意味を込めてです。

　さて、そのような哲学対話を学校で実践することの困難をもぼくは指摘しました。哲学対話が成立するには自由が必要だが、学校にはそれがない、というのが理由です。現在の日本の学校にたまたま自由がないのではなく、近代の学校というものには自由がない、そう論じました。中川さんの理由は、学校は目的に支配されている、ということでした。なるほど、と思います。哲学対話には目的がなく、学校はそれに支配されているとすれば、学校では哲学対話はできないことになります。

　こうした困難を前にして、ぼくは「学校の内に学校の外をつくる」という道を提案しました。容易ではないことはわかっています。でも、この課題に背を向けてはいけない、とぼくは考えます。こどもたちが1人の人として成長する十数年の間に、とくに長い時間を過ごす学校という場には、対話の文化が必要であり、それを醸成するのに最も適していると考えられる方法が、哲学対話だからです。

　中川さんもまた、目的に支配された今の学校で、少なくとも当面の間は、哲学対話を続けていきたいと書いておられます。その理由は、文面から察するに、理想の学校には対話が必要だから、というものだと考えられます。しかし、なぜそう考えられるので

しょうか。そして、それを可能にするには、どのようは道がある
とお考えでしょうか。これが一番目の問いです。

　目的に支配された学校と目的から自由な哲学対話をめぐる中川
さんの語りを読みながら、はっとしたことがあります。中川さん
の指摘されるとおり、目的に支配されているのは学校だけではな
く、われわれの生きる社会全体です。だとすれば、哲学対話は、
学校の中だけでなく、社会のどこにおいても、困難だということ
になります。「学校の内に学校の外をつくる」などと言いました
が、学校の外にも目的に支配されない空間はないとすれば、八方
塞がりです。

　この目的に支配された社会の領域と目的から自由な哲学対話の
対立を考えるために、中川さんはイマヌエル・カントの「理性の
公的使用」という考えを参照しておられます。ぼくも、文脈は少
し異なりますが、まったく同じカントの考えに言及しました。カ
ント研究者ではない中川さんがカントの考えを引いているのを見
て、意外だと感じると同時に嬉しいと感じました。ぼくは、カン
ト哲学の研究者であってカント教の信者ではないつもりですが、
嬉しいと感じたのは、ひょっとする信者の心性があるからかもし
れません。

　カントは、ある人が自分の職務や役割の立場で考え、発言する
ことを「理性の私的使用」、それに対して、ある人が特定の職務や
役割から自由な立場で、いわば１人の個人として考え、発言する
ことを「理性の公的使用」と呼びました。「理性の公的使用」は世
界市民の立場で考え、発言することだ、とも言われています。な
ぜなら、「理性の公的使用」は、特定の集団や組織の立場で考え、
発言する「理性の私的使用」とは違って、特定の集団や組織を超

えた立場で考え、発言することだからです。この「私的使用」「公的使用」の用法が一見したところ逆に見えることは、ここでは措きます。それを理解したうえで、なお読者が疑問に思うのは、「理性の私的使用」と「理性の公的使用」とは、果たして両立するのか、ということでしょう。

　たとえば国家公務員が、政府の政策に忠実に従って考え、発言しながら、同時にそれを批判することなど、できるのだろうか。国民が、現行の税制に忠実に従って考え、発言しながら、それを批判することなどできるのだろうか。教員が、学校の方針や規則に忠実に従って考え、発言しながら、それを批判することなどできるのだろうか。まとめていえば、何らかの目的をもつ集団や組織の中にいる人が、その目的を実現するために働きながら、それを批判することなど、できるのだろうか。

　カントはぼくたちに二枚舌になることを勧めているのでしょうか（そういえば、カント自身は二枚舌どころか、三枚舌以上だと評していたカント研究者がいました）。二枚舌にならずに理性を公的に使用することができる場合が、少なくとも一つあります。それは、批判することによってその対象を変えることができる可能性がある場合です。それを言えば、批判は、通常、批判の対象が変わる可能性を前提にして行われます。「理性の公的使用」は自分の属する集団や組織が変わることを前提として行われるのではないでしょうか。

　もっとも、どう変わるかははじめからわかっているわけではない。理性を公的に使用する人々の言論のせめぎあいの中で次第に変わっていくのです。

　そして、集団や組織が変わるということは、その集団や組織がもっている目的も変わるということです。目的は固定的なもので

ある必要はない。そのような目的が流動的な世界でもっとも有効・有力・有益な思考は、特定の目的にとらわれない思考、つまり「理性の公的使用」だと考えられないでしょうか。

このような事態は、カントが「自律」と呼んだ事柄にとても近いように思います。「自律」とは、ある規則にただ従うのではなく、自分で決めた規則に自分で従うということです。「理性の公的使用」はこのような「自律」を前提としているのではないでしょうか。自分が所属する集団や組織が変わっていく可能性を込みにして考え、発言すること、しかし、変わるまでは、さしあたり今のあり方に従うこと、そう考えれば、カントの言っていることは二枚舌のなせる業ではなくなります。

ただ、集団や組織は現実にはとても変わりにくい。それは誰もが経験することです。ですが、それは原理的に変わらないとか、変わるのは望ましくないとかいうことではありません。変わることをかたくなに拒む集団や組織を待っているのは、機能不全だけです。現に、自らを変えていく組織こそがすぐれた組織だという認識は、現代社会ではすでに広く共有されているのではないでしょうか。そうだとすれば、「理性の公的使用」はどのような集団や組織にとっても望ましいことだということにならないでしょうか。

この世界は、学校をはじめとして、特定の目的をもつ集団や組織から成り立っている。しかし、それらの集団や組織のあり方もその目的もすべて流動的なものである。変わる可能性を含んでいる。そのような世界の中で「理性の公的使用」つまり哲学的・対話的な思考を営むことは、決して矛盾、二枚舌を犯すことではない。集団や組織の内に「外」をあえてつくらなければならないのは、現実問題として集団や組織が変わりにくいからであって、原理的に無理だからではないのではないか――この点をどう思われ

ますか。これが二番目の問いです。

　中川さんへの問いを考えているうちに、ぼくの考えも少し前に
進んだような気がします。もう一つ投げかけてみたい問いは、中
川さんのもう一つの印象的なテーゼ、「哲学や対話が大切だって言
い続けることは、あまり対話的ではない」に関するものです。こ
のテーゼには、哲学や対話に疎遠な学校現場で生きてこられた中
川さんの知恵のようなものを感じます。しかし、一つ疑問があり
ます。

　たしかに、哲学や対話の大切さを一方的に説き続けるとすれば、
そして、相手の反応をまったく顧慮しないとすれば、それこそ教
条的であって対話的ではないでしょう。対話原理主義とでもいう
べきものに陥ることは、十分考えられます。でも、哲学や対話の
大切さを主張し続けること、哲学や対話をめぐる対話に誘い続け
ること自体は、対話的でないことはないのではないでしょうか。

　中川さんはその点を明確に意識しておられるようにも察せられ
ます。中川さんの論考の最終節が、哲学対話で居心地の悪い思い
をした同僚教員の疑問に丁寧に答えることに当てられているのは、
その表れかもしれません。そこから対話の次の段階が始まり、同
僚教員が対話の大切さや面白さを少しずつ見出し、哲学対話で居
心地の悪い思いをしなくなっていくことを期待しておられるかの
ようです。

　そういう形で哲学や対話の大切さを主張し続けることは、対話
的ではないことはないと思うのです。

　もっとも、この論点の背後には、対話の席に着こうとしない人
と対話するにはどうすればよいか、という難しい問いが控えてい
ます。対話を実践しようとするすべての人が避けて通ることので

きない問いです。しかし、対話のないところにどのように対話を
もたらすかは難しい課題ですが、だからといって対話の意義をまっ
たく認めない人々がいる、とか、対話の素質がまったくない人々が
いる、というのも、ありえない想定だと考えます。実を言うと、
そのような想定を中川さんのテーゼの背後にぼくは嗅ぎ取ったの
です。

　ここで、中川さんの学校の学校祭で、生徒さんたちが開いてい
た哲学対話の会を思い出しました。午前も午後もさまざまなテー
マで、参加者が入れ代わり立ち代わりしつつ哲学対話が続くとい
う、哲学対話三昧の企画でした。残念ながら、そのほんの一部に
しか参加できなかったのですが、居心地のいい対話の場が開かれ
ていて、ぼくも実に気持ちよく対話に参加しました。校長先生も
他の教員も参加しておられました。生徒も教員もみんな、中川さ
んに説得されたからではなく、対話の魅力に誘われてそこにいた、
と感じました。

　そこで、ぼくの3番目の問いです。対話が大切だと主張し続け
ることは、必ずしも非対話的にならないのではないか。

　お忙しい日々をお送りのことと存じます。無理のない範囲でお
返事いただければ幸いです。

――寺田俊郎

──寺田俊郎さま

　在外研究など、お忙しい研究生活の中、丁寧なお手紙ありがと
うございます。興味深く、拝読させていただきました。ご質問へ
の回答など、要領をえないものなどもあるかもしれませんが、ご
容赦ください。

　自分が書いたものを読んでいただけること、そして深い理解の
もとに読まれたことがわかる瞬間は何にも変えがたい喜びです。
まだ大学生だった時に、教育の臨床哲学に取り組まれている先輩
である寺田さんのことを知りました。臨床哲学の雑誌メチエに書
かれた原稿を何度も拝読し、さまざまに考えを巡らせていたこと
を思い出します。その原稿の中に登場するギャレス・マシューズ
からはとても、とても強い影響を受けました。対話それ自体を重
視し、子どもたちの反応や、その場で起こった自分自身の変化、
そしてそこから新たな対話を生み出していくマシューズには心か
ら憧れています。今でも、時折読み返し、ああ、こういう人の文
章を丁寧に訳してみたいと、考えたりしています。
　マシュー・リップマンについては、縁あって *Thinking in
Education* の翻訳に関わりました。多くの人たちが、もしかした
ら彼の文体や、彼が書いたことに違和感や、反感を感じるかもし
れません。クリティカル・シンキングが席巻していたアメリカ合
衆国で、哲学こそが、子どものための哲学こそがその方法論にな
るべきなのだ、と述べる凄まじい勢いにやや気後れしながら翻訳
していたことを思い出します。しかし、私は彼が単純に論理的な
思考や、思考のスキルだけに拘ることなく、感じることや、情動

的思考、そしてケア的思考について論じていることは大変意義深いと思います。もしかしたら、彼はある重要な場面で教育現場に出会っていたのかもしれません。

　もちろん、優れた実践者は彼ら2人だけではありません。多くの優れた、さまざまな実践者たちが世界を変えるために、この世界のどこかで哲学に取り組んでいることでしょう。しかし寺田さんが描かれた彼ら2人の像は、ある象徴的な像であるような気がするのです。リップマンは世界が自分を理解してくれないことに悲嘆し、マシューズは人々との実践の内に幸福を見出していました。リップマンが教育現場に出会っていたより、それ以上にマシューズは教育そのものを見出していたのではないでしょうか。その意味で、私はリップマンに少しだけ共感し、マシューズに強く共感してきました。リップマンは世界を変えようとして、論理的に考える人たちを育てようとしていました。論理的な能力を細分化し、テキストを用いてスキルを教えようとしたはずです。そのどこかの時点で気づいたのです。哲学や対話がうまく働く時は、どうやら目標を定め、目的を実現する時ではなく、子どもたちがもっと複雑なプロセス、自分の感じ方を見つめ直し、周りの子どもたちへのケアが働き始める時ではないのか、と。マシューズも恐らくは真剣に、民主的な能力を育てることに関心があったはずです。しかし、対話に取り組む中で、もっと面白い、対話そのものの価値に気づくようになった。

　さて、なぜ理想の学校には対話があるのかということですね。もしかしたら、頭の中にあったのはカントの言葉、互いを手段としてではなく、目的として扱う、だったのかもしれません。私は、カント研究者ではありませんが（そう言われると自分が何者なの

か、よくわかりませんね）常にカントには憧れてきました。職場に出た途端に、倫理学や臨床哲学を学んでいたという経歴から、道徳の授業を任せられることが多かった時に、自分なりに道徳とは何かと問い直した時に頭に浮かんだのは、目的の国というカントの理想でした。世界平和を真剣に望むとしたら、必要なのは市民性を体得した世界市民の育成のその先に、互いを目的として扱うという目的の国があると思われるのです。そのことと、ハワイで育まれた p4c の理念、インテレクチュアル・セーフティが溶け合いました。コミュニティのすべてのメンバーへのリスペクトがある場所では、どんな質問をしても、どんな発言をしてもいい。コミュニティのメンバーに私たちは、どんな人たちを想定することができるでしょうか。私たち人間は、あまりにも多様です。すべての素朴な子どもたち、真面目な大人たち。育まれる過程で、誰かに捨てられたり、裏切られたりして、何らかの傷を負った人たち。マイノリティと呼ばれる、さまざまな人たち。すべての美しい心の持ち主たちと、頑なな心を持つ人たち。私はすべての人たちを目的として行われる対話を心から愛しています。

　日本の道徳教育は道徳を教えることに汲々としてきましたが、本当に必要なのは、人々の間に道徳的関係を築くことではないでしょうか。

　本当に愛していることを見つけるのは、とても難しいことです。対話が営まれるためのそれ自体の価値を愛するがゆえでしょうか。それ以外の価値には、どうしても対話を手段としてしまうような側面があるような気がして、躊躇してしまうのです。もちろん、対話の効果や効用について論じたこともありますが、やはり計りにくい効果や効用よりも、どうしても目の前で生まれる対話の魅力に捉えられてしまうのでしょうね。

　すべての人たちと対話できる場所を実現するためにはどんな道があるのか、ということですね。まずは、p4c を続けることです。たくさんの場所、まだ見たことのない場所、知らない学校、人々が交流する場所へ赴いて、その場を目的とした対話の場を開き続けること、です。このところ p4c を経験し続けた卒業生たちで、私と同じようなことに関心をもって、卒業後もさまざまな場所でp4c をやり続ける人たちも現れ始めました。小さな、小さな、歩みかもしれませんが、私にできることがあるとすれば、まずはそのようなことだと思います。

　もう一つ可能性があるとしたら、新しい学校をつくることかもしれません。縁あってハワイにあるデューイスクール Hanahau'oli school を見学することができました。たいへん興味深い経験でした。デューイスクールの基本は Leaning by doing、なすことによって学ぶことです。校舎はそれぞれの機能によって分割されています。普通教室には一斉授業用の机椅子はなく、子どもたちはそれぞれのスタイルで課題を探究していました。子どもたちの楽団が演奏している音楽室や、さまざまな作品が掲示されている美術室、工具が所狭しと並べられた技術室が校舎の中心を占めていて、いかに活動が学校の中心であるかがわかります。火山のことを学ぶために、子どもたちは火山の絵を描き、フラクタル（図形の一部に、図形の全体と相似な図形を含む図形）と分数の関係を考え、そして、フラクタルと岩石の関係について考えていました。デューイはそれほど対話について論じていない気がしますが、そういう Leaning by doing の学校に対話をどのように関わらせることができるのか、というのは楽しい探究であるような気がします。

　対話が大切だと主張し続けることによって常に対話が失われて

しまうとは限りません。私がもともと考えていたことは、すべての人が含み込まれてしまうような枠組みです。誰もが自分自身でいることのできるような場所です。しかし、そのように誰もが含まれうるような対話が大切だと主張することすら、誰かを排除してしまう可能性があることを記憶に留めておくために、対話が大切だと主張することで失われてしまう対話があると語りました。私たちは自分自身の恐れや恐怖を自覚するべきなのです。本当に自分の言っていることが自分より優れた誰かを排除したいという恐れや恐怖から生まれたものであるのかどうか。私たちの感情はとても繊細で、細かく、判別は難しいかもしれません。しかし、それでも注意を怠った途端に、もともと言いたかったことと全く異なった行為をしてしまうことがある、私が言いたかったのは、自戒の念を込めて、そのようなことです。

　対話とは疎遠な人、対話の能力や素質がない人を想定しているのではないか、ということも質問されていましたね。どれほど誘っても、対話の席につこうとしない人はいるかもしれません。しかし、その人に能力や、素質がないということは考えたことはありませんでした。p4c の基本は同じ輪の中に座る、加わる、コミットする、ことにあります。もし対話の席につこうとしない人が、自分自身と輪の中にいる人とを別の存在だと考え、輪の中に入ることを恐れているとしたら、それはその人の問題の一端を構成しています。恐らくその人は、すべての場面で同じように振る舞っているはずです。いく人かの先生たちに、p4c ではまるで自分が丸裸にされたようだった。授業では話すことや内容を準備できるけど、p4c では準備できないから、とても怖かったと言われたことがあります。私たち教員は、それくらい知識に依存し、知っている人として学校で働いています。本当にそうなのでしょうか。

私たちは本当には知らないことばかりではありませんか。むしろ、そこで生まれる偽りや嘘の方が教育に悪影響を与えていると思われるのです。

　組織が変わっていくには時間がかかる。そう思います。組織が永久に変わらずにいることは恐らくはないでしょう。それでは、どれくらいの時間を想定できるでしょうか。1年、3年、5年、10年、20年、いや100年、それとも1000年でしょうか。100年先の世界や、1000年先の世界に、対話で満ちた社会や、対話で満ちた学校が存在できるとしたら、もう少しがんばってみようかという気になりますね。

　学校の内に外を作る。学校の外に、新しく学校でないものを作る。どちらの選択も正しかったり、正しくなかったりということはないと思います。まだ、私の方は、新しく夢を見始めたところにすぎません。具体的な像も、特にありませんが、少しずつ調べて、考えてみたいと思っています。誰も排除されず、対話や、愛や、幸福に満ちた学校、そして、その先にある社会をどれくらい実現することができるでしょうか。

　私から尋ねたいことは、たった一つです。私たちは臨床哲学という大きな文脈の中で、教育というものに取り組んできました。寺田さんにとって、臨床哲学という文脈をどのように捉えられているのかということは、とてもお聞きしたいと思っています。私にとっての臨床哲学の経験は、変容を受けるということそのものでした。知っていることと知らないことの間で引き裂かれること。判断がつかないこと。迷っていること。悩んでいること。教育現場に居合わせてしまうということは、不登校、いじめ、授業崩壊

などなど、そういったありとあらゆる物事のそばに居合わせながら、ほとんど何もできないということでした。自分にも何かできることがあるだろう、とか、こういう風にすればうまくいくだろうと考えていた像が一つずつ崩れ落ち、できると考えていた重荷を一つ一つおろしていくことから、私の取り組みは始まりました。しかし、いろんな荷物をおろして行った先にも、対話の効果や効用として、さまざまな問題を少しずつ解消していく道が見えるような気もしています。さて、そんな中で、まだまだ迷い、放浪しているわけですが、寺田さんは、どんな風に考えられているでしょうか。

――中川雅道

── 中川雅道さま

　お返事ありがとうございます。貴重な冬休みの時間を奪うこと
になってしまったことを、申し訳なく思いつつも、たいへん嬉し
く拝読し、また考えさせられました。
　「対話が大切であると主張し続けることは、対話的でない」とい
う中川さんの魅力的な言明の意味が、よくわかりました。「誰もが
含まれうるような対話が大切だと主張することすら、誰かを排除
してしまう可能性があること」、それをぼくも肝に銘じたいと思い
ます。それをいつも念頭に置いて、対話の場を開き続けていきた
いと思います。
　そうですね、学校のうちに外をつくるか、学校の外に学校でな
い何かをつくるかは、それほど問題ではない、というご指摘に、
はっとしました。幸い、ぼくの身の周りでも、少しずつ対話の場
をつくろうとする人々が増えてきています。実に多彩な対話の場
が広がっていきます。そうした場とつながりつつ、互いに学びあ
いつつ、ぼくも学校の内外で対話の場づくりを続けていきます。
　印象的だったのは、中川さんのリップマンとマシューズの対比
です。マシューズは対話そのものを目的として楽しみ、リップマ
ンは対話を教育の手段としているが、実はリップマンも対話その
ものの意義に触れていたのではないか──なるほど、その通りだ、
と思い直しました。そして、日本の子どもの哲学の黎明期にこの
2人にじかに接する機会があったこと、それを書き記しておくこ
と、それらのことに意義があることを、あらためて確認しました。
　しかし、一番印象的だったのは、中川さんがカントのいう「目
的の国」に言及されていることです。対話の場を開くということ

は、つまり、「目的の国」をつくるということなのだ、と。そして、対話が何か他の目的のための手段ではなく、対話そのものが目的であることと、人を何か他の目的のための手段としてではなく、目的自体として扱うこととは、一つのことなのだ、と。どうして、そんなことにもっと早く気づいて、本文に書かなかったのだろう、と遅まきながら思います。

　いや、ぼくもそれに気づいていなかったはずはありません。哲学対話は世界市民の教育の基本だ、とぼくは主張しましたが、ぼくの解釈では世界市民社会と「目的の国」とは重なりあうのですから。同じような論点に中川さんも言及しておられます。「世界平和を真剣に望むとしたら、必要なのは市民性を体得した世界市民の育成のその先に、互いを目的として扱うという目的の国があると思われる」、と。その通りです。カントの哲学は、どう読んでも、そのようにしか解釈できない、というのがぼくの読みです。それを、昨年刊行したカントの永遠平和論を主題とする拙著（『どうすれば戦争はなくなるのか』）に書きました。

　カントは、道徳の基本原理をいくつかの定式で言い表しましたが、その一つが、自分であれ他人であれ、人を「目的自体」として扱うべきだ、というものです。われわれは、生きていくために、人々を手段として用いざるをえませんが、たんなる手段としてではなく、いつも同時に「目的自体」として扱うべきだ、ということです。しかし、それはいったいどういうことか。いろいろな答えがありますが、中川さん自身も一つの答えを与えておられます。その人がその人であることを損なうことがないように人と関わることだ、と。この解釈は正しいとぼくは思います。そして、そのように互いを「目的自体」として扱いあう人々の共同体の理想が「目的の国」です。おっしゃる通り、それは美しい理想です。

　中川さんが明確に示してくださったのは、互いに「目的自体」として扱いあい、「目的の国」を構成することが可能になるのは、あるいはその原型になるのは、対話だということです。そして、その対話も、たんなる手段ではなく「目的自体」でなければならない。人々がそのように関係しあうことこそが、道徳の基本だという中川さんの意見に、心から賛成します。

　これまでのやり取りを通じて、読者の困惑が少しでも解消したことを願いつつ、最後に中川さんの問いに答えて、この往復書簡を閉じたいと思います。われわれが教育に取り組んできた臨床哲学の文脈をどう考えるか、という問いです。

　この問いには、すでにこの本を通じて、特に第1章を通じて、答えてきたつもりです。それをさらに敷衍すれば、中川さんが臨床哲学ということで理解しておられることと、そう違わないことになると思います。「変容すること」、それをはずして臨床哲学を考えることは、ぼくにもできません。「判断がつかないこと」「迷っていること」「悩んでいること」そして、それに対処する術を「知らないこと」。それを認めることから始め、それに向きあいつつ考え続けること、考えるための対話の場を開き続けること、それが臨床哲学です。

　「できると考えていた重荷を一つ一つおろしていく」というのは、中川さんならではの卓抜した表現で、ぼくにはとても思いつかないものですが、「わからなくなっていく」感覚、「鎧を脱いで素手になっていく」感覚ならぼくにもあります。それは、以前は不安や苦痛の種でしかなく、一刻も早く脱却したいものでしたが、いまでは、考えるとは、つまりそういうことだ、という自覚があり、そのようにして考えることにこそ意味がある、という確信があります。それで、わからなくなるにしても、妙に安心してわか

らなくなっていくことができるような気がします。

　そして、哲学するとは、つまりそういうことではありませんか。「臨床哲学」と言いますが、実は「臨床」は余計ですよね。「臨床」的でないような哲学は、ほんとうは「哲学」とすら呼ぶことができない。それは、たとえばカントが「学校概念の哲学」と「世界概念の哲学」を区別して、後者こそが本来の哲学であると語ったときに、すでに示唆していたことです。そういえば、ぼくの連れあいが、臨床哲学の説明を聞いて、「原木椎茸」のようなものね、と言ったことがあります。椎茸と言えばもともと原木椎茸でしかないのに、バイオ椎茸などがはびこるから「原木」と言わなければならなくなる。臨床哲学の「臨床」もそれと同じだ、と。

　これからも、教育の臨床哲学を、いや、教育の現場で哲学することを、迷いながら続けていきたいと思います。その中心には対話がなければならないこと、それだけはいまのところ確かであるように思います。

　本書を通じて、そしてこの往復書簡を通じて、哲学対話をめぐって一緒に考えることができて、幸いでした。今後ともよろしくお願いします。

　学年末にかけて、お忙しい日々が続くことと思います。どうぞご自愛ください。

　　　　　　　　　　　　　　　　　　　　　　　　　──寺田俊郎

コラム

高校公民科「倫理」と「哲学対話」の異次元的邂逅

古賀　裕也

　学校というものは複雑なパズルである。限られた人的・空間的リソース（つまり教師と教室）は毎時間ごとに全生徒に割り当てられており、もし後から変更しようとすればそれなりに骨が折れる。「哲学対話を学校で」、それはすでに組み上げられたパズルにもうひとつピースを押し込むような、やっかいな提案だ。押し通すなら、相当な効果を保証して各所を納得させる必要がある。

　私はそうした説明責任のようなものにはあまり向き合わないできた。つまり自分に割り当てられた時間と場所のなかで都合をつけ、自己裁量で「哲学対話」を実施してきたのだ。それは非常勤講師という弱くて自由な（つまり諸会議への参加権を持たないかわりに責任も重くない）立場だったからというのもあるが、教育の目的や効果を求めるパラダイムの半分外側にいるこの場所から生徒と考えたかったからだ。教育はなんのためにあるのか、教育を強制することは倫理的に許されるのか、生徒と教師はあくまで学校の中で一体いかなる存在でもありうるのか、「哲学対話」が私自身にもたらした気づきや問いはそもそも授業や効果という尺度を問い直すものだった。

　始業のベルをかき消すように机と椅子を動かす音がする。授業前の昼休み、体育祭の準備でクラスメイトの動きにストレスをた

めた団長たちが「哲学対話」をやりたいと言ってきたのだ。自分たちがやりたいと思ったのだから倫理の授業よりも優先したが、こんなタイミングでお互いに意見をいえば、陰に陽に非難や吊し上げが発生するだろうという「怖い」場でもあった。もちろん授業を受けたかった生徒もいただろう。だがそこで起きたことは、今でも忘れられない。みな自分以外の誰かについて語るのではなく、自分自身のこと、自分の大切にしたい価値観について語り、それが脅かされる懸念を語り、決してある方向にまとめようとせず、自らの思いやあり方に対して素直であろうとした。涙を流す生徒もいたが、感情が対話の中で行き場を失わなかった。このときの「哲学対話」の出来事は生徒にも深く刻まれ、体育祭だけでなく友人関係や教室にも大きな影響を与えたことは後から知った。

　あのとき、たしかに「倫理」の時間に「哲学対話」をしていたが、私たちは公正や義務ついての哲学的な主題についての議論は眼中になかった。いまここの誰も無関係でいられない場の中で起きていることに、集中していた。予め立てられた授業の「ねらい」などといった教員の思惑は遥かに超えられていた。この出来事は私の「哲学対話」観を支えている。

　「哲学対話」は、評価のしにくさや、教育的効果の見えづらさという問題に長らくさらされてきた。実際、理由付けを重んじる哲学的議論が読解力や数学力を向上させたというエビデンスはダーラム大の研究報告[1] などに見られ、その効果自体をねらいとすることも模索すべきだろう。だが私は読解力や数学力の向上を第一にめざして「哲学対話」を実践してはいないし、先の例のように

---

1) Stephen Gorard, et. al.（2015）*Philosophy for Children Evaluation Report and Executive Summary*, London: EEF.

生徒の中に高まった機運と決断なしに定期的に実施するだけに留まれば形骸化・義務化する恐れもある。

　読解力や数学力のように計測可能な諸能力の向上は非常に重要であり決して軽視されるべきではない。しかしそれでもなお「哲学対話」の副産物にとどまるのだ。認知され計測されうるものが副産物ならば、認知できない能力すなわちコミュニケーション能力、協調性、レジリエンス、道徳心といった非認知的能力 non-cognitive abilities の向上を主目的とすべきなのか。P4C は本来、児童のクリティカル・シンキングの力を高める教育プログラムとして設計されている。そしてクリティカル・シンキングは知識・技術・態度によって統一的に構成されているが、非認知的な知識・技術であってもそれだけでは不十分だろう。私たちが「哲学対話」を通して自覚的に経験したいのは、思考へ向かおうとすること、思考しやすい環境を整えようとすること、知りたいと思うこと、自他のあり方を気にかけること、思考の知識・技術それ自身を警戒することといったさまざまな「態度」である。

　私が「哲学対話」で第一に重視したいのは、客観的に評価が可能な認知的能力ではないし、そして辛うじて非認知的能力でもなく、認知的能力と非認知的能力を支える「態度」およびその態度を選択・保持しうるような安心できる環境である。この態度と環境があるからこそ、より良い思考を行い、共に生きる力が育ち、すなわち「倫理」で真に目指しているものに異次元的に重なってくる。

　たしかに「倫理」はいわゆる哲学的な素材に事欠かない。生徒も「倫理」に何かを期待している。そうした期待を、「哲学対話」は大胆に吹き飛ばすだろう。しかし、だからこそ教科としての「倫理」が刷新される可能性が開かれるのだ。

たったひとりに出会うこと
―― 国語科における哲学対話の実践から

堀　静香

　中高非常勤講師という身分において、学校のなかで哲学対話を実践することには多少のハードルがある。「なぜ国語の授業で哲学対話をやるんですか？」と問われるたびに、まずはクラス担任などを持たない講師として授業時間が私の持ちうる場のすべてだから、と答えるしかなく、かつ学校側が特に哲学対話を推進しているわけでもないので、なんだかこっそりと、ときに「アクティブラーニングをやっています」という体裁にしてうしろめたさを感じつつやっている。しかしまた他方、国語の授業内だからこそ、作品を扱ってしかできない哲学対話というものがあるのだと積極的にお答えすることも、もちろんできる。

　国語の授業では、教材の物語を、あるいは文章を「私のこと」として考えられるようになることがひとまず目指されるべきではないかという思いがつねにある。たとえば傍線部の主人公の心情を考えようとするとき、テキストから読解しうる妥当性をもった「深い読み」を検討することは作品読解において重要なことであるが、あるたったひとつの正解を求めることは必ずしも目指されていない。そこでは同時に、テキストを根拠にして「では自分はどう考えるだろう」というアプローチも可能である。そして授業内においてこうした目標を目指すときに、実は哲学対話は大変有効である。

　作品読解を通して哲学対話をするということはつまり、ある作品を読んで私が気になったことはなんだろうと考えること、他の誰でもなく「今、私は何が気になっているのだろう」と作品を通して自問すること、そして同時に同じ作品を読んでいるあなたは何が気になったの？ということを知りうる行為でもある。たとえば高校一年生の定番教材でもある「羅生門」（芥川龍之介）において、授業で教員が問う「下人はその後どこへ消えたのか」という問いはどこまでいっても生徒にとっては他人事だが、仮にその問いがある生徒のなかから生まれた問いであったとすれば、ではその問いが気になる自分のなかにはどのような理由があるのだろう、ということを考え、それについて他者の話を聞き、また自分で考えるという時間を哲学対話では得ることができる。もちろん文章を読み、内省的に吟味することも可能だが、自分の問いについて1人で考えるのと同時に、誰かの切実な問いが新たに自分にとっての問題としてはっと気づかされるということが起こり得るのも大変魅力的なことではないだろうか。

　実際に「羅生門」を扱った哲学対話のなかで、はじめは「老婆を引剥ぎした時、下人はどのような気持ちだったのか」という問いから始まった対話が、議論が進むにつれ話題は「性」や「恋愛」といった方向へとシフトしていったことがある。そのとき私は1人の関心事がクラスの関心事を呼び起こすのだということにはじめて気がついた。

　また中学生のクラスではこんなこともあった。「夏の葬列」（山川方夫）のグループでの読解後、多数決で選ばれた問いは「なぜ空気を読まなければならないのか」というもの。物語は戦時中に助けてくれた少女をとっさに突き飛ばして死なせてしまったという少年の過ちを現在に続く苦悩とともに描いたヘビーなものであ

り、この問いは作品に直接関係のないように思えた。対話は問い
を出した人にもう一度問いの背景などを話してもらうことから始
めるのだが、そこでも作品について触れられることはなく、友だ
ちと楽しくわいわいやっているところをクラスの人にうるさいと
注意されることの是非を問うというクラス内の不満を当人は訴え
ていた。少しぎくしゃくとしたところがあるクラスの核心を突く
ような問い。恐る恐る色んな立場の生徒たちが手を挙げて発言す
る。対話中、「この問い、作品には関係なくない…?」と口を挟む
ことはしなかった。ある種の緊張感とともに、それぞれの「今」
が浮き彫りになった対話である。

　「羅生門」にせよ「夏の葬列」にせよ、いずれの場合もテキスト
に忠実に沿った問いではない。もっと作品の深い読みから掬いあ
げられた問いもたくさんあったのに、選ばれるのは教員が首をか
しげるようなものである。それでは意味がないではないか、と思
わなくもない。けれど、作品がクッションになってはじめて、引
き出されるものであるかもしれない。誰かの切実な問いが、そこ
にいる私たちを引っ張ってゆく。その力の強さを感じるたびに、
私はじっと問いの前に佇んで一人一人の表情を見守るしかなくな
るのだ。

　フィクションが盾になるということ、つまり作品というフィル
ターを通すからこそ日常会話では話しにくいような話題も話しや
すくなる、哲学対話で作品を扱うことのよさはここにある。それ
ぞれの作品を踏み台として「今、このクラスの関心事」が共有さ
れ、あるいは同時に「自分の興味や考えたいこと」が反省的に引
き出されるという体験がそれぞれのなかに起こる。そのような体
験、つまり作品をきっかけとして、その作品のある問い、ある部
分、あるテーマが自らの生にどう与っているのか、について考え

ることこそが、先に述べた「私のこととして考えられる」ということである。

　もちろん、クラス全員で輪になって行うことが、哲学対話のすべてではない。2人だって4人だって自由参加型だって紙面上だっていい、とにかくやってみる価値はある。あると私は強く思う。作品を通して語られる後ろめたさや恥ずかしさを含んだ「たったひとり」に出会うときには、なんだか泣きたくなるような、ああ生きていてよかったと私自身が心から思えてしまえるような不思議な実感に包まれることがあるのだ。「たったひとり」に私が出会いたいがためにやっている、そんなところがある。

　週のはじめに教室へ行くと、生徒たちは「哲学対話やって！」と口々に言う。まるでこちらが手品でも見せてくれるとばかりに。あなたたちが恥ずかしそうに、それでもすっと手を上げてボールをもらって話し出す、その瞬間こそが私にとっては手品みたいだ。ふだんの授業とは、全然表情が違うじゃないか。

おわりに

　本書の編集が総仕上げに入ったころ、新型コロナウイルスの世界的な感染拡大が始まり、日本国内でも生活のあり方が一変した。編集作業には大きな影響がなかったが、肝心の哲学対話の活動は滞った。5月にはオンラインでの哲学カフェを始め、今も続けているが、街のカフェでの哲学対話はまだ実施を見あわせている。学校や企業での哲学対話も途絶えている。オンラインでの哲学対話の短所だけではなく長所もわかってきて、これはこれで一つの対話の形として存続するだろうという感触をもっているが、やはり対面での哲学対話には他に代えがたいよさがあることも痛切に感じられる。

　新型コロナウイルス蔓延によって生じたさまざまな事象は、われわれの日常生活や日本社会に潜むさまざまな問題を炙り出している。こんな時こそ哲学対話が必要だと思われるのに、思うように哲学対話が開けないことにもどかしさを感じる。同じような思いの人々が多数いることは、6月に「新型コロナウイルス」をテーマにオンライン哲学カフェを企画したところ、たちまち予約で満席になったことにもうかがわれる。先行きは不透明だが、近い将来ふたたび街のカフェ、学校や企業で哲学対話を実施することになれば、オンラインでの哲学対話と組み合わせて、さらに新しい可能性が開けていくことを願っている。

　本書の企画を最初に立てたのは実に2007年のことである。その後文字通り紆余曲折を経て、ようやく出版の運びとなった。その理由の中には編著者の多忙や「シリーズ臨床哲学」の他の巻との兼ね合いなど付帯的なものもあるが、編著者の周辺で哲学対話が

目覚ましく発展したという本質的なものもある。結果として2010年代の多彩で活発な哲学対話実践に基づく論考を収録し、当初の企画よりもはるかに充実した内容となった本書が「シリーズ臨床哲学」の一巻として世に出ることをたいへん嬉しく思う。大阪大学出版会の川上展代さんには、最初の企画から度重なる遅延と変転に付きあっていただき、編集が本格化してからはベテランの編集者としてまた臨床哲学に長く関わる同僚として、的確で親身な支援をしていただいた。川上さんがいなければ本書は日の目を見ることがなかっただろう。心からお礼申し上げる。

初めての哲学カフェを開いてから 20 年目の秋に

編著者

寺田　俊郎

執 筆 者 紹 介

編著者

寺田　俊郎（てらだ・としろう）

1962（昭和37）年広島県生まれ。洛星中学・高等学校教諭を経て、大阪大学大学院文学研究科博士後期課程修了。上智大学文学部哲学科教授。実践哲学の研究・教育の傍ら、街中、学校、企業での哲学実践に取り組む。著書として『どうすれば戦争はなくなるのか──カント『永遠平和のために』を読む』（現代書館）、共編著として『グローバル化時代の人権のために』（上智大学出版会）、共著として『哲学カフェのつくりかた』（大阪大学出版会）など。

著者

小川　泰治（おがわ・たいじ）

1989（平成元）年兵庫県生まれ。早稲田大学大学院文学研究科博士後期課程単位取得退学。宇部工業高等専門学校一般科講師。NPO法人こども哲学・おとな哲学アーダコーダ理事。上智大学在学中に哲学対話に触れて以降、各地で学校教育における哲学対話の実践やサポートに関わっている。共著に『ゼロからはじめる哲学対話──哲学プラクティス・ハンドブック』（ひつじ書房）、『こども哲学ハンドブック──自由に考え、自由に話す場のつくり方』（アルパカ）。

中川　雅道（なかがわ・まさみち）

1986（昭和61）年京都府生まれ。大阪大学大学院文学研究科後期課程修了。神戸大学付属中等学校教諭。哲学カフェをたまに開催しながら、勤め先の神戸大学附属中等教育学校の授業で「子どもの哲学」を実践している。

藤本　啓子（ふじもと・けいこ）

1952（昭和27）年広島県生まれ。神戸大学大学院文化学研究科博士後期課程単位取得退学。兵庫県立須磨友が丘高校非常勤講師（臨床哲学）、ウェル・リビングを考える会代表、カフェフィロ会員。哲学カフェ、メディカルカフェのほか、高校での哲学対話の授業、医療・福祉をテーマとした哲学対話ワークショップに取り組む。著書として『いのちをつなぐファミリー・リビングウィル』（木星舎）、共著として『福祉・医療用語辞典』（創元社）、『生きるを考える』（日本看護協会出版会）、『哲学カフェのつくりかた』（大阪大学出版会）。

渡邊　美千代（わたなべ・みちよ）

1958（昭和33）年名古屋市生まれ。2009（平成21）年逝去。大阪大学大学院文学研究科博士後期課程修了。愛知医科大学教授。メルロ＝ポンティから多くの影響を受けて、看護実践経験をもとにケア論を研究した。博士論文『身体とケアの看護現象学——ケアの〈あいだ〉に見えること・見えないこと』。論文として「看護における現象学の活用とその動向」『看護研究』37巻5号（共著、2004年）、「「食べる／食べない」人のケアを考える」『臨床哲学』4巻（共著、2002年）など。

鈴木　径一郎（すずき・けいいちろう）

1982（昭和57）年大阪府生まれ。大阪大学大学院文学研究科博士後期課程単位取得退学。大阪大学共創機構・COデザインセンター特任助教。アントレプレナーシップ養成の傍ら、地域での哲学対話実践や人文科学の研究成果の演劇化などにも取り組む。演出作品として、『朗読劇「ディブック」——二つの世界のはざまで』（2016年・東京・シアターX）［文部科学省　科学研究費・基礎研究（B）『ユダヤ自治』再考——アシュケナージ文化圏の自律的特性に関する学際的研究による］など。

辻　明典（つじ・あきのり）

1987（昭和62）年福島県生まれ。大阪大学大学院文学研究科博士前期課程修了。福島県公立学校教員。てつがくカフェ＠せんだいスタッフ。2012年から「てつがくカフェ＠南相馬」を始め、原発事故の被災地における哲学対話を継続中。共著に『哲学カフェのつくりかた』。

川崎　唯史（かわさき・ただし）

1989（平成元）年兵庫県生まれ。大阪大学大学院文学研究科博士後期課程
修了。熊本大学大学院生命科学研究部助教。共編書として『フェミニスト
現象学入門——経験から「普通」を問い直す』（ナカニシヤ出版）。

コラム執筆者

堀越　耀介（ほりこし・ようすけ）

1991（平成3）年東京都生まれ。早稲田大学大学院政治学研究科修士課程
修了。東京大学大学院教育学研究科博士後期課程／日本学術振興会特別
研究員（DC2）。上智大学グローバル・コンサーン研究所客員所員として
哲学カフェを開催するほか、東京都立大山高校・奥多摩高校外部講師とし
て哲学対話を担当。

田代　伶奈（たしろ・れいな）

1989（平成1）年ドイツ生まれ。上智大学大学院哲学研究科博士前期課程
修了。私立明星学園中学校「総合探究科 哲学対話」非常勤講師。自由大
学で哲学対話の講座キュレーションや社会人向けの哲学コミュニティ
「Questions without Answers」を主催。

今井　祐里（いまい・ゆり）

1993（平成5）年埼玉県生まれ。上智大学大学院哲学研究科博士前期課程
修了。自由大学で哲学対話の講座キュレーションや社会人向けの哲学コ
ミュニティ「Questions without Answers」を主催。人々が協同して問
い、考え続けるための場づくりやチームメイク、ワークショップ企画が専
門。

永井　玲衣（ながい・れい）

1991（平成3）年東京都生まれ。上智大学文学研究科哲学専攻博士後期課
程。立教大学兼任講師。哲学研究と並行して、学校・企業・寺社・美術
館・自治体などで哲学対話を幅広く行っている。「コアトークカフェ」運
営、「京都洛北哲学カフェ」共同代表。

古賀　裕也（こが・ゆうや）

1978（昭和53）年福岡県生まれ。九州大学人文科学府人文基礎専攻修了、上智大学文学部哲学研究科博士前期課程修了。高校倫理非常勤講師を経て、現在かえつ有明中・高等学校社会科主任。主に学校・カフェ・寺社などで対話の場づくりを試みてきた。「コアトークカフェ」運営、「京都洛北哲学カフェ」共同代表。

堀　静香（ほり・しずか）

1989（平成元）年神奈川県生まれ。上智大学文学部哲学科卒業。慶進中学高等学校国語科非常勤講師。小説等授業で扱った教材をもとに哲学対話を実践している。

監修者紹介

中岡成文（なかおか・なりふみ）

1950（昭和25）年山口県生まれ。京都大学哲学科で学んだのち、大阪大学大学院教授などを歴任し、現在は郷里の岩国市に住む。市民とともに学ぶ「中之島哲学広場」、がん患者・家族との哲学対話（おんころカフェ）にかかわるほか、英語による哲学カフェで進行役を務める。

シリーズ臨床哲学　第5巻

哲学対話と教育

発　行　日	2021年2月28日　初版第1刷　　　　〔検印廃止〕
監　　　修	中岡　成文
発　行　所	大阪大学出版会
	代表者　三成　賢次
	〒565-0871
	大阪府吹田市山田丘2-7　大阪大学ウエストフロント
	電話　06-6877-1614　　FAX　06-6877-1617
	URL　http://www.osaka-up.or.jp
印刷・製本	株式会社 遊文舎

©Toshiro Terada, et.al. 2021　　　　　　　　　　Printed in Japan
ISBN 978-4-87259-727-1 C3010

JCOPY 〈出版者著作権管理機構　委託出版物〉

本書の無断複製は著作権法上での例外を除き禁じられています。複製される場合は、その都度事前に、出版者著作権管理機構（電話03-5244-5088、FAX 03-5244-5089、e-mail: info@jcopy.or.jp）の許諾を得てください。

鷲田清一・中岡成文監修

シリーズ臨床哲学　四六判並製本.

１巻　ドキュメント臨床哲学

本間直樹・中岡成文　編　定価（本体 2200 円＋税）310 頁　2010 年 9 月刊行

大阪大学に発足した日本初の専門分野「臨床哲学」。医療・看護・介護・教育に携わる人々、学生、一般市民と共に展開する新しい哲学とはどのような活動で、どのような変遷をとげてきたのか。発足 10 年を過ぎて、ついに「臨床哲学とはなにか」という問いに応える。

２巻　哲学カフェのつくりかた

カフェフィロ（CAFÉ PHILO）編　定価（本体 2400 円＋税）344 頁　2014 年 5 月刊行

その日のテーマについてその場にいる人たちが進行役とともに話して、聴いて、考える。臨床哲学研究室での活動から生まれ、社会のなかで生きる哲学を探究する団体カフェフィロが、各地での哲学カフェの実践を振り返り、社会のなかで互いに自分の言葉を交わすこと、ともに考えることの意味を見つめ、対話の場をひらくことの可能性を展望する。

３巻　こどものてつがく　ケアと幸せのための対話

高橋綾・本間直樹／ほんまなほ　著　定価（本体 2500 円＋税）392 頁　2018 年 4 月刊行

こどもの哲学は、思考や議論の訓練ではなく、ケア的な哲学対話である。自分で表現することを学び、他人と語り合い、ともに考えるという経験から、自己や他者についての信頼、言葉やコミュニティへの信頼を育み、直面する困難や挫折を他人とともに乗り越える力をつける。筆者らが見出した「方法論」ではないこどもの哲学、臨床哲学や哲学の本来の姿を「こどもとは何か？」「哲学する、対話するとはどういうことか？」「教育とは何をすることなのか？」「学校制度にどう向かい合うべきか？」などの問いについての考察から提示する。

4巻 ソクラティク・ダイアローグ 対話の哲学に向けて

堀江剛 著 定価（本体 1900 円＋税）250 頁 2017 年 12 月刊行

臨床哲学研究室が日本に初めて紹介・導入した対話の方法、ソクラティク・ダイアローグ（SD）の実践マニュアルとともに、対話と哲学に関する考察を展開する。SD はグループで一つのテーマをめぐって丁寧かつ濃密な「対話」を行うワークショップの方法で、欧州では哲学教育や市民対話、企業研修などのツールとして用いられている。日本の企業や組織の活性化・効率化において対話をどのように活用していくか。ビジネスと哲学の交差点としての回答を示す。

以下続刊予定.

·· **関連図書のご案内** ··

試練と成熟 自己変容の哲学 （阪大リーブル 034 ）

中岡成文 著 定価（本体 1900 円＋税）2012 年 4 月刊行

対話で創るこれからの「大学」

大阪大学 CO デザインセンター 監修 八木絵香・水町衣里 編
定価（本体 2500 円＋税） 2017 年 9 月刊行

〈つながり〉を創りだす術 続・対話で創るこれからの「大学」

大阪大学 CO デザインセンター 監修 八木絵香・水町衣里 編
定価（本体 2000 円＋税） 2020 年 2 月刊行